跨座式单轨交通概述

Summary on the Monorail Transportation

中铁电气化局集团有限公司 编著

中国铁道出版社
CHINA RAILWAY PUBLISHING HOUSE

内 容 简 介

建设单轨交通类型之一的跨座式单轨交通，是解决城市交通问题的一种有效手段。本书系统介绍跨座式单轨交通的优越性、特点和适用范围及应用前景。书中分章节对跨座式单轨交通的车辆、线路、车站、供电、通信、信号和机电设备，以及运营控制、车辆基地、监控系统等进行了全面概述。对于跨座式单轨交通各部分的结构、工程建设及辅助设施的配备也作了概括叙述。

本书内容科学全面，可供从事交通工程的技术工作者和有关专业的高等学校师生参考学习。

图书在版编目(CIP)数据

跨座式单轨交通概述/中铁电气化局集团有限公司编著.—北京：中国铁道出版社，2018.11
ISBN 978-7-113-24646-4

Ⅰ.①跨… Ⅱ.①中… Ⅲ.①城市铁路-独轨铁路-交通系统-研究 Ⅳ.①U232

中国版本图书馆 CIP 数据核字(2018)第 138727 号

书　　名：**跨座式单轨交通概述**
作　　者：中铁电气化局集团有限公司　编著

责任编辑：郑媛媛　　　**编辑部电话**：010-51873179
特邀编辑：安鸿逵
封面设计：郑春鹏
责任校对：王　杰
责任印制：赵星辰

出版发行：中国铁道出版社(100054，北京市西城区右安门西街 8 号)
网　　址：http://www.tdpress.com
印　　刷：中煤(北京)印务有限公司
版　　次：2018 年 11 月第 1 版　2018 年 11 月第 1 次印刷
开　　本：787 mm×1 092 mm　1/16　印张：14.75　字数：240 千
书　　号：ISBN 978-7-113-24646-4
定　　价：120.00 元

《跨座式单轨交通概述》
编委会

主编单位 中铁电气化局集团有限公司

重庆单轨交通工程有限责任公司

中铁电气化局集团有限公司城铁公司

主　　任 张建喜　韦　国　李爱敏　胡智勇　韩　阁

编　　委 赵印军　靳富群　李　磊　王向义

编　　者 林云志　罗　兵　薛胜超　徐尧军　蒋先进

阎　勐　宁笪棚

前　　言

本书以世界上运营里程最长、运量最大的中国重庆市跨座式单轨交通为例，全面而概要地介绍了跨座式单轨交通的构成、功能、特点，以及工程建设和运营维护管理。

全书共19章，包括概述、车辆、线路、车站、运营控制中心、车辆基地、轨道梁桥、道岔、检修通道、供电、通信、信号、综合监控、通风、空调与采暖、给水排水、车站其他机电设备（电梯、自动扶梯、安全门、屏蔽门、自动售检票）、接口管理、综合联调、工程建设和运营管理及维护保养。先让读者对跨座式单轨交通的全貌有个了解，然后对构成跨座式单轨交通的所有系统和专业进行了全面介绍，最后揭示了跨座式单轨交通是怎样建成和如何运营的。

作为国内轨道交通制式的一个后来者，跨座式单轨交通既继承了地铁等传统轨道交通的优点，又有自己鲜明的特点，其独特的噪音小、占地少、转弯半径小、爬坡能力强、安全舒适、绿色节能、投资省、建设快等特点，受到国内外专家学者的广泛认可。为此，在编写此书的过程中，我们在兼顾全面介绍跨座式单轨交通全系统的基础上，特别将建设运营过程中有单轨特色的车辆、轨道梁桥、道岔、供电、信号等系统做了重点阐述，特别是结合重庆工程建设实际，对以上系统在工程建设中的重难点作了重点探讨，以利于相关读者在自己的实际工作中能够重点把控单轨工程建设质量，提高实际运营效果。

本书由中铁电气化局集团有限公司和重庆单轨交通工程有限责任公司两家单位编写，同时得到了重庆市轨道集团、重庆市轨道交通设计研究院、重庆长客轨道车辆公司等单位的支持和协助。除了本书编委会所列作者以外，还有其他同志参与了本书的编写，其中蒋先进（第一章、第十二章），权志杰（第二章、第三章、第七章），余小竹（第四章），程雪红（第五章），沈中原（第六章、第七章），闫勐（第八章、第十五章、第十七章），沈秉文（第九章），徐才兵（第十章），杨粹（第十一章、第十三章），徐杉杉（第十四章），张宇川、朱俊鹏（第十六章），范正述（第十七章），范建伟（第十七章、第十八章），卓杨旭（第十九章）。全书由林云志统稿、主审，重庆单轨公司王向义、徐尧军、李秀江等，重庆轨道集团田江华、秦清华等专家参与了审稿并提出了宝贵意见，在此对他们表示衷心的感谢！

需要说明的是，由于跨座式单轨交通技术今年在国内外受到广泛关注，新的车辆、轨道梁桥系统及其他工程技术不断研发和出现，重庆市跨座式单轨也在陆续进行升级改造以适应城市交通的发展，书中关于跨座式单轨的资料和数据，可能与不断发展的实际有出入，请读者留意。

本书编成后，虽经反复修改和校对，但由于编者水平和时间有限，不足甚至错漏之处在所难免，真诚欢迎读者批评指正。

编者

2018 年 10 月

目　　录

第一章 概 述

1.1 跨座式单轨简介

跨座式单轨交通(straddle monorail transit)为单轨交通的一种类型,车辆采用橡胶车轮跨行于梁轨合一的轨道梁上。车辆除走行轮外,在转向架的两侧尚有导向轮和稳定轮,夹行于轨道梁的两侧,保证车辆沿轨道安全平稳地行驶。单轨交通能有效利用城市道路空间,爬坡和曲线通过能力强,噪声和景观影响小,是一种独特的中等运量城市轨道交通系统。单轨铁路通常为高架,高架单轨具有成本低、工期短的优点。而相对于高架的钢轨地铁而言,高架单轨占地少、污染小、能有效利用道路中央隔离带,适于建筑物密度大的狭窄街区的优点。此外,单轨列车和轨道容易检查和维修养护。因而单轨交通不失为大城市中等客流的交通线路和中等城市主要交通线路的较好选择。特别是在地形条件复杂、利用其他交通工具比较困难的情况下,能体现其优越性。

单轨铁路按照走行模式和结构,主要分成两类——悬挂式单轨和跨座式单轨。悬挂式单轨铁路(也称空中轨道列车)的列车悬挂在轨道之下;另一种较为常见的是跨座式单轨铁路,列车跨座在路轨之上,两旁盖过路轨。

跨座式单轨铁路的起源,最早可以追溯到第二次科技革命,但真正达到实用还是在“二战”以后,相关机电技术成熟的前提下。1953 年,瑞典工业巨头 Axel Lennart Wenner-Gren 在德国科隆创立了一家名叫 ALWEG-Forschung, GmbH 的子公司(ALWEG 正是 Axel Lennart WEnner-Gren 姓名的缩写),从事跨座式单轨的设计,1957 年建成科隆—菲林根试验线。开通于 1959 年的加州迪士尼单轨线(Disneyland Monorail System)、开通于 1962 年的西雅图中央线(Seattle Center Monorail),都是 ALWEG 的早期作品,这两条线路至今仍在运营。应用跨座式单轨铁路最多的国家是日本。1964 年,日本东京修建了从市中心到羽田机场的跨座式单轨铁路,全线实现计算机集中高度控制。该线成为旅客出入羽田机场的重要通道。后来,日本又建了大阪线、北九州线等跨座式单轨铁路。另外,法国、美国、澳大利亚和英国也都修建了自己的跨座式单轨铁路。

重庆单轨交通在建设的过程中，悬挂式单轨交通系统也曾作为方案进行过研究，但最后因为载客量太小的原因被否决。重庆轨道交通2号线是我国第一次引进国外先进技术，经过消化吸收再创新后，建设并成功运营的国内第一条跨座式单轨交通线路。

2004年11月6日，重庆轨道交通2号线一期工程大坪至动物园段开始观光运行，2005年6月18日，重庆轨道交通2号线一期工程开始正式运营，2006年7月10日，重庆轨道交通2号线二期工程开始正式运营，2014年12月30日，重庆轨道交通2号线南延伸段新山村(不含)—鱼洞区段正式投入运营。

2011年12月30日，重庆轨道交通3号线一、二期工程(二塘—江北机场)区段全线通车运营，2012年12月28日，南延伸段(二塘—鱼洞)通车运营，2016年12月28日，北延伸段(碧津—举人坝)开通试运营。至此，轨道3号线全长达到66.49km，超越日本大阪高速铁道，成为世界上最长的跨座式单轨交通线路。

2016年12月24日，国内第二个跨座式单轨城市轨道交通工程——芜湖市轨道交通工程正式开工，开工的1号线和2号线一期工程线路全长46.7 km，共设车站36座，项目采用跨座式单轨系统及CMRⅡ型车，最高运营时速80 km，计划2020年1月开通试运营。

1.2　适用范围

跨座式单轨交通适用范围如下。

(1)高峰小时单向断面客流量在0.5～2万人次以下的交通线上。

(2)连接大城市中心城和卫星城之间的主要交通线。

(3)作为城区通往机场、码头、铁路干线等对外交通枢纽中心的客运交通线。

(4)大城市中心区与郊外大住宅区之间的交通连接线，或是大型购物、娱乐场所、大型机场、大学内部的客运交通线。

(5)作为城市风景观光游览线的交通线。

(6)博览会、游乐场等处所作为短途交通运输线或观光旅游线。

1.3　特　点

跨座式单轨交通系统由线路、车辆系统、机电设备、车辆段及综合维修基地等部分组成,其单轨铁路轨道梁既是承重的桥梁结构,又是支承和导向的轨道;车辆采用橡胶轮胎,通过安装在转向架两侧的导向轮和稳定轮来导向和稳定车体。构造上的特点使得其走行机理、轮轨关系都与常规地铁、轻轨有很大差别。技术上的特点主要体现在车辆的转向架、轨道梁和线路道岔三方面,走行机理完全不同于钢轮钢轨系统,轨道梁承受较大的扭转荷载。

跨座式单轨交通具有噪声低、爬坡能力强、转弯半径小、快速便捷、占地少、造价低、利于环境保护等优点,相对于地铁来说,跨座式单轨建设周期仅为地铁的 1/2,造价成本仅为地铁的 1/3,是现代化城市快速轨道立体交通的一种新形式。

但跨座式单轨也有缺点,即能耗大、运能小,且无法与常规的地铁、轻轨接轨。

1.4 应用前景

我国城市现有的交通系统存在诸多问题,比较突出的有三个方面:高峰时段堵塞和拥挤严重;交通结构单一;对环境的影响较大。要根本解决交通拥堵问题,就必须调整现有的交通结构,发展各种轨道交通。作为中等运量的轨道交通,单轨铁路是符合我国城市需求的交通形式。

跨座式单轨交通通常为高架,高架单轨具有比地铁成本低、工期短,比轻轨高架线占地少、污染小,能有效利用道路中央隔离带,适于建筑物密度大的狭窄街区的优点,此外,单轨交通的车辆和轨道容易检查和维修养护,轨道使用寿命长。相对上述优点而言,单轨的缺点影响不是很大,不足以妨碍其使用。因而,单轨交通不失为大城市客流中等的交通线路和中等城市主要交通线路的较好选择。特别是在地形条件复杂,利用其他交通工具比较困难的情况下,更能体现其优越性。可以认为,建设和发展单轨铁路是改善我国城市交通状况的一个有效途径。

1.5 术语

(1)单轨交通(monorail transit)

单轨交通是城市中修建的采用电力牵引列车在一条轨道梁上运行的中运量轨道交通系统。根据车辆与轨道梁之间的位置关系,单轨交通可分为跨座式单轨交通和悬挂式单轨交通两种类型。

(2)跨座式单轨交通(straddle monorail transit)

跨座式单轨交通为单轨交通的一种型式,车辆采用橡胶车轮跨行于梁轨合一的轨道梁上。车辆除走行轮外,在转向架的两侧尚有导向轮和稳定轮,夹行于轨道梁的两侧,保证车辆沿轨道安全平稳地行驶。

(3)轨道梁(track beam)

单轨交通的轨道梁是一种既承受列车荷重又兼作车辆运行轨道的结构。轨道梁是承载列车荷重和车辆运行导向的结构,同时也是供电、信号、通信等缆线的载体。跨座式单轨交通的轨道梁,通常采用预应力混凝土制成,常称 PC 梁(prestressed concrete track beam),在一些特殊区段也有采用钢梁或几种材料组成的复合梁体。

(4)轨道梁桥(rail beam bridge)

轨道梁桥是跨座式单轨交通轨道梁与直接支承轨道梁的桥墩、桥台及基础组成的桥梁体系,包括组合桥、道岔桥。轨道梁桥上需要设置轨道梁支座下摆、锚箱及支座固定钢支架和测量定位设施。

(5)预应力混凝土轨道梁(prestressed concrete track beam)

预应力混凝土轨道梁是采用预应力混凝土制成的轨道梁,简称 PC 轨道梁。

(6)钢筋混凝土轨道梁(reinforced concrete track beam)

钢筋混凝土轨道梁是采用钢筋混凝土材料制成的轨道梁,简称 RC 轨道梁。

(7)墩柱(pier)

墩柱是连接相邻桥跨结构,并将荷载传递到基础的构筑物。墩柱包括基础、墩身(或柱身)。

(8)盖梁(cap beam)

盖梁是轨道梁桥中的托盘,是连接梁体支座与墩柱的构筑物。

(9)铸钢拉力支座(cast steel tensile support)

铸钢拉力支座是轨道梁与盖梁之间进行连接与传力并满足梁体竖向支撑和梁体纵向自由伸缩变形要求的机械装置,由上摆、下摆、基座板及承拉连接件组成。铸钢拉力支座分为固定支座和活动支座两大类。固定支座设有铰轴以满足梁体围绕铰轴的竖向转动,活动支座设有滚轴除满足梁体围绕滚轴竖向转动外,还能满足梁体纵向自由伸缩变形的需要。

(10)锚箱(anchor box)

锚箱是铸钢拉力支座基座板组成的一部分,是连接梁体支座下摆与盖梁的钢制箱体。锚箱埋置于盖梁中，与盖梁共同受力。在锚箱中设有固定支座锚杆（或连接杆）的装置。

（11）接缝板（joint plate）

接缝板是轨道梁与轨道梁间或道岔梁与道岔梁间的连接过渡装置，安装在轨道梁或道岔梁端部的走行面、两侧的导向面和稳定面上，使轨道梁或道岔梁在一定的间隙范围内自由伸缩，确保列车车轮安全、平稳通过。接缝板由接缝面板、板座、固定螺栓等组成。

（12）轨道梁电缆桥架（cable bracket of track beam）

轨道梁电缆桥架依附于轨道梁、盖梁或车站土建结构物上，作为供电、通信等电缆安装和通道的支承架。

（13）检修通道（examine and repair channels）

检修通道沿轨道线路铺设于区间盖梁或车站结构物上，作为供电、通信等电缆安装和通道的支承架，并作为运营设施、设备维护的检修平台，当列车发生火灾时作为乘客逃身与救援的通道。

（14）预应力混凝土轨道梁制作工法指导书（guidebook for manufacture of prestressed concrete track beam）

预应力混凝土轨道梁制作工法指导书是控制预应力混凝土轨道梁预制生产过程中钢筋和预埋件布置、支座安装、预应力张拉、混凝土收缩与徐变、梁体线形误差等制作质量的一种施工技术文件。

（15）轨道梁可调式模板（adjustable track beam formwork）

轨道梁可调式模板是轨道梁预制生产中所使用的模板，由底模台车、端模、侧模、张拉千斤顶、侧墙等部分组成，通过附着于模板上的各种可调装置，实现模板的三维调整，实现一套模板制作出不同梁长、不同平曲线和竖曲线线形的PC轨道梁的加工要求。

（16）模板零调整（recovery state adjustment of formwork）

模板零调整是对轨道梁可调式模板进行的归零调整，通过调整消除或减小误差，使模板达到标准的直线状态的目的。

（17）关节型道岔（joint turnout）

关节型道岔是跨座式单轨交通线路中使用的一种特殊轨道转辙设备。关节型道岔的梁体由数节钢制轨道梁铰接组成，由台车支撑，采用电力等动力驱动，道岔梁一端固定，转辙时道岔梁整体移动并使道岔梁的活动端与另一条线路轨道梁衔接形成岔道，转换列车行驶路线。关节型道岔转辙后道岔梁纵向呈折线状。

(18)关节可挠型道岔(joint flexible turnout)

关节可挠型道岔是比关节型道岔构造复杂的一种特殊轨道转辙设备。关节可挠型道岔的梁体由数节钢制轨道梁铰接组成,由台车支撑,其梁两侧装有导向面板和稳定面板,转辙时道岔梁一端固定,梁整体移动并使梁的活动端与另一条线路轨道梁衔接形成岔道,转换列车行驶路线,转辙时挠曲装置在挠曲电机驱动下,将导向面板和稳定面板挠曲成设定的曲线面,能使列车以较高的速度平稳地通过道岔。道岔梁呈直线时,侧面的导向面板和稳定面板恢复成直线状。

(19)道岔桥(turnout bridge)

道岔桥设置在高架线路段,用于安装道岔及附属设备的钢筋混凝土桥式平台。

(20)道岔平台(turnout platform)

道岔平台设置在地面线路段,用于安装道岔及附属设备的钢筋混凝土坑式平台。

(21)转辙电机(switchover motor)

转辙电机是道岔驱动减速机配套的主电机,自带电磁制动装置。根据道岔型式,一组道岔有一台或多台转辙电机。

(22)挠曲电机(deflection motor)

挠曲电机是在关节可挠型道岔中实现导向轮和稳定轮走行面板挠曲的驱动电机。

(23)接触网〔catenary(contact line equipment)〕

接触网由正极接触轨和负极接触轨组成。正极接触轨和负极接触轨分别通过上网电缆和回流电缆与牵引变电所连接。经过受流器向电动车辆供给牵引电能的导电网。

(24)接触轨(contact rail)

接触轨由金属轨条制成,装设在轨道梁的侧面,经过受流器向电动车辆供给牵引电能的导电轨。

(25)设计使用年限(design service life)

设计使用年限是在一般维护情况下,能保证结构工程或设备系统正常使用的最低时段。

(26)接驳线(connecting lines for transfer)

在城市轨道交通中，接驳线是连接主要线路并具有汇送和接运乘客转运功能的线路。

(27)内部空气环境(inner air environment)

内部空气环境是单轨交通系统内部对人员的安全与舒适及设备的正常运转产生影响的空气质量、温度、湿度、气流组织、气流速度和噪声等因素的总况。

(28)事故通风(emergency ventilation)

事故通风是在单轨交通内部发生火灾、地震及其他非正常状况时，为保证安全所采取的通风方式。

(29)汇水面积(catchment area)

汇水面积是雨水直接降至列车出入线洞口、敞开出入口或敞开风口的面积。

(30)联络通道(emergency connection access)

联络通道是在轨道交通地下线路的两条区间隧道之间设置的横向通道。当一侧隧道内发生事故时，可供人员逃至相邻非事故隧道内并疏散至安全地带。

(31)全球定位系统(global position system，即 GPS)

全球定位系统即全球卫星定位系统，可从此系统提取基准定时信号。

(32)安全门(platform safety gate)

安全门是沿站台边缘设置的围护结构，对应列车车门设有自动开启的门体，为在没有列车停靠情况下，防止站台人员或物体坠落轨道区的安全设施。

(33)移动闭塞(moving block)

移动闭塞是前方列车与后续列车之间的最小安全追踪距离单元不预先设定，并随列车的移动、速度的变化而变化的闭塞方式。

(34)准移动闭塞(quasi moving block)

准移动闭塞是前方列车与后续列车之间的最小安全追踪距离单元预先设定且固定不变，并根据前方目标状态设定列车的可行车距离和运行速度，是介于固定闭塞和移动闭塞之间的一种闭塞方式。

(35)自动售检票(AFC)系统(automatic fare collection system)

自动售检票系统是基于计算机、通信、网络、自动控制等技术，实现轨道交通售票、检票、计费、收费、统计、清算等全过程的自动化系统。

(36)组合桥(combined bridge)

组合桥是当轨道梁桥需要 30 m 及以上跨度时，采用将标准断面的轨道梁、道岔架设在桥梁上，形成桥上桥的重叠结构，其上部为轨道梁或道岔。组合桥特指其下部支承轨道梁、道岔的桥梁结构。由较大跨度的组合断面轨道梁组成的桥梁结构也称为组合桥。

(37)超高率(superelevation rate)

超高率是曲线轨道梁横向倾斜的比率。超高率就是曲线地段轨道梁绕其中心旋转后角度的反正弦函数值的百分数。曲线地段为保证车辆在曲线上稳定运行而设置超高，用以平衡离心力的作用。

(38)缓降装置(slow down set of vehicles)

缓降装置是跨座式单轨交通车辆上用于在紧急情况下把乘客从车上疏散到地面的一种装置。

(39)再生制动能量电阻吸收装置(regenerated energy ab-sorbing resistance device)

再生制动能量电阻吸收装置是在牵引变电所设置的使车辆再生能量消耗在地面空间上的集中吸收设备。该装置给车辆提供一个回馈电能的通道，保证车辆的正常电制动过程顺利进行。

(40)车体接地板(ground contact of train)

车体接地板是在车站线路、车辆基地、故障停留线等有人员上下的区段，设置在轨道梁负极侧，保证列车车体在该区段可靠接地的一种装置。

(41)蔽棚(track shed)

蔽棚是在线路上方起遮挡作用的棚体，作为保证施工和运营安全的设施。

(42)换轮沉降梁装置(subsiding beam equipment for re-place wheel)

换轮沉降梁装置是通过直压型液压缸的升降，将车体和转向架分离，便于进行轮胎拆换的装置。

(43)移动式除尘装置(mobile dust removal equipment)

移动式除尘装置是置在车辆基地列、月检库内，用于清除车辆灰尘的移动设备。

(44)移车台(moving vehicle unit)

移车台是用于将各种专用车辆(工作车、限界检查车、悬臂吊拖车、牵引车等)自一条轨道移至另一条轨道的装置。

(45)车辆基地(depot)

车辆基地是跨座式单轨交通系统中提供车辆运用、检修和设备、设施的维修、保养及材料、物资供应和技术培训等服务的综合性基地。主要设施、设备包括车辆段、综合维修中心、物资总库、培训中心和办公、生活设施等。

(46)单轨交通信号系统缩写对照(表 1-1)。

表 1-1 单轨交通信号系统缩写对照表

序号	缩略语	英 文	译 文
1	AC	Alternate Current	交流电
2	AP	Access Point	无线接入点
3	ATC	Automatic Train Control	列车自动控制系统
4	ATO	Automatic Train Operation	列车自动驾驶系统
5	ATP	Automatic Train Protection	列车自动保护系统
6	ATS	Automatic Train Supervision	列车自动监控系统
7	BAS	Building Automation System	建筑自动化系统
8	CI	Computer Based Interlocking	计算机联锁子系统
9	CPU	Central Processing Unit	微处理器
10	CRC	Cyclic Redundancy Check	循环校验码
11	CRT	Cathode-Ray Tube	显示器
12	DB	Database	数据库
13	DC	Direct Current	直流电
14	DI	Digital Input	数字输入
15	DO	Digital Output	数字输出
16	DTI	Departure Time Indicator	发车计时器
17	ESB	Emergency Brake botton	紧急停车按钮
18	FAS	File Alarm System	火灾报警系统
19	GW	Gateway	网关
20	IF	Interface	接口
21	IO(I/O)	Input/Output	输入/输出
22	IP	Internet Protocol	网际协议
23	LAN	Local Area Network	局域网
24	LED	Light-Emitting Diode	发光二极管
25	MPU	Micro Processing Unit	微处理单元
26	MT	Matching Transformer	匹配变压器
27	MTBF	Mean Time Between Failure	平均故障间隔时间
28	MTBFS	Mean Time Between Failure Services	平均运行故障间隔时间
29	MTTR	Mean Time To Repair	平均修理时间

续上表

序号	缩略语	英　　文	译　　文
30	NB	Normal Brake	常规制动
31	OCC	Operation Control Center	运行控制中心
32	OT	Output Terminal	分线柜
33	SCADA	Supervisory Control And Data Acquisition	数据采集及监控控制系统
34	SD	System Disturbance Time	系统打扰时间
35	SM	SM	认证主单元
36	TD	Train Detection	列车检测

第二章　车　　辆

2.1　车 辆 类 型

跨座式单轨交通车辆的基本型式可分为以下类型。

(1)按牵引电动机种类分

①交流旋转式电动机单轨车;

②交流直线电动机单轨车。

(2)按接触网电压分

①直流 1 500 V;

②直流 750 V。

(3)按车体结构材料分

①铝合金车;

②不锈钢车;

③工程塑料和金属组成的复合材料车。

(4)按车辆功能分

①带有驾驶台的控制车动车(Mc 车)或控制拖车(Tc 车);

②无驾驶台的中间动车(M 车)或中间拖车(T 车)。

2.2　车辆主要技术规格

跨座式单轨交通车辆参照国家现行《跨座式单轨交通车辆通用技术条件》,有以下主要技术规格。

①供电电压:DC 1 500 V。

②车体结构材料:铝合金、不锈钢。

③车辆种类:带有驾驶室的控制动车(Mc 车)或控制拖车(Tc 车)、无驾驶室的中间动车(M 车)或中间拖车(T 车)。主要技术规格见表 2-1。

表 2-1 跨座式单轨交通车辆主要技术规格

序号	项目名称	单轨车种类		备 注
		Mc 车	M 车	
1	轨道梁断面尺寸(mm)	850×1 500		
2	额定电压(V)	1 500 或 750		
3	车辆车钩连接面间基本长度(m)	15 500	14 600	
4	车体基本长度(mm)	14 800	13 900	
5	车顶距轨面高度(mm)	3 840		
6	车辆总高度(mm)	5 350		
7	车辆最大宽度(mm)	2 980		
8	地板面高度(mm)	1 130		
9	转向架中心距(mm)	9 600		
10	走行轮中心距	1 500		
11	走行轮轮距	400		
12	导向轮轴距	2 500		
13	空气弹簧中心距	2 050		
14	每辆车每侧客室门数(对)	2		
15	客室门有效开度(mm)	≥1 300		
16	客室门洞高度(mm)	≥1 820		
17	坐席人数(人)	32	36	
18	定员人数(人)	151	165	6 人/m^2(注)
19	超员人数(人)	211	230	9 人/m^2(注)
20	轴重(t)	≤11		
21	设计最高速度(km/h)	≤85		
22	最高运行速度(km/h)	≤80		
23	起动加速度(m/s^2)	0.833		5～30 km/h
24	紧急制动减速度(m/s^2)	1.25		
25	常用制动减速度(m/s^2)	1.1		最高制动位
26	冲击率极限(m/s^3)	≤0.75		
27	最大能爬上的坡度(‰)	60		
28	能通过的最小曲线半径(m)	50		车辆段
29	能通过的最小曲线半径(m)	100		正线

注:定员人数和超员人数是指每 m^2 有效站立面积站立的人数。有效站立面积是指在采用纵向座椅的情况下,客室地板总面积减去座椅垂向投影面积及到投影面积前 250 mm 所含的面积。

2.3 车辆与其他系统

跨座式单轨车辆与其他系统可以包含以下内容。

(1)车辆主保护系统与变电站保护系统实现保护协调,在所有故障情况下保证车辆主保护安全分断。

(2)采用再生制动能量吸收装置。再生制动能量吸收装置采用地面设置。

(3)列车设有广播系统、无线通信系统、信息显示系统和乘客与司机的应急对讲装置。有条件的可设视频监视装置。车辆广播系统与无线通信系统连接。

(4)车辆可装设 ATC 或 ATP 信号车载设备。

2.4 工作车系统

1. 系统构成

工作车由底架、车箱、操作驾驶台、动力源、传动装置、走行装置、制动装置、检修工作台、联挂车钩、整车起吊挂座、照明装置及随车工具等组成。

每车发电机 1 台,能输出稳定的 AC 220 V,±5%。不低于 8 kW 交流电、配电箱 AC 220 V 1 套。

车载信号装置及无线电联络设备需要预留接口及安装位置。

2. 系统功能

(1)线路检修工作车

单轨跨座式线路检修工作车是为跨座式轨道交通专门设计开发的作业车,主要用于检修轨道梁上安装的供电、信号、通信、机电系统设备设施。运送维护人员、器材、工具到作业现场,具备设备抢修和应急救援功能。

工作车采用液压驱动,发动机通过分动箱驱动液压泵,为整车提供压力油源,压力油源经过控制阀的控制驱动液压马达运转,从而驱动整车运行。采用电控变量泵,通过操纵手柄控制液压泵排量,实现无极调节车速。整车操纵简单可靠。工作车实物见图 2-1。

工作车的用途如下。

①对轨道梁结构包括指形板、支座、墩柱帽梁等各项检查维修。

②对线路超限界的检查处理。

③对其他故障工作车的救援牵引。

④能牵引一辆悬臂吊车或平板拖车。

图 2-1　线路检修车

⑤可搭载 10 人，检修工具及维修备件运行于单轨线路的任意区段。

⑥检修工作台可单侧外伸 550 mm，外翻 500 mm。

(2)接触网检测车

接触网检测车除检测部分之外其余均与线路检修工作车相同。

综合检测系统由接触线检测子系统、接触网关键区域温度测试子系统及接触网部件状态智能识别子系统组成。单轨式接触网运行状态检测系统安装在单轨交通营运车两侧(每侧一套)，可独立单侧检测亦可两侧同时检测，互不干扰影响。

接触网检测车的用途如下。

①主要用于检查和维护检修轨道梁上安装的供电、信号、通信、机电系统设备设施。运送维护人员、器材工具到作业现场，作业完成后返回车辆基地。

②可对其他工作车进行救援，并能牵引回基地。

③能牵引一辆悬臂吊车或平板拖车。

④车上设升降平台，可下降到轨道梁区域构成一个安全的工作面。

⑤需满足运输 12 m 长的汇流排和牵引平车配合展放接触线及高低压电缆。

(3)无动力平板车

无动力平板车是在单轨线路轨道梁上运行的一种特殊工程机械，是线路建设施工、运营设备维护所需的工程车辆。可以为线路设施、供电、通号、机电等专业维护作业时装载运输各种设备及物资器材。

第三章　线　　路

3.1　线路类型

跨座式单轨交通的线路可分为正线、辅助线和车辆基地线。其中辅助线又可分为返线、渡线、联络线、停车线、存车线、出入线及安全线。

3.2　线路参数

1. 线路平面参数

(1)平面曲线半径

线路平面曲线半径需结合车辆类型、行车速度、周边地形、地质、地物等条件，以及对工程、运营的影响，宜优先选用大半径。宜采用以下数值(单位：m)：3 000、2 500、2 000、1 500、1 200、1 000、800、700、650、550、500、450、400、350、300、250、200、150、100、75、50 作为平面的半径。特殊困难情况下，可采用以上半径间距为 5m 整倍数的曲线半径。

(2)区间正线

正线最小曲线半径为 100 m，双线中两线线间距不变的并行地段的平面曲线宜按同心圆进行设计，同心圆的曲线半径可为零数。

(3)线路平面设计

平面设计优先采用两端等长缓和曲线的单曲线线型，特殊困难条件下，经技术经济比较后，可采用复曲线线型或两端不等长缓和曲线的单曲线线型。

正线上除道岔区外，在直线与圆曲线半径≤2 000 m 间均可采用三次抛物线型的缓和曲线连接。缓和曲线长度可根据曲线半径、最高行车速度或曲线限速，以及工程条件按不小于表 3-1 中规定值选用。特殊困难条件下，可采用不小于按 1 m 整数倍的缓长计算值。

当采用复曲线线型，两圆曲线间插入的缓和曲线长度等于或大于分别按两圆曲线半径求得的缓长差值，且不小于一节车辆长度，宜按 20 m 计。

表 3-1　缓和曲线长度表

缓和曲线长(m) 速度(km/h) 曲线半径(m)	80		75		70		65		60		55		50		45		40		35		30	
	一般	困难	一般	困难	一般	困难	一般	困难	一般	困难	一般	困难	一般	困难	一般	困难	一般	困难	一般	困难	一般	困难
3 000																						
2 500																						
2 000																						
1 500	25	20	20	15	15																	
1 200	30	25	25	20	20	15	15															
1 000	35	30	30	25	25	20	20	15	15													
800	45	35	35	30	30	25	25	20	20	15												
700	50	45	45	35	35	30	30	25	20	20	15											
650	55	45	45	40	35	30	30	25	25	20	20											
600	60	50	50	40	40	35	30	25	25	20	20	15										
550	65	55	55	45	45	35	35	30	30	25	20	20	15									
500	75	60	60	50	50	40	40	30	30	25	25	20	20									
450	80	65	65	55	55	45	45	35	35	30	25	20	20	15								
400	90	75	75	60	60	50	50	40	40	30	30	25	20	20	15							
350	105	85	85	70	70	60	55	45	45	35	35	30	25	20	20	15						
300	120	100	100	80	80	65	65	55	50	40	40	30	30	25	20	20	15					
250					100	80	80	65	60	50	50	40	35	30	25	20	20	15				
200							100	80	80	65	60	50	45	35	30	25	20	20	15			
150											80	65	60	50	45	35	30	25	20	15	15	
100															65	55	45	40	30	25	20	15
75																	60	50	40	35	25	20
50																					40	30

(4)车站设置

车站宜设置在直线上，困难地段需设于曲线上时，其平曲线半径不得小于300 m。特殊情况下，经技术经济比选后，可设在平曲线半径不小于250 m的曲线上。夹直线及圆曲线最小长度不小于一节车辆长度，宜按20 m计。

圆曲线超高可参考以下内容。

①正线上的圆曲线(除道岔及导曲线外)，均设置不大于12%的超高率。

②允许欠超高率和过超高率分别为5%与3%。

③超高过渡方式及过渡段长度。

当平面缓和曲线为三次抛物线型时，超高过渡呈直线变化，并宜在缓和曲线全长范围内完成。

当采用复曲线线型时，从大半径曲线向小半径曲线方向过渡，过渡段长度按下式计算。

$$L_c = L_1 - L_2 \tag{3-1}$$

式中　L_c——超高过渡段长度(m)；

L_1——小半径圆曲线所需缓和曲线长(m)；

L_2——大半径圆曲线所需缓和曲线长(m)。

(5)线间距及曲线加宽

正线上直线地段线间距为 3.7 m。当曲线半径小于 500 m 时，可考虑曲线地段引起的线间距加宽，以及由于上下行线超高率不等时引起的线间距加宽。两线并行地段曲线线间距的加宽可采用加长内侧线缓和曲线长度的方法完成。

曲线加宽过渡宜在缓和曲线全长范围内完成。曲线加宽值按下式计算。

$$E = \frac{34\ 500}{R} - 69 + 3\ 700(1 - \cos\alpha) + H\tan\theta \tag{3-2}$$

式中　E——线间距加宽值(mm)；

R——曲线半径(m)；

α——曲线轨道梁超高角度，若上下行线超高不等时取大值(°)；

H——计算点至轨面中心的高度(mm)；

θ——上下行线轨道梁超高角度差值(°)。

2. 线路纵断面参数

线路纵断面结合线路平面、行车速度、自然条件、线路铺设方式、周边建筑物、道路、环境质量，以及工程条件进行设计，并行地段尽可能按等高设计。

地面线的纵坡宜与城市道路基本一致，高架线注意景观与城市道路的协调，地下线注意洞内排水的通畅，其埋深考虑隧道的工程地质与水文地质，施工方法，以及障碍物及管线的分布情况等。区间正线的最大坡度不宜大于 60‰。

曲线上纵坡考虑曲线阻力需减缓纵坡，折减值可按下式计算。

$$\Delta i = 800/R \tag{3-3}$$

式中　Δi——坡度折减值(‰)；

R——圆曲线半径(m)。

（1）车站纵坡设置要求

车站宜设置在一个坡道上。地面站及高架站宜设在平坡上。地下站宜设置在不大于3‰的坡道上，对困难地段车站的正线坡度、道岔区以及设存车线的车站其坡度均不大于1‰。最小坡段长度不小于车站长度。

（2）竖曲线设置要求

相邻坡段的连接宜设计为较小的坡度差，当相邻坡度代数差为5‰及其以上时均可设置圆曲线型竖曲线。当平曲线半径$R \leqslant 400$ m时，竖曲线半径R_v为3 000 m；$R > 400$ m时，R_v为2 000 m。困难地段及车站两端R_v可减至1 000 m。

车站站台计算长度和道岔范围内不得设置竖曲线，竖曲线离开道岔端部的距离不小于5 m。

竖曲线最小长度及相邻竖曲线间夹坡段长度均不小于一辆车长度，宜按20 m计；竖曲线和平面缓和曲线不宜重叠。当纵坡等于或大于30‰时，坡段长度按下式计算的长度进行限制。

$$L \leqslant 1\,200 - \frac{40i}{3} \tag{3-4}$$

式中　L——坡段限长（m）；

i——坡度值（‰）。

对连续同向陡坡地段还可采用平均坡度检查坡长是否超限。

3.3　辅助线、车场线及道岔

1. 辅助线的设置

辅助线最小曲线半径不小于100 m，缓和曲线和超高结合行车速度设置，最大坡度为60‰，相邻坡度代数差等于或大于5‰时设置圆曲线型竖曲线，竖曲线半径1 000 m。安全线可设置在平坡或面向车挡下坡的直线上。

2. 车场线的设置

（1）车辆基地场线最小曲线半径不小于50 m，且可不设置缓和曲线和超高；纵坡一般为平坡，困难条件下可设在不大于3‰的坡道上。

（2）试车线最小曲线半径不小于300 m，缓和曲线和超高设置可采用区间正线标准；纵坡一般为平坡，困难条件下可设在不大于5‰的坡道上。

3. 道岔的设置

（1）道岔设置满足正线运营、乘客舒适度、折返间隔时间及列车出入车辆基地和车辆基地内调车的需要。

(2)道岔可设在直线地段,道岔端部至平面曲线起点的距离不宜小于 5 m,车辆基地线可减少到 3 m。

(3)道岔宜靠近车站设置,道岔端部至车站站台计算长度端部的距离不小于 5 m。

(4)道岔宜设在平坡上,困难条件下可设在不大于 3‰的坡道上。道岔端部至竖曲线起点的距离大于 5 m。

(5)道岔导曲线半径正线不小于 100 m,车辆基地和辅助线不小于 50 m,且不设超高和缓和曲线。

(6)道岔与道岔之间可设过渡轨道梁段连接,过渡轨道梁长度宜不小于 2 m。

4. 道岔类型

(1)正线及折返线道岔一般采用关节可挠型道岔,存车线、停车线可采用关节型道岔。

(2)车辆基地作业线可采用关节型道岔。

(3)试车线采用关节型道岔,当影响试车速度时可采用关节可挠型道岔。

(4)出入线及联络线一般采用关节型道岔,正线接轨处作业能力有要求时可采用关节可挠型道岔。

5. 车辆线长度

尽头式折返线有效长度宜按远期列车长度加 40 m 计(不含车挡长度);尽头式存车线、停车线有效长度宜按远期列车长度加 24 m 计(不含车挡长度);贯通式折返线、存车线、停车线有效长度宜按远期列车长度加 10 m 计(不含车挡长度)。

第四章　车　　站

4.1　车站类型

参照城市规划、城市交通规划、环境保护、城市景观和节约土地的要求，并处理好与地面建筑、地下管线、地下构筑物及施工时的交通组织之间的关系。车站类型可分为高架车站、地面车站、地下车站。

4.2　车站平面

1. 站台长度

站台长度可按远期列车编组辆数的有效使用长度加停车误差计算。

(1)有效使用长度，设安全栏栅、安全门站台为首末两节车辆驾驶室门外侧之间的长度；设屏蔽门站台为首末两节车辆驾驶室门不包括在内的屏蔽门所围长度。

(2)停车误差宜采用±0.5 m。

2. 站台宽度

站台宽度可按下式计算，并不得小于表 4-1 规定的数值。

岛式站台宽度：
$$B_d = 2b + n \cdot z + t \tag{4-1}$$

侧式站台宽度：
$$B_c = b + z + t \tag{4-2}$$

$$b = \frac{Q_{上、下} \cdot \rho}{L} + M \tag{4-3}$$

式中　b——侧站台宽度(m)；

n——横向柱数；

z——横向柱宽(含装饰层厚度，m)；

t——每组人行梯与自动扶梯宽度之和(含与柱间所留空隙，m)；

$Q_{上、下}$——远期每列车高峰小时单侧上下车设计客流量，换乘车站含换乘客流量(换算成高峰时段发车间隔内的设计客流量，人)；

ρ——站台上人流密度 0.5 m^2；

L——站台有效使用长度(m)；

M——站台边缘至安全栏栅、安全门或屏蔽门的立柱内侧距离(m)。

当站台计算长度小于 100 m,且自动扶梯和人行楼梯不侵入站台计算长度时:

岛式站台宽度 $$B_d = 2b + n \cdot z \tag{4-4}$$

侧式站台宽度 $$B_c = b + z \tag{4-5}$$

表 4-1 车站各部位的最小宽度

名 称	最小宽度(m)
岛式站台	8(5)*
岛式站台的侧站台	2.5
侧式站台(长向范围内设梯)的侧站台	2.5
侧式站台(垂直于侧站台开通道口设梯)的侧站台	3.5
通道或天桥	2.4
单向公共区人行楼梯	宜 1.8
双向公共区人行楼梯	宜 2.4
消防专用楼梯	1.2

注:① * 括号内的数值系指站台计算长度小于 100 m,且自动扶梯和人行楼梯不侵入站台计算长度时的站台最小宽度。

②岛式站台层两端的设备管理用房,可伸入站台计算长度内,但不得侵入站台侧计算宽度,且距最近梯口不得小于 8 m。

③站台上的人行楼梯和自动扶梯纵向分布宜均匀,且站台计算长度内任一点距最近梯口或通道口距离不宜大于 50 m。且站台计算长度范围内的站台边缘与车辆外边之间的距离,在直线段为 80～100 mm,在曲线段不宜大于 140 mm,特殊情况下不大于 180 mm。站台面低于空载车辆地板面 50～100 mm。

3. 总体布置

(1)设于站台层人行楼梯和自动扶梯,除了满足上下乘客的需要外,还可按站台层的事故疏散时间不大于 6 min 进行验算。消防专用梯及垂直电梯不计入事故疏散用。

(2)高架车站站台层,除设置配电室、副值班室、清扫室和供老弱病残孕等乘客用的空调候车室及无障碍设施外,其他设备及管理用房不宜设于站台层。

(3)车站站厅层包括站厅公共区、自动扶梯、楼梯、垂直电梯、设备及管理用房及出入口通道等,其中站厅公共区分隔成为付费区和非付费区。一般情况下,非付费区大于付费区。

(4)售票处距出入口通道口和进站检票处的距离不宜小于 5 m,出站检票处距梯口的距离不宜小于 8 m。当售检票设施设于站台层时,参照以下内容。

①进出站检票机宜平行于线路向设置。

②困难情况下，进出站检票机垂直于线路向设置时，满足出站检票处距侧站台有效宽度外不宜小于 8 m；进站检票处不侵入侧站台有效宽度。

(5)对于分期实施的售检票设备预留后期安装条件。

(6)付费区与非付费区的分隔宜采用可透视栏栅，在适当部位安装可外开栏栅门。栏栅门宽度可按单开门设计，其总宽度满足事故疏散要求。

(7)站厅公共区的面积除满足自动扶梯、人行楼梯布置及售检票机等所需面积外，尚需满足能容纳远期高峰小时 5 min 内双向客流的集聚量所占面积(按 0.5 m^2/人计)。

(8)地下车站有人值班的主要设备、管理用房集中一端布置，如需设消防泵房宜设于主通道旁。

(9)设置屏蔽门的地下车站和设置落地安全门的高架车站设地漏，或其他有效排水措施。

4.3 车站出入口

车站出入口的设计可根据客流量和相关的设置要求，合理地进行规划，并可以满足实际的情况。

出入口设置分以下四种情况。

①车站跨主要路口：在道路四角均设出入口，乘客从路口任何方向进入车站不需穿越马路，这样可减少路口人车交叉，与地面公交线路衔接好，换乘方便。重庆市轨道交通 2 号线及 3 号线延伸段大部高架车站均采用该模式设置出入口通道。

②车站偏一侧道路设置：受地下管线或环境影响较大时，在偏向路口设出入口，可减少车站埋深，减少拆迁，减少施工时对交通的干扰，但会造成道路两边客流悬殊，降低车站使用功能。需在出入口位置设置人行横道和过街天桥以方便人流出入和跨街。

③车站在路口之间设置：当两个路口都是主路口且相距较近(距离小于 500 m)，横向公交线路及客流量较多时，将车站出入口通道设置在两个路口之间，兼顾周边客流。

④车站在城市广场内设置：车站在城市广场内，通过设置地下出入口与商场通道连接，通过商场进出或顺应周边环境设置出入口。该类车站多为地下

车站。

地下车站出入口通道多采用暗挖或明挖形式施工，通过地下通道的形式将道路和车站连接。出入口多采用分离式，即出入口与地面原有建筑分离，进出口一边为人行道口，一边为车站站厅层。某站出入图见图 4-1。

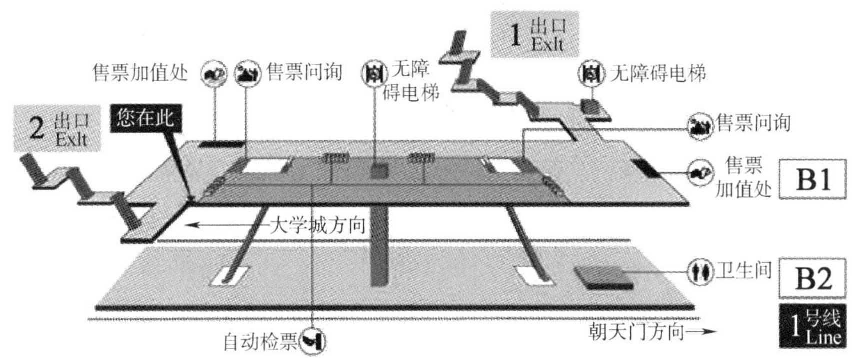

图 4-1 某站出入图

地面车站分为框架式车站和高架车站。框架车站多在地面层设置上下平台，乘客通过台阶和残疾人坡道进出车站。地上出入口见图 4-2。

图 4-2 地上出入口

高架车站则较有特色，为达到占用空间小的目的，跨座式单轨车站多位于道路中央隔离带位置，故设跨道路出入口天桥、道路侧上下楼梯、电梯与车站连接。重庆某线的跨街天桥及上下通道均使用钢筋混凝土结构，具体施工为先在道路中设置防撞墩，再在防撞墩基础上设置门式支架后占道施工，施工周期长，行车干扰大，且存在较大安全隐患，故自重庆某线南延伸段起，过街天桥全部改为钢结构形式，采用工厂预制，现场吊装方式，一夜即可完成一侧天桥吊装，实现桥与土建结构并行施工，除安装外无须占道，显著缩减了工期，降低了主干道安全风险。

钢结构人行天桥宽 6.0 m，高 0.7 m，设计使用年限为 50 年，人群荷载为 4.3 kN/m^2，钢结构防腐设计使用年限 10 年(10 年维护一次)，抗震防护等级为场地地震基本烈度为 6 度，构造设防基本设防烈度为 7 度，天桥坡面为平坡面，栏杆扶手高度大于等于 1.2 m，水平荷载为 2.5 kN/m，竖向荷载为 1.2 kN/m。

出入口处的门不可采用开启门和弹簧门。设于道路两侧的出入口宜平行于或垂直于道路红线，后退道路红线满足当地规划部门的要求。当出入口开向城市主干道时，出入口前宜设集散广场。

地下车站出入口通道宜短、直。需弯折的通道不宜超过三处，弯折夹角不宜小于 90°，其长度不宜超过 100 m，超过时宜设自动人行道，并在通道中间增设疏散出入口。

地下车站出入口的地面高程宜高出该出入口室外地面 300～450 mm。当该高度不满足当地防洪高度时，在开口处可设防淹闸槽。

第五章　运营控制中心

1. 功能分区

控制中心按功能可划分为运营操作区、设备区、运营管理区、维修区及辅助设备区。运营控制中心见图 5-1。

图 5-1　运营控制中心

2. 总体布置

运营操作区靠近设备区，设备区和维修区处相邻设置，辅助设备区宜设在不同的层面上，除部分按有关规定与上述各区邻近设置的用房外，不便与上述各区邻近设置。

中央控制室和设备区不宜设在建筑物的顶层和地下。根据运营管理需要可设置参观室，参观室与中央控制室相邻设置，宜设在中央控制室的后方或层高允许时的后上方夹层或楼层上。参观室与中央控制室之间宜用玻璃幕墙隔离。

电缆通道、电缆间宜靠近相关的设备用房，且强弱电系统分别设置，并符合消防和电气等国家现行规范的内容。

运营操作区设中央控制室，并作为独立的安全分隔区，进入中央控制室前设缓冲区，并宜配置安保设施；中央控制室各系统设备的布置及设计需考虑以下内容。

①室内只设置与运营有关的系统和设备，与运营、管理和安全无关的系统和设备不宜进入，不得安装大功率的电器设备及其他动力设备。

②室内设备布置整齐、紧凑，便于观察、操作和维修，并便于调度人员行动和疏散。调度台的布置不能遮挡住正常观察模拟屏的视线。

③室内总体布置以行车指挥为核心进行各调度台和模拟显示屏的布置，便于行车调度、电力调度、环控调度、防灾调度、维修调度和总调度之间的信息沟通。

④中央控制室具备紧急事件指挥中心的功能，宜在中央控制室设置运营决策和应急处理工作区域或在中央控制室邻近设置应急事件指挥室。

⑤各系统模拟屏宜统一考虑，调度台和模拟屏宜呈弧形布置，模拟屏的屏前和屏后、调度台的台前和台后留有足够的操作和维护作业空间，并预留近期和远期发展位置。调度台距模拟屏的通道宽度宜大于 2.5 m，模拟屏后侧与墙壁之间的距离宜大于 1.2 m。

⑥当中央控制室的规模按多条线路设计时，可按线路进行划分，将每条线的行车调度、电力调度和环控调度台等集中布置。

⑦当按扇形方式分层展开布置设备时，在扇形的中间位置，向上下展开的角度按 30°考虑，向左右展开的角度按 120°考虑。

⑧各系统调度台的终端设备及工作桌、椅宜统一考虑，采用相同的结构外形和颜色。

设备区各系统设备用房的布置及设备房室内设备的布置及设计需考虑以下内容。

①设备区设备房的布置，根据运营管理模式，可按系统划分或按线路划分，采用封闭式布置或通透开放式布置。

②设备区各系统设备房的布置楼层宜以方便运营管理、体现安全性和重要性为原则。

③设备区设备房的室内布置力求整齐、紧凑，便于观察、操作和维修。

④设备布置要使设备之间的连线短，外部管线进出方便。

⑤大功率的强电设备不得与弱电设备混合安装和布置。各电气系统设备用房不得有水管穿过，风管穿过时安装防火阀。

运营管理区宜根据单轨交通中央级运营管理的需要配置相应的运营管理

用房，设置必要的办公、管理和生活设施。

维修区宜设置系统维修、测试、备品备件、工器具等用房，以及系统维修机构办公、值班室等。维修区上述用房各系统可共用或分设。

辅助设备区各系统设备用房的布置及设计需考虑以下内容。

①辅助设备区宜设置供电和低压配电系统、通风和空调系统、水消防系统和自动灭火系统、给排水等系统的设施和相应用房。

②供电和低压配电系统、空调系统、水消防系统及给排水系统等辅助设施宜设置在地面一层、地下一层或地下二层；通风系统和自动灭火系统等宜设置在各层距用户较近的场所。

第六章　车 辆 基 地

跨座式单轨交通的车辆基地包含车辆段(停车场)、综合维修中心、物资总库、培训中心和必要的办公生活等设施。车辆基地的功能、布局和各项设施的配置,需考虑运营需要、城市轨道交通线网车辆基地的规划、既有车辆基地分布和工程视具体情况综合确定,并可资源共享。

6.1　功能、规模及平面布置

1. 基地功能

车辆基地内主要包括车辆段、综合维修中心、物资总库、培训中心和必要的办公生活等设施。车辆基地系统组成结构见图 6-1。

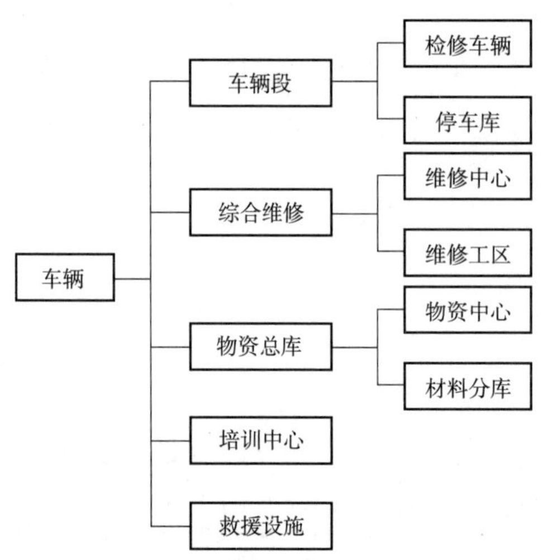

图 6-1　车辆基地系统组成结构

车辆基地的功能、规模及总平面设计可根据线路工程特点和其在线网中的地位及功能定位,选择全面检修模式或重点检修模式,并参照以下内容。

①全面检修的作业范围包括车辆全面检修及以下修程内的检修和其他系统设备检修。

②重点检修的作业范围包括车辆换轮及大部件的换修作业。

③停车场的作业范围包括列检及停车，必要时可承担换轮、三月检和临修作业。

车辆检修宜采用日常维修和定期检修相结合的预防性检修制度，逐步向状态修过渡，并宜实行换件修。修程和检修周期可根据车辆技术条件、制造质量和线路的技术条件及车辆制造商的建议制订，设计时车辆检修周期宜按表 6-1 的内容确定。

表 6-1　车辆检修周期表

类　别	检修种类	检修周期		检修时间
		里程(万公里)	时间	
定期检修	全面检修	60～80	6 年	40 d/列
	重点检修	30～40	3 年	30 d/列
日常维修	换轮检	15	1.5 年	10 d/列
	三月检	3	3 个月	3 d/列
	列检	—	3～6 日	4 h/列

注：检修时间是按每列车 6 辆编组，并按部件换件修确定。

车辆段各修程工作量计算时计入检修不平衡系数，检修不平衡系数宜按以下内容取值。

①三月检修取 1.2。

②定期检修取 1.1。

车辆段作业范围设计宜参考以下内容进行。

①列车管理和编组工作。

②列车停放、日常维修、清扫洗刷及定期灭菌等日常维护保养。

③车辆的定期检修。

④车辆的临修。

⑤车辆段检修设备、机具、牵引车和工作车等的维修及整备。

⑥必要时负责列车的乘务作业。

停车场作业范围设计可参考以下内容进行。

①列车管理。

②列车停放、列检、清扫洗刷、定期消毒等日常维修保养；根据需要承担三月检、换轮及临修作业。

③根据需要负责列车的乘务作业。

车辆段及综合维修中心维修设备的大修宜就近外委专业工厂承担。

车辆基地出入线的设计可按以下内容进行。

①出入线在车站接轨,接轨站宜选在线路的终点站或折返站。

②出入线与正线间的接轨形式,满足正线设计运能内容。

③出入线宜按双线双向运行设计;停车场出入线可根据通过能力内容确定设计为双线或单线。

④车辆基地及停车场的出入线设置除满足上述内容外,尚需满足有关规定。

⑤出入线可根据行车和信号的内容,留有必要的信号转换作业长度。

2. 基地规模

车辆基地规模,可根据车辆技术条件,配属列车编组和数量、检修周期和检修时间计算确定。

3. 基地平面布置

车辆基地的总平面布置可以车辆段或停车场为主体,并参考车辆运用、检修的作业内容和段(场)址的地形条件,综合维修中心、物资总库和培训中心等设施的布局及道路、管线、绿化、消防、环保等内容,结合当地气象条件,按有利生产、方便管理和生活的原则进行统筹布置。

车辆段生产房屋的布置以运用及检修厂房为核心,各辅助生产房屋可根据生产性质按系统布置;与运用和检修作业关系密切的辅助生产房屋宜分别布置在相关厂房的侧跨内或附近,性质相同或相近的房屋宜合建;生活、办公房屋宜集中布置。

车辆基地的空气压缩机间、变配电所、给水所和锅炉房等动力房屋,宜靠近相关的负荷中心布置。

产生噪声、冲击振动或易燃、易爆的车间宜单独设置;检修车间排出的有害气体、粉尘、废液可参照国家现行有关环境保护及卫生标准的内容。

车辆段生产机构可根据运营管理模式确定,可设运用车间、检修车间和设备车间。

车辆基地设围蔽设施,其设计宜结合当地的环境和内容,选用安全、实用、美观的结构型式和材料。

6.2 车辆运用整备设施

车辆运用整备设施包括停车库(棚),列检、月检库和列车清洁洗刷设备及相应线路等设施，并可根据生产需要配备办公、生活房屋。具体内容有：停车库(棚)和列检、月检库宜合建成运用库；列检月检库也可单独设置或与其他厂房合建。

运用库的规模按近期需要确定，并可预留远期发展的条件。当近、远期规模变化不大或厂房扩建困难时，其厂房可按远期规模一次建成。运用库设计可按以下内容进行。

①停车列位数按配属列车数在扣除每天在修车列数后计算确定，设有独立停车场的线路，尚扣除其停车场的停车列数。

②列检、月检列位数按列检、月检工作量计算确定，并适当留有余地。

③列检、月检列库内另设临修列位。

停车库(棚)根据当地气象条件和运营内容设计。炎热多雨地区宜设棚，寒冷地区或风沙地区宜设库，当露天停车对运营和作业无影响时，停车线可按露天条件设计。

运用库各库线的列位设置根据车库型式确定。并可按以下规定进行。

①停车库(棚)和列检、月检库宜为尽端式。

②停车、列检线宜按两列位设计，条件许可时，停车线可按三列位设计。

③月检线宜按一列位设计，条件许可时可按两列位设计。

运用库各种库线的供电接触轨在库内可分段设置并加装安全防护设施，库前可设置隔离开关或分段器，并设有送电时的声响警示及醒目的信号灯显示。

月检库的线路可设车辆车顶作业平台，并可设有安全防护设施。作业平台面高度和结构尺寸按车辆结构和作业内容确定。根据作业需要可设置起重设备。

各车库的长度分别按式 6-1 及式 6-2 计算，并可结合厂房组合情况和建筑、结构设计内容作适当调整，调整后的车库长度不宜小于按公式的计算值。

①停车库(棚)长度按下式计算。

$$L_{tk}=(L+2)\times N_t+(N_t-1)\times 6+12 \tag{6-1}$$

式中　L_{tk}——停车库(棚)计算长度(m)；

L——列车长度(m)；

N_t——每条线停车列位数。

②列检、月检库长度按下式计算。

$$L_{ly}=(L+2)\times N_j+(N_j-1)\times 6+21 \tag{6-2}$$

式中　L_{ly}——列检、月检库长度(m)；

N_j——每条线列检、月检列位数。

当采用无人自动驾驶时，结合信号系统的内容调整列位间的安全距离。

车辆段设机械洗车设施，配属列车超过12列的独立停车场可设置机械洗车设施。机械洗车设施包括洗车机、洗车线和生产房屋，其设计可按以下内容进行。

①洗车机采用通过式，其功能宜满足车辆两侧、顶部和端部（驾驶室）的洗刷内容，并具有清水及化学洗涤剂清洗功能。

②洗车线宜采用贯通式布置在入段线上的适当位置，当地形受限制时，洗车线可按尽端式布置。

③寒冷地区及风沙地区可设洗车库，其他地区洗车机宜按露天设置，必要时可加棚。洗车库（棚）的长度、宽度和高度可根据洗车的作业内容确定，寒冷地区的洗车库设置采暖设施。洗车线在洗车机前、后设置一辆车长度的直线。

④洗车线有效长度可按下列公式计算。

a. 尽端式洗车线有效长度按下式计算。

$$L_{sj}=2L+L_s+10 \tag{6-3}$$

式中 L_{sj}——尽端式洗车线有效长度(m)；

L_s——洗车机长度（包括连锁设备）(m)。

b. 贯通式洗车线有效长度按下式计算。

$$L_{st}=2L+L_s+12 \tag{6-4}$$

式中 L_{st}——贯通式洗车线有效长度(m)；

L_s——洗车机长度（包括连锁设备）(m)。

洗车线根据洗车设备配备辅助生产房屋。

⑤洗车线宜在适当的位置设人工洗车台，并宜设置在洗车线两侧，高度与列车客室地板面一致，长度按不小于1/2列车长度设计。

⑥洗车线上的洗车台位的车辆供电接触轨可加装安全防护设施；洗车台位列车进入端前可设隔离开关或分段器，并可设有送电时的信号显示或声响警示装置。

车辆段、停车场根据车场线路布置和作业需要设牵出线，其数量根据作业量确定。牵出线的有效长度可按下式计算。

$$L_q=L_{qc}+L_n+10 \tag{6-5}$$

式中 L_q——牵出线有效长度(m)；

L_{qc}——通过牵出线列车总长度(m);

L_n——牵引车长度(m)。

车辆段、停车场各种车库内的通道宽度和车库大门、有关部位的最小尺寸可参照表6-2的规定。

表6-2 车辆段、停车场各种车库内有关部位最小尺寸(m)

项目名称＼车库种类	停车棚	列检月检库	检修库	油漆库	工作车库
车体之间通道宽度(无柱)	1.8	5.0	5.0	2.5	2.0
车体与侧墙之间的通道宽度	1.5	2.0	4.0	2.5	1.7
车体与柱边通道宽度	1.3	1.8	3.2	2.2	1.5
库内后部通道净宽	6.0	15.0	15.0	15.0	6.0
车体至库前大门距离	3.0	3.0	3.0	3.0	3.0
车库大门净宽	$B+0.6$	$B+0.6$	$B+0.6$	$B+0.6$	$B+0.6$
车库大门净高	$H_1+H_2+0.4$	$H_1+H_2+0.4$	$H_1+H_2+0.4$	$H_1+H_2+0.4$	$H_1+H_2+0.4$

注:①B—车辆限界的宽度;②H_1—轨面高度;③H_2—轨面上车体高度。

运用库可根据列车日常运用维修和列检、月检作业的需要,在其边跨内或邻近地点设置车辆车载设备检修、列车内部清扫、洗刷、消毒、工具存放、备品储存和工作人员更衣休息等生产、办公、生活房屋。

车辆基地内列车运转调度、检修调度与防灾调度宜合并设置为车辆基地调度中心。在列检、月检库横向地下通道内两侧宜设动力及安全照明插座。地下通道内固定照明灯具不影响作业。

列车采用人工驾驶的车辆基地内宜设乘务员公寓,其规模可根据早晨发车后两小时和晚上收车前两小时内运行列车乘务员人数确定。

6.3 车辆检修设施

检修车辆段是轨道车辆进行日常维修和定期检修的主要场所,主要包含列检库、月检库、换轮库、洗车线等。我国采用的是日常维修和定期检修相结合的检修制度,即以预防性计划修为主,辅以必要的故障修(临修)。

车辆检修的修程和检修周期可按照表6-1进行检修,也可根据车辆和线路的技术条件及车辆制造商的建议进行周期修订。

1. 列检库

列检库是轨道车辆段最重要的设施之一，是轨道车辆的停放、日常整备、技术检查和一般性故障处理的重要场所。列检库主要分为列检列位与停车列位，一般分开设置列检列位与停车列位，列检列位设有检查坑，停车列位一般不设检查坑，但可根据需要增设检查坑。列检库见图 6-2。

图 6-2 列检库

列检库规模可根据检修工作量和检修时间计算确定，其设计可按以下规定进行。

①车辆检修可采用定位作业，并以列位为计算单位，列位的长度可按列车解钩的作业设计。

②列检库长度可按下式计算确定。

$$L_{jk}=L+(N_1-1)\times 1+L_0 \tag{6-6}$$

式中 L_{jk}——检修库长度(m)；

N_1——列车编组车辆数；

L_0——为保证停车安全和车辆检修操作所需的距离。

检修库可设电动桥式或梁式起重机和必要的搬运设备；起重机的起重量满足工艺和检修作业的内容；起重机走行轨的高度可根据车辆分解起吊高度和起重机的结构尺寸计算确定。

注：各种车库的库前股道宜有一段平直线路，其长度满足车辆安全进出库

门的操作需要。

2. 月检库

月检库是轨道车辆段最重要的设施之一，是轨道车辆按月进行技术检查、故障处理的重要场所。月检库与列检库整体构成大致相同，不同的是月检库增设三层作业平台，分别对轨道车辆整体(底部、中部、顶部)进行检查维修。

3. 换轮库

换轮库是轨道车辆段重要设施之一，是轨道车辆进行轮胎更换的重要场所。换轮库内主要设有专用起重设备、轮胎拆装设备和充气设备。

换轮库及其线路的设计可按以下规定进行。

①换轮线的有效长度满足列车所有车辆的轮胎换修作业的内容。

②换轮库结合工艺流程和厂房组合情况布置，可单独设置，也可与检修厂房合并设置。

③换轮库设专用起重设备、轮胎拆装设备和充气设备，换轮库的面积满足设备安装和换轮作业的需要。

4. 洗车线

车辆段设机械洗车设施，机械洗车设施包括洗车机、洗车线和生产房屋等。

洗车设施综合考虑地区气候、车辆基地平面布置等情况进行合理设置，如寒冷地区及风沙地区设洗车库，且寒冷地区同时设有相应的采暖设施，其他地区洗车机宜按露天设置，必要时可加棚；洗车库的长度、宽度和高度可根据洗车设备的技术要求确定。洗车线在洗车机前后一辆车长度范围为直线。

5. 试车线

车辆段可设试车线，试车线的设计应满足以下内容。

①试车线需为平直线路，困难条件下允许在线路端部设曲线。试车线有配套的信号和供电设备，试车线的其他技术标准与正线的技术标准一致。

②试车线的有效长度可根据车辆性能、技术参数及试车综合作业内容计算确定，试车线尽端可设车挡。

③可在试车线的适当位置设置试车设备房屋。

④地面试车线可有一段不小于一列车长度的便于维修人员作业的硬化地面。

6. 转向架间

转向架间宜在检修库内设置，也可毗邻检修库。转向架间规模和检修台位可根据转向架检修任务量、作业方式和检修时间计算确定。转向架间设有转向架检修及零部件的检修、清洗、试验及探伤设备和轮胎拆装、充气及存放设备。

7. 电机室

电机室内邻近转向架间设置，间内可根据作业需要配备电机检测、清扫设备及起重运输设备。

8. 蓄电池间

蓄电池间宜独立设置，蓄电池间的规模可满足车辆蓄电池检修和充电需要，并宜兼顾牵引车、工作车和蓄电池搬运车的检修和充电。蓄电池间可设有电源室、蓄电池检修室、充电室、蓄电池用品储存室和值班室。检修室和充电室有良好的通风、给排水设施；酸性蓄电池充电室可采用防酸地面，并与其他房屋隔断和采取防爆措施。

9. 油漆库

油漆库可根据需要按一辆车或一个列车单元设置，库内设有通风、给排水设施和压缩空气管路，并有环保措施。库内电气设备均符合防爆内容。油漆库的尺寸可根据工艺内容确定。

10. 吹扫库

吹扫库及其线路可根据作业需要设置，其设计可按以下内容进行。

①吹扫线的有效长度满足列车所有车辆的吹扫作业需要。

②吹扫库宜根据吹扫作业的内容选用成熟可靠产品，并宜设置通风排尘设施。

③寒冷地区的吹扫库有供暖设施。

④吹扫库的长度、宽度和高度可根据吹扫作业内容确定。

注：车辆段设材料、备品间，当物资总库不设在基地内时，设独立物资库，并配备必要的起重和运输设备。

6.4　车辆段设备维修和动力设施

1. 设备维修

车辆段设备车间包括设备维修间和相应管理部门，其作业范围包括以下内容。

①全段机电设备的管理和中、小修程的检修。

②全段各种生产工具的维修和管理。

生产设备采用统一管理、集中检修的原则。设备的大修宜对外委托或与有关单位协作进行。

设备维修间根据基地内机电设备和动力设施维护、检修的需要配备必要的电焊、气焊设备，电器检测设备，管道维修设备和起重运输设备等。检修车间的通用机加工设备与设备车间的通用机加工设备合并设置。

2. 动力设施

空压机站的空压机选择节能型的低噪声产品，其压力和容量根据用气设备的内容确定。空压机数量不可少于两台。

乙炔用气采用瓶装乙炔气供气。

各种室外管线可根据管线的性质和走向，结合总平面的布置进行管线综合设计，力求安全、经济、合理和便于管理维修。

6.5　综合维修中心

综合维修中心是跨座式单轨交通系统各种设备和设施的维修和管理单位，其功能是为了满足全线轨道梁、路基、涵洞、隧道、房屋建筑和道路等设施的维修、保养工作，以及供电、通信、信号、道岔、机电设备和自动化设备的维修和检修工作的需要。

综合维修中心根据生产的需要，进行生产房屋、仓库及必要的办公、生活房屋的合理配备。其生产用房分类宜根据各专业的性质分为工务建筑、供电、通信、信号、道岔、机电和自动化等车间，生产房屋宜合并建成综合楼。

综合维修中心内可根据需要配备设备信号检测设备，供电检修设备，轨道梁检修设备和工作车、平板车等工程车辆，并设置工作车的存放和日常维修保养的工作车库。维修保养主要内容如下。

①线路轨道梁、桥涵、桥梁、房屋建筑、道路等设施和机电设备的维修宜利用当地资源，大修宜对外委托专业队伍或工厂承担。

②综合维修中心宜根据各专业的性质分设工务与建筑、供电、通信、信号、机电与自动化、线路与安全设施等车间。

③综合维修中心可根据生产的需要配备生产房屋、仓库和办公、生活房屋。

各类房屋可根据作业性质结合总平面布局的具体情况合理布置，其生产房屋宜合并建成综合维修楼。

④设于车辆基地内的综合维修中心的供电、供风、供热和供水设施宜与车辆段相关设备和设施统一设置。

⑤综合维修中心根据各专业的作业内容、工作量配备信号检测设备、供电检修设备、轨道梁桥检修设备等和工作车。

⑥综合维修中心设置工作车库，供牵引车和工作车的存放和日常维修保养。工作车库的股道数量和面积根据配属工作车的台数来确定。

6.6　物资总库

物资总库在跨座式单轨交通系统里负担着材料、配件、设备、机具及劳保用品等的采购、存放、发放和管理工作。物资总库内设有各种仓库、材料棚、材料堆放场地以及必要的办公、生活房屋。

物资总库内根据材料、设备的不同性质进行分库存放，其中存放易燃品的仓库单独设置，并符合现行国家相关规范要求。此外物资总库内还配备有材料、配件和设备的装卸起重设备，汽车、蓄电池车等运输车辆。物资总库内主要设施如下。

①物资总库设有各种仓库、材料棚和必要的办公、生活房屋，以及材料堆放场地。

②各种仓库的规模可根据所需存放材料、配件和设备的种类和数量确定，根据需要可设自动化立体仓库。材料堆放场地采用硬化地面。

③不同性质的材料、设备宜分库存放，其中存放易燃品的仓库宜单独设置，并参照现行国家标准《建筑设计防火规范》(GB 50016)的有关规定。

④物资总库配备材料、配件和设备的装卸起重设备和汽车、蓄电池车等运输车辆。

⑤设在车辆基地内的物资总库有外来材料、设备、新车进入的运输通道，并有连接基地内主要道路或外界公路的道路。物资总库生活设施可利用车辆段的设施。

6.7　培训中心

培训中心负责组织和管理职工的技术教育和培训工作。

培训中心内设有教室、试验室、图书室、阅览室和教职员工办公和生活用房，以及必要的教学设备和配套设施。

培训中心一般情况设于车辆基地范围内的适当地点，必要时也可设于其他地区。

6.8 救 援 设 施

车辆基地内设有救援办公室，受跨座式单轨交通控制中心指挥，救援人员由车辆基地人员兼职。

救援办公室设值班室，值班室内配置电钟、自动电话、无线通信设备及直通控制中心的防灾调度电话等应急救援设备。

救援用的轨道车辆宜利用车辆段和综合维修中心的车辆，并可根据救援需要设置地面工程车和指挥车。

6.9 其 他

车辆基地的其他安设内容如下。

①车辆基地线路的配备满足功能及工艺，并做到安全、方便、经济合理。线路平面及纵断面设计可按有关规定执行。

②车辆基地的场坪高程可根据基地附近内涝水位和周边道路高程设计。沿海或江河附近地区车辆基地场坪高程按不低于 1/100 洪水频率设计。

③车辆基地线路、道岔区的外侧均设安全防护栏栅，安全防护栏栅的高度不低于 1.2 m。

④各车库内和库前线路下面，根据作业和安全的需要，可设置横向地下人行通道。

⑤车辆基地的给水和排水设计参照国标的有关规定。

⑥车辆基地根据供电系统的要求、车辆基地的规模和布置及生产工艺需要等，设置牵引变电所和降压变电所及动力、照明设施。牵引供电系统可根据作业和安全内容实行分区供电。

⑦车辆基地供电系统和动力、照明系统的设计，可参照国标的有关规定。

⑧车辆基地生产、办公房屋的采暖、空调和通风设计，根据工艺要求和办公的需要，结合当地气候条件选择设备类型，并参考有关标准的内容。

⑨车辆基地根据生产、生活的需要设置完善的通信系统。

⑩车辆基地根据作业要求设置完善的信号系统。

⑪车辆基地根据有关规定,配套设置有关防灾报警设备和设施。

⑫车辆基地内可设置能够综合管理车辆运用、维护、检修、人员和设备等各种信息的计算机信息管理系统,并留有与控制中心的传输通道。

第七章 轨 道 梁 桥

7.1 轨 道 梁 桥

在跨座式单轨交通中,轨道梁既是承载梁又是列车的运行轨道,承担多种作用,预埋件的种类、数量繁多,定位精度要求高。既要满足结构要求又要在制造和架设后按设计标准轨道线性,是单轨交通建设中三大重要的技术之一。

本章将介绍跨座式单轨交通的轨道梁、轨道梁桥、组合桥及道岔平台的结构设计,各部位尺寸满足车辆走行轮、导向轮和稳定轮的走行要求,以及通信、信号、供电系统环网电缆、接触轨在梁体上的安装要求。轨道梁结构具有足够的竖向、横向和抗扭刚度,并保证结构的整体性和稳定性。轨道梁宜采用预应力混凝土轨道梁(PC 轨道梁),并宜采用预制架设的设计、施工方法。轨道梁桥构造简洁、力求标准化,并满足耐久性的要求,其建筑的形式、结构、体量与城市景观协调,设计使用年限为 100 年。

7.2 下 部 结 构

1. 概述

跨座式单轨交通梁桥下部结构是承载桥梁上部结构并将荷载传给地基的主体工程,主要由桩基础、承台、墩柱和盖梁组成,见图 7-1。

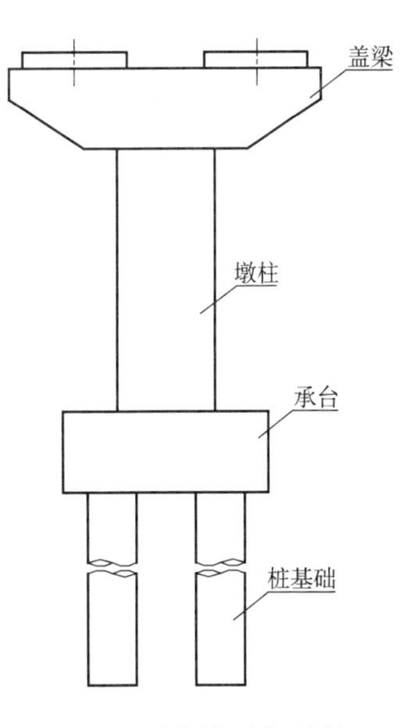

图 7-1 梁桥下部结构

桩基础的作用是承受上部结构传来的全部荷载,并把桩基础和下部结构荷载传递给地基。跨座式单轨交通梁桥砖基础主要采用矩形或圆形人工挖孔桩、钻孔灌注桩等基础形式。

承台是桩与墩柱联系部分,承台把几根,甚至十几根桩联系在一起形成整体的桩基础。

墩柱及盖梁是桥梁的主要支承结构。跨座式单轨交通梁桥墩柱主要布设于道路中央隔离上,截面主要采用带圆倒角矩形，跨座式单轨交通墩柱形式主要以 T 形墩柱居多，特殊地形则采用倒 L 形墩柱、门型墩柱及异形墩柱等墩柱形式。

2. 荷载

（1）单轨交通轨道梁桥结构设计，可根据结构的特性，按表 7-1 所列出的荷载，就其可能出现的最不利组合情况进行计算。

表 7-1　轨道梁桥荷载分类表

<table>
<tr><th colspan="2">荷载分类</th><th>荷载名称</th></tr>
<tr><td rowspan="2">主力</td><td>恒载</td><td>结构自重
附属设备和附属建筑自重
预加应力
混凝土收缩及徐变影响
基础变位的影响
土压力
静水压力及浮力</td></tr>
<tr><td>活载</td><td>列车竖向静活载
列车竖向动力作用
列车离心力
列车活载产生的土压力
人群荷载</td></tr>
<tr><td colspan="2">附加力</td><td>列车制动力或牵引力
列车横向摇摆力
风力
温度影响力
流水压力</td></tr>
<tr><td colspan="2">特殊荷载</td><td>船只或汽车的撞击力
地震力
施工临时荷载</td></tr>
</table>

注：①如杆件的主要用途为承受某种附加力，则在计算此杆件时，该附加力可按主力计；②列车横向摇摆力不与离心力、风力组合；③流水压力不与制动力或牵引力组合；④地震力与其他荷载的组合可按现行《铁路工程抗震设计规范》的内容执行；⑤计算中要求考虑的其他荷载，可根据其性质，分别列入上述三类荷载中。

轨道梁桥设计仅需考虑主力与一个方向（纵向或横向）的附加力组合。根据不同的荷载组合，将材料基本容许应力和地基容许承载力乘以不同的提高系数。对预应力混凝土结构中的强度和抗裂性计算，可采用不同的安全系数。计算结构自重时，一般材料重度可按现行《铁路桥涵设计基本规范》规定取用；对于附属设备和附属建筑的自重或材料重度，可按所属专业的现行规范或标准取用。

(2)列车竖向静活载可参照以下内容确定。

①列车竖向静活载图式按本线列车的最大轴重、轴距及近、远期中最长的列车编组确定。

②轨道梁设计按照单线行驶列车竖向荷载布置。

③轨道梁桥下部结构设计,单线、双线、多于两线的情况,按列车作用于每一条线路考虑,荷载不作折减。

④影响线加载时,活载图式不可任意截取。

(3)位于曲线上的轨道梁桥考虑列车产生的离心力,其大小等于列车静活载乘以离心力率 C。

C 值按下式计算。

$$C=V^2/127R \quad (7\text{-}1)$$

式中 V——本线设计最高列车速度(km/h);

R——曲线半径(m)。

离心力作用于轨道梁顶面以上车辆重心处。

列车横向荷载宜按列车设计荷载单轴重的 25%计算,在轨道梁顶面以水平集中力的形式作用于垂直轨道梁轴线方向。

(4)列车制动力或牵引力作用于车辆重心位置,按列车竖向静活载的 15%计算。轨道梁桥下部结构设计时制动力或牵引力移至支座中心处,双线时可采用二线的制动力或牵引力;三线或三线以上时按照最不利情况考虑,不作折减。

(5)轨道梁桥风荷载强度按现行《铁路桥涵设计基本规范》的内容取值。梁上有车时,轨道梁风荷载按照 80%计算,设计按单线计算轨道梁和列车风荷载。

轨道梁桥下部结构设计,双线轨道梁桥,线路等高时按照 100%、50%分别计算两线的列车和轨道梁风荷载;不等高按照 100%、100%分别计算两线的列车和轨道梁风荷载。

三线及以上轨道梁桥,线路等高时按照 100%、50%、25%分别计算三线的列车和轨道风梁荷载;线路不等高时,按照 100%、100%、50%分别计算三线的列车和轨道梁风荷载。与单轨车辆重叠的结构体不再计算风荷载。

(6)轨道梁桥桥墩有可能承受船只撞击力时,设防撞保护设施。当无法设置防撞保护设施时,船只撞击力可按现行《铁路桥涵设计基本规范》的规定计算。

(7)轨道梁桥墩柱有可能承受汽车撞击时,设防撞保护设施。当无法设置防撞保护设施时,轨道梁桥墩柱设计必须考虑汽车对墩柱的撞击力。汽车撞击力顺汽车行驶方向时采用 1 000 kN,垂直于汽车行驶方向时,采用 500 kN,作用在路面以上 1.20 m 高度处。

(8)地震作用按现行《铁路工程抗震设计规范》的相关规定计算。

(9)轨道梁桥按不同施工阶段的施工荷载和运营养护检修荷载加以检算。采用单轨架桥机架设的轨道梁,按照架桥工况对轨道梁和桥墩分别进行检算。

3. 构造及系统设备预留、预埋内容

轨道梁梁缝处设伸缩缝,伸缩缝除保证梁部能自由伸缩外,还有保证轨道梁之间走行轮、导向轮、稳定轮面的平顺连接。伸缩缝与轨道梁之间锚固构件在轨道梁预制时埋入,其余构件在轨道梁架设就位后现场安装。

轨道梁支座采用抗拉力支座,轨道梁和桥墩盖梁满足抗拉力支座的埋设的内容,组合桥下部梁式结构上宜设置抗拉力支座安装台座。抗拉力支座的上摆的锚固构件宜在轨道梁预制时埋入,下摆的锚固构件在桥墩盖梁和组合桥下部梁式结构安装台座施工时埋入,桥墩盖梁、组合桥下部梁式结构安装台座上预留更换支座时顶梁的位置;支座下支承垫石设置满足现行《铁路桥涵设计基本规范》的规定。

轨道梁上不考虑设置排水系统,轨道梁桥桥墩和组合桥下部的梁式结构、道岔桥和道岔平台设置性能良好的排水系统以防止表面积水。排水设施便于检查、维修与更换。

钢筋混凝土、预应力混凝土轨道梁上信号、供电环网电缆和接触轨等系统在轨道梁施工时埋入预埋管道和预埋件;钢轨道梁宜在结构上预留信号、供电环网电缆等系统管线通道和接触轨安装接口板。

轨道梁桥桥墩、组合桥下部的梁式结构及其桥墩、道岔桥和道岔平台信号、供电环网电缆系统、供电系统和避雷接地系统的安装采用在相应土建工程施工时埋入预埋管道和预埋件的方式。

道岔桥和道岔平台平面满足道岔区布置的要求,并满足道岔及其控制系统和轨道梁安装台座布置要求,同时预留施工接口。

轨道梁桥结构的截面尺寸能保证混凝土灌注及振捣质量。预应力钢筋或管道表面与结构表面之间的保护层厚度满足现行《铁路桥涵钢筋混凝土和预应力混凝土结构设计规范》和国家现行有关混凝土结构耐久性设计规范的内容。

预应力混凝土梁的封锚及接缝处,在构造上采取防水措施,防止雨水渗入。

管道压浆材料和压浆工艺严格控制，有条件时优先采用真空压浆工艺，确保压浆密实。对于结构有可能产生裂缝的部位，适当增设防裂钢筋。

北方地区设于路边或路中的桥墩考虑除冰盐溅射的腐蚀作用，遭雨水导致混凝土水饱和的部位需考虑冻融的危害。酸雨地区的高架结构不用硅酸盐水泥作为单一的胶凝材料。

7.3 轨 道 梁

1. 特点

(1)轨道梁呈工字形，宽 850 mm，高 1 500 mm，梁腰两侧为供电轨，梁底悬挂电缆桥架，敷设供电、通信电缆。曲线半径 75 m～∞，梁长 3～24 m，最大重量约 65 t，见图 7-2。

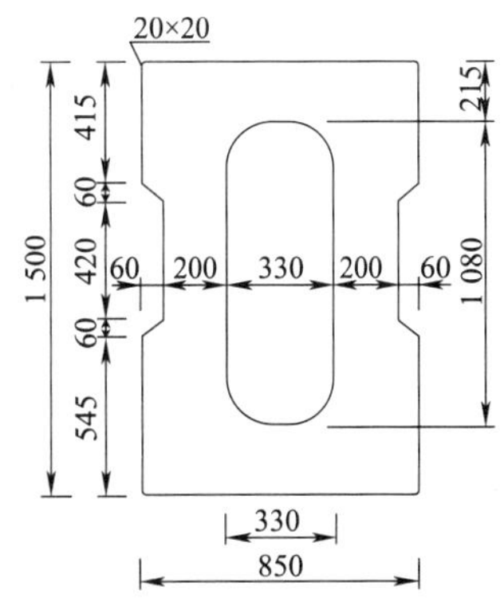

图 7-2 轨道工字形横断面(单位：mm)

(2)轨道梁既是承载梁，又是车辆运行轨道，对梁断面、梁长、支座位置、线型几何尺寸都比一般梁精度要求高。因此要求轨道梁的制造模具必须是可横向弯曲、扭转，竖向可调整的专用模具，模具的刚度和稳定性能保证梁体的尺寸精度。

(3)轨道梁预埋件种类繁多(如指形板、铸钢支座、绝缘子、馈线电缆、避雷电缆和电缆桥架等)，并且精度要求高，技术要求高。因此要从技术上正确指导，从工艺上科学优化，从质量上严格控制。

(4)轨道梁设计使用年限长、质量要求高。因此采用高强度混凝土施工，施工过程中要加强原材料检验，确保原材料各项指标满足要求。

2. 主要指标(表 7-2)

表 7-2 主要指标

梁高	1 500 mm
梁宽	850 mm
梁跨长	3 000～24 000 mm
混凝土强度	C60
锚具	M15-3、M15-4、M15-5

支座为符合设计要求的铸钢拉力支座，指形板座、供电系统预埋件、信号系统预埋件等预埋件一次性预埋。

7.4　组合桥(公轨两用桥和单轨专用桥)

随着我国交通事业的迅速发展,公路、铁路和城市轨道交通流量的快步增长,组合桥在跨座式单轨交通中得到越来越多的应用。

组合桥是跨座式单轨交通在跨越江河、沟谷等特殊地形时所采用的桥梁形式。组合桥主要分为公轨两用桥与单轨专用桥,见图 7-3 和图 7-4。

图 7-3　公轨两用桥

图 7-4　单轨专用桥

第八章　道　　岔

为实现车辆行驶中的转线、折返运行、救援避让及在车辆基地内调车作业，在跨座式单轨交通正线、配线和车辆基地内的线路上可根据需要设置道岔。

8.1　道 岔 类 型

道岔设备由机械装置、驱动装置和控制装置组成，采用电力驱动，并在道岔梁的两侧安装车辆牵引供电接触轨。

1. 跨座式单轨交通道岔按其结构组成、转辙后的线形可分为以下类型

(1)关节型道岔：单开、对开、三开、五开、单渡线、双渡线等类型，见图 8-1。

(2)关节可挠型道岔：单开、对开、单渡线、单渡边、双渡线、交叉渡线等类型，见图 8-2。

图 8-1　关节五开道岔

图 8-2　关节可挠型道岔

(3)平移型道岔：双梁、多梁、单体式、渡线式等类型。

跨座式单轨单开道岔断面见图 8-3。

2. 技术性能

(1)关节型道岔技术性能

①适合轨道梁宽为 850 mm 的线路使用。

②满足转辙距离要求。

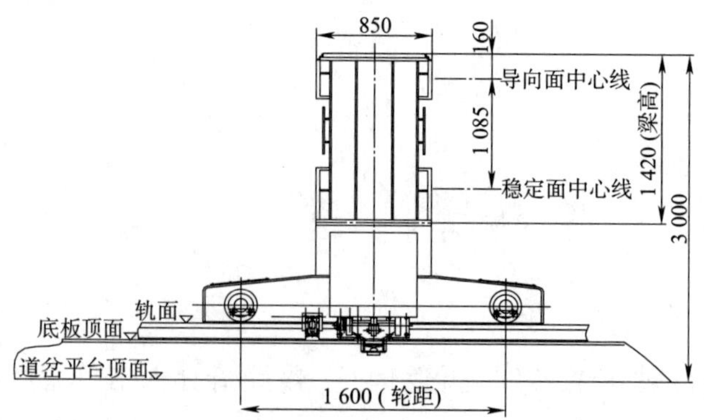

图 8-3 跨座式单轨单开道岔断面(单位:mm)

③转辙时间满足运营要求。

④控制符合继电器逻辑电路控制方式。

⑤当道岔为折线位时允许列车通过速度不超过 15 km/h,直线位时不限速。

(2)关节可挠型道岔技术性能

①适合轨道梁宽为 850 mm 的线路使用。

②满足转辙距离要求。

③转辙时间不大于 15 s。

④道岔梁导向面板和稳定面板挠曲曲线半径大于 100 m。

⑤控制方式符合继电器逻辑电路控制方式。

⑥当道岔为曲线位时列车通过速度不超过 25 km/h,直线位时不限速。

(3)平移型道岔技术性能

①适合轨道梁宽为 850 mm 的线路使用。

②适合各种平移距离要求。

③转辙时间满足运营要求。

④设置有导向装置。

⑤控制符合安全继电器逻辑电路控制方式。

⑥当列车通过道岔的曲线梁时速度不超过 30 km/h,通过直线梁时不限速。

8.2 道 岔 设 备

道岔设备可由机械装置、驱动装置、控制装置组成,并采用电动机驱动。在道岔梁的两侧可安装为车辆牵引供电使用的接触轨。

1．机械装置

关节型道岔机械装置包括道岔梁、接缝板、梁间连接装置，台车及走行轨，安装底板、支撑脚及固定螺栓、地脚螺栓，锁定装置，道岔固定端转动装置，手动转换装置。关节可挠型道岔除上述部分外，包括单独安装的导向面板、稳定面板、挠曲装置、润滑给油装置等。

平移型道岔机械装置包括道岔梁、接缝板、台车及走行轨、安装底板、支撑脚及固定螺栓、地脚螺栓、锁定装置、导向轨、导向轮、调节机构、润滑给油装置等。

枢轴型道岔与换梁型道岔机械装置包括道岔梁、活动端固定段、枢轴端固定段、走行台车、锁定装置、尾轴、接缝板、底板及轨道等，其中换梁型道岔的梁体由两根梁及梁间连杆组成。

2．驱动装置

关节型道岔和关节可挠型道岔的驱动装置由转辙电动机、安全离合器、减速机、传动轴、旋转臂、回转臂头及导向滑槽等组成。

驱动装置能使道岔在转辙过程中，完成启动、加速、匀速、减速、停止或制动的动作，并能使道岔在运行中平稳、平顺、无冲击和振动、停止时无异响和撞击。转辙电动机为电磁制动的三相异步电动机，并具有良好的启动、加速、制动、反转能力。适用电源电压和频率波动范围为±5％。

安全离合器在道岔转辙过程中出现过负荷、异常工况、减速机不能转动故障或人工手动时，能使主驱动电机顺利脱开、安全离合。减速机的齿轮、蜗轮、蜗杆、轮轴、轴承、传动轴及箱体具有足够的强度、刚度和过负荷能力。

平移型道岔驱动装置包括减速机、驱动电动机及安装座。每组道岔可设置有互为备用的主电动机并与减速机组成主驱动机。

枢轴型道岔和换梁型道岔驱动装置由电动推杆、连杆、螺杆及推杆安装座或电动机、蜗轮蜗杆减速器、旋转臂及导向滑槽等组成。

3．控制装置

道岔的控制装置由电源控制柜、信号控制柜、驱动控制柜组成，并包括信号接口、位置检测、位置表示、锁闭驱动控制、转辙驱动控制、系统检测、故障报警、渡线道岔同步动作控制及关节可挠型道岔挠曲控制等。控制装置功能参照以下内容。

①具备对道岔的构成机构进行控制和检测，能按照信号系统发出的指令，

完成道岔的解锁、主电动机启动、转辙、锁闭、信号反馈及关节可挠型道岔的挠曲。能将道岔位置表示信号传输给信号控制台。

②与信号系统间设置有授权、收权联锁电路。

③具有集中控制、现场控制、手动控制功能,并能具有系统检测、故障诊断、故障保护和报警。控制功能能满足正常模式、应急模式的操作要求。

④控制电路满足"故障导向安全"要求。

⑤检测点采用切实可靠的技术设计。

⑥联锁控制采用安全型继电器和安全电路设计。

⑦选择电机时留有容量裕度,绝缘等级、防护等级适合道岔的使用环境。

⑧使用的电缆为无卤、低烟、阻燃、防蚀、防潮和无放射性成分的产品,并具有良好的柔软性能。

⑨控制柜能防潮、防湿、防鼠害、防虫进入及防外界温度影响。

8.3　道　岔　桥

道岔桥是跨座式单轨交通高架线路段安装道岔设备的专用桥梁。通常道岔桥根据线路道岔设计情况进行布设,见图 8-4。

图 8-4　道岔桥

8.4 道岔平台

道岔平台是跨座式单轨交通地面线路段安装道岔的专用平台。平台上轨道由直线梁和曲线梁组成，沿固定方向平行移动，使道岔梁与需要对接的轨道梁衔接，实现列车行驶线路转换，衔接误差在±3 mm内，见图 8-5。

图 8-5 道岔平台

第九章　检修通道

9.1　基本内容

检修通道设置在距离地面 3.5 m 的高架区间，位于两 PC 轨道梁之间，一般作为电缆桥架及检修人员行走的通道，同时兼有城市景观的功能，且在紧急情况下，具有疏散乘客的作用。主要包括Ⅰ型、Ⅱ型、Ⅲ型三种结构形式的检修通道，见图 9-1～图 9-3。

图 9-1　Ⅰ型检修通道

图 9-2　Ⅱ型检修通道

图 9-3　Ⅲ型检修通道

跨座式单轨交通检修通道设置内容如下。

(1)检修通道可作为跨座式单轨交通高架区间纵向应急疏散平台，具有结构轻便，易于维护的特点。

(2)检修通道可根据梁桥体系、限界、施工、维护等选择不同的结构形式。

检修通道与桥墩要连接可靠。

(3)检修通道的构造参照以下内容。

①当轨道梁线间距在3.7～4.2 m时，检修通道宜设置成Ⅰ型结构，主要由3根焊接H型钢梁组合而成。

②当轨道梁线间距在4.2～5.2 m时，检修通道宜设置成Ⅱ型结构，主要由4根焊接H型钢梁组合而成。

③当轨道梁线间距大于5.2 m时，检修通道宜设置成Ⅲ型结构，由2股检修通道组成，每股检修通道由2根焊接H型钢梁组合而成，并在远离轨道梁一侧钢梁表面焊接高度不小于1.2 m的防护栏杆。

④当线路长度大于3 km时，在适当位置设置连接地面的楼梯，楼梯具备防止人员进入的设施。

⑤检修通道表面应安装应急照明、导向标识等。

(4)检修通道兼作电缆通道时，采取接地保护措施。

(5)检修通道的抗震参照现行国家标准《地铁设计规范》(GB 50157)和《城市轨道交通结构抗震设计规范》(GB 50909)的有关内容。

(6)检修通道与轨道梁纵向间隙应设置防护梁底防护。

9.2　检修通道制作

1. 工序流程(图9-4)

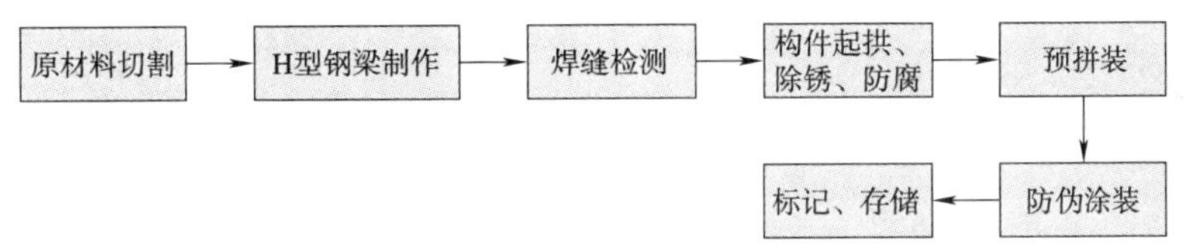

图9-4　工序流程

2. 操作要领

首先按照排版大样图对主要材料进行切割下料，测量切割下料后的构件尺寸，保证H型钢梁的上下翼缘板、腹板的长度误差控制在±5 mm以内，宽度误差控制在±3 mm以内。H型钢梁制作现场见图9-5。

钢材切割下料后，将上下翼缘板和腹板焊接组立成H型钢梁，上下翼缘板及腹板的等强拼接焊缝为一级焊缝，角焊缝为二级焊缝。钢梁焊接完成后，检查焊缝外观，确认有无肉眼可见的裂纹、焊瘤、气孔、夹渣等缺陷，记录接头不

图 9-5　H 型钢梁制作

良、咬边等数据。同时测量各焊缝的焊脚尺寸，焊缝余高控制在 2 mm 以内。一般除进行外观和尺寸检查外，还要进行无损探伤检测，检测比例为：一级焊缝 100%、二级焊缝 20%。H 型钢梁组立完成后，对构件进行起拱，按照设计施工图的要求，跨度为 20～22.1 m 的检修通道预拱度为 50 mm，跨度为 17～20 m 的检修通道预拱度为 35 mm，跨度小于 17 m 的检修通道不设预拱度。预拱度偏差应控制在±2 mm 以内，不预设拱度的构件要求自然起拱 0～2 mm。矫正和探伤见图 9-6 和图 9-7。

图 9-6　预拱度矫正

图 9-7　焊缝探伤

构件预拱度检测合格后，进行喷砂除锈，除锈等级为 Sa2.5 级，除锈后观察构件表面是否具有氧化皮、油污和粉尘等附着物，确认无误后，对构件涂装一道 EP150 环氧富锌底漆，漆膜厚度为 50 μm。然后将构件转移至专用的拼装平台上进行检修通道预拼装，预拼装整体水平误差不得超过 2 mm，构件应始终处于自由状态，并将 H 型钢梁间距（H 值）和偏移值（X 值）精度控制在±5 mm 以内，拼装后实测检修通道的 H 值和 X 值须均满足设计要求。

检修通道预拼装后再涂装一道EP150环氧富锌底漆，漆膜厚度为50 μm，然后涂装2道EP330玻璃鳞片面漆。每道漆膜厚度为80 μm，漆膜表干后用涂层测厚仪检测涂层厚度，在5个测点分别进行测量，每个测点测量3次取平均值，涂层总厚度误差控制在－20～＋10 μm。

然后按照《色漆和清漆　漆膜的划格试验》(GB 9286—1998)进行划格试验检测涂装附着力，在漆膜表面50 mm×100 mm范围内用美工刀划15 mm×15 mm的格子，贴上胶布施加500 g的负荷，以迅速又突然的方式拉开胶带，检查被剥离后是否发生脱落的现象，要求涂层间剥离小于250 mm^2(受检面积的5％)。

检修通道涂装检测合格，在钢梁本体进行标识，Ⅰ型检修通道标识标记在中间梁上，Ⅱ型、Ⅲ型检修通道标识靠上行线侧轨道梁的钢梁上，内容包括检修通道的编号、重量、大小里程等。最后将检修通道根据出厂的先后顺序、型号进行分区存放。

9.3 检修通道安装及调整

1. 工序流程(图9-8)

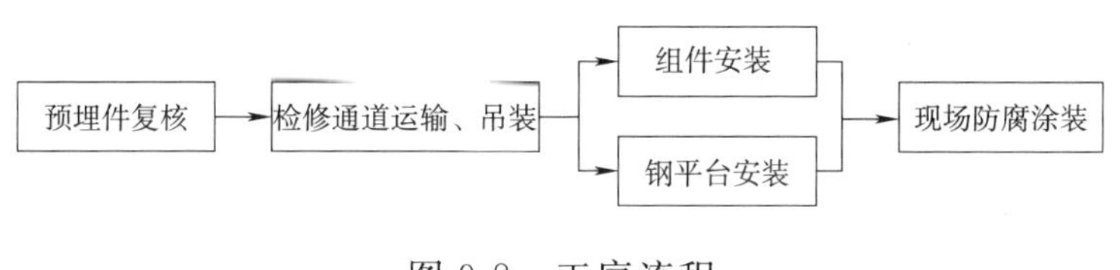

图9-8　工序流程

2. 操作要领

(1)预埋件测量复核

预埋件在浇筑盖梁时进行预埋，为确保检修通道能够顺利安装到位，应在盖梁浇筑完成后对预埋件进行测量复核，确认其在纵向、横向之间的距离与检修通道参数相匹配。同时，检查预埋件表面的整洁度及预埋件与PC梁锚箱支座垫石之间的距离(≥10 mm)是否满足要求。在检查过程中，对发现的问题及时通知相关施工单位进行整改，整改完成后，再次进行测量复核，直至预埋件各项参数匹配检修通道参数。然后，根据检修通道钢梁端头尺寸，在预埋件表面标记出钢梁端头横向和纵向定位线，以确保检修通道吊装时能够准确快速就位，保证钢梁端头挡板与预埋件挡块前间隙≥20 mm，梁体与支承座偏差值≤5 mm。预埋件复核见图9-9。

图 9-9　基础预埋件复核测量

(2)检修通道运输、吊装

①检修通道运输

在每次吊装前,应组织管理及技术人员勘查、选定检修通道运输路线,确认运输路线上的桥涵、隧道、建筑物等能满足运输车辆通过,并制定运输方案、办理好相关的运输手续。同时提前与交通主管部门联系确认运输道路上有无临时交通管制等,制定出具有针对性的应对措施。

检修通道固定采用钢丝绳和手拉链条葫芦,且在钢丝绳与检修通道接触处采用废旧轮胎或木块作垫衬加以保护,以免剐损涂装。运输时检修通道的堆叠不高于 2 层,层间采用 5 组枕木进行支撑保护,枕木高 150 mm,以避免检修通道相互碰撞造成涂装及结构损伤。当整组检修通道的宽度大于 2.6 m 时采用长度为 3.1 m 的钢托架进行托护,以防检修通道在运输途中变形。

在运输过程中,在运输车辆的前方设置一辆开路车,后方设置一辆护送车,并严格控制车速,保证检修通道运输安全。

②检修通道吊装

检修通道在运抵吊装现场后,技术人员应立即对其进行仔细的检查确认,核实每跨检修通道的编号、大小里程的朝向是否正确、检查运输过程中钢结构表面的防腐涂装是否遭到破坏、检修通道是否出现变形、出厂合格证是否记录翔实等,待确认无误后再进行吊装作业。检修通道吊装见图 9-10。

在吊装过程中,施工人员在钢梁与钢丝绳接触部位采取加垫橡胶皮或木条等措施保护钢结构表面的防腐涂装。每次起吊前先进行一次试吊,观察检修通道及吊车的状态是否正常。检修通道就位时,参照预埋件上标记的定位线就位。吊装结束后,安装小组对已架设的检修通道进行精细调整,保证钢梁端头挡板与预埋件挡块前间隙不小于 20 mm,梁体与支承座的中心偏差值≤5 mm。

图 9-10 检修通道吊装

③钢平台安装

在钢平台的搬运过程中，施工人员应特别注意对钢梁的保护，轻拿轻放，避免损伤钢梁涂装。钢平台安装见图 9-11。

图 9-11 钢平台安装

钢平台钢梁使用不锈钢焊条直接焊接固定在预埋件上，在安装钢平台钢梁时，安装人员使用水平尺和镀锌扁钢垫片对钢梁进行调整，确保钢梁安装后上表面相对于水平面的倾斜≤10‰，并使钢平台钢梁与两端检修通道钢梁对齐，整体美观。当盖梁上设计有配电箱时，钢平台中间钢梁断开为两截，为配电箱预留 500 mm 安装位置，断开段用 100×100×6 角钢及 M10×90 膨胀螺栓固定。在进行现场施工时，施工人员精确调整中间钢梁间距，将误差控制在 0～+3 mm，为后续配电箱安装提供可靠的条件。钢平台钢梁与检修通道钢梁之间采用长度为 300 mm 的接地线贯通，在为配电箱预留 500 mm 处使用 1 200 mm 长的接地线绕开配电箱，确保接地线双路贯通，接地线与接地卡子使用 M8×20 不锈钢螺栓连接。钢格板使用 M8×25 不锈钢螺栓与钢梁上的铰链连接，紧固力矩控制在 12 N·m。在确保钢平台钢梁与检修通道主梁之间≥20 mm 间隙的同时，合理调整钢格板之间的间距，确保其安装稳固、外形美观。

在T形墩钢平台安装过程中，为防止边梁在安装过程中发生倾覆掉落，首先将中间钢梁用不锈钢M10×90膨胀螺栓安装固定好，然后用ϕ2 mm的铁丝将边梁与中间梁连接起来，并在T形墩盖梁边缘设置两道钢丝绳作为安全护栏后，再缓慢地将边梁外移就位，经精确调整后安装到位。另外为确保边梁安装后稳固牢靠，在边梁腹板上每间隔1 m使用1颗M10×90不锈钢膨胀螺栓固定，相邻两颗M10×90膨胀螺栓交错布置在边梁腹板内外侧，以避免边梁发生自然倾覆掉落。

3. 组件安装

Ⅱ型检修通道，以两根钢梁为一组在工厂内完成拼装，两组钢梁之间的主联结件、斜撑角钢及钢格板等均在完成吊装后现场进行安装。Ⅲ型检修通道的栏杆现场进行安装。

(1)主联结件安装(图9-12)

①将斜撑、主联结件按照编号顺序摆放在该跨检修通道上行线侧，中间联结钢格板按照编号摆放在下行线侧，并根据上行线侧及下行线侧主联结的位置在两根中间钢梁肋板前后各铺设两块钢格板，铺设钢格板前，铺设人员必须检查安全带挂扣牢固后再进行作业。

②M16×60连接螺栓从下向上穿过中间钢梁下翼缘板及斜撑之间的安装孔，并用24 mm扳手紧固(力矩为116 N·m)，将螺栓点焊。

③将主联结件摆放在安装位置上，主联结件的方向与上行线侧及下行线侧检修通道主联结件方向保持一致，主联结件与肋板的接触面应紧贴。

④主联结件就位后，焊工用ϕ4.0 mm焊条(506)焊接主联结件与肋板的接触面，焊角高度9 mm。

⑤焊接完成之后，打磨人员用角磨机打磨焊接部位及油漆涂层破坏部位，焊缝表面光滑，且不得出现虚焊漏焊等现象。

⑥涂装主联结件焊缝(具体措施见涂装修复)，并拆除主联结件作业平台。

a. 将钢格板按照排版图摆放到位，钢格板之间的间隙与上行线侧及下行线侧检修通道钢格板之间的间隙保持在同一条直线上。

b. 根据每块钢格板的开孔位置摆放30角钢，用2.5 mm焊条点焊角钢后，将钢格板搬至下行线侧检修通道表面，避免焊渣溅落在钢格板表面损坏油漆涂层。

c. 满焊30角铁，焊缝成鱼鳞状，且不得出现漏焊、虚焊、焊瘤等。

d. 打磨焊缝及油漆涂层破坏部位，并进行涂装。

图 9-12 主联结件安装

(2)栏杆安装(图 9-13)

①测量定位

距检修通道上翼缘板端头 25 mm，用红色的记号笔画一条直线，作为栏杆长度方向外边沿定位线。距上翼缘板外边沿 25 mm，用红色的记号笔画一条直线，作为栏杆端头立柱外沿的定位线。

②栏杆焊接

a. 根据栏杆制作图将栏杆摆在检修通道上方，用两根安全绳将栏杆捆绑在检修通道钢格板扁钢后，立起对位，然后逐段点焊栏杆，用细线及线坠观察栏杆是否水平与垂直，以确保栏杆安装后整体美观。

b. 栏杆调整后，满焊栏杆与检修通道上翼缘板接触部分。焊脚高度不得低于 4 mm。焊缝表面要光滑、无裂痕，且不得出现气孔、夹渣、焊瘤。

4. 现场涂装检测修复

现场涂装检测修复底漆采用 EP150 环氧富锌底漆，喷涂 2×50 μm，面漆采用 EP330 玻璃鳞片面漆，喷涂 2×80 μm。在现场作业过程中，将面漆和底漆的喷涂时间安排间隔 4 h 以上，下午喷涂底漆，次日上午再喷涂面漆，严禁在雨雾天气进行涂装作业。现场涂装见图 9-14。

图 9-13　栏杆安装

图 9-14　现场涂装修复

第十章　供　　电

10.1　概　　述

城市轨道交通供电系统电源主要取自外部电力系统的城市供电网，通常有三种电源配置：集中供电、分散供电或二者的混合体。集中供电和分散供电的分别是是否具有为整个城市轨道交通供电系统提供电源的专用主变电所，集中供电是由城市供电网的高压(110 kV)电网提供，提高了城市轨道交通供电系统的电源电压和容量，专网专供，使城市轨道交通供电系统的可靠性进一步提高。集中供电从电力系统引入 110 kV 电源，经主变电所降压成 35 kV 后通过中压环网分配给地铁各站。分散供电不设主变电所，直接从城网引入 10 kV(或 35 kV)电源，经开闭所配给地铁各站，其要求的电源点多，与电力部门接口较多。目前城市轨道交通的供电系统电源主要以集中供电为主。

10.2　变　电　所

1. 系统构成

(1)变电所的分类及构成

变电所可分为主变电所、牵引变电所和降压变电所。当牵引变电所与降压变电所同时设置在同一车站时，宜合建成牵引降压混合变电所。

各变电所主要由以下主要设备构成。

①主变电所除了为变电所内所有设备提供固定电源外，还为全线变电所提供固定电源。主要包含 126 kVGIS 开关柜、35 kV 开关柜、主变压器及交直流屏等设备。

②牵引降压变电所除了为车站内所有设备提供固定电源外，还为车辆提供稳定的直流电源。主要包含 35 kV 开关柜(图 10-1)、动力变压器、400 V 开关柜(图 10-2)、交直流屏、整流变压器、负极柜、整流器柜、1 500 V 直流开关柜等设备。

③降压变电所主要为车站内所有设备提供固定电源，主要包含 35 kV 开关柜、动力变压器、400 V 开关柜、交直流屏等设备。

图 10-1　35 kV 开关柜交直流控制屏

图 10-2　400 V 开光柜高压柜室

④跟随式变电所主要为固定范围内的设备提供稳定电源，主要包含 35 kV 开关柜、动力变压器、400 V 开关柜等设备（相对降压变电所设备数量少）。

各变电所对应主接线图见图 10-3～图 10-6。

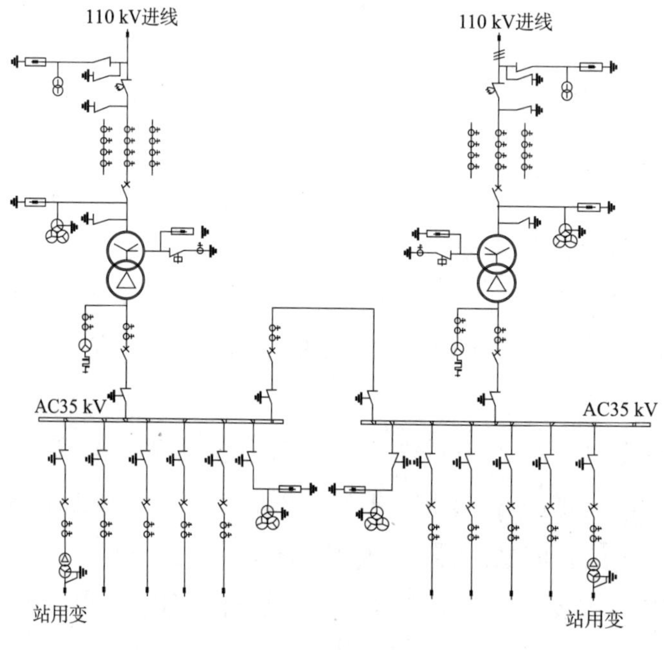

图 10-3　主变电站主接线图

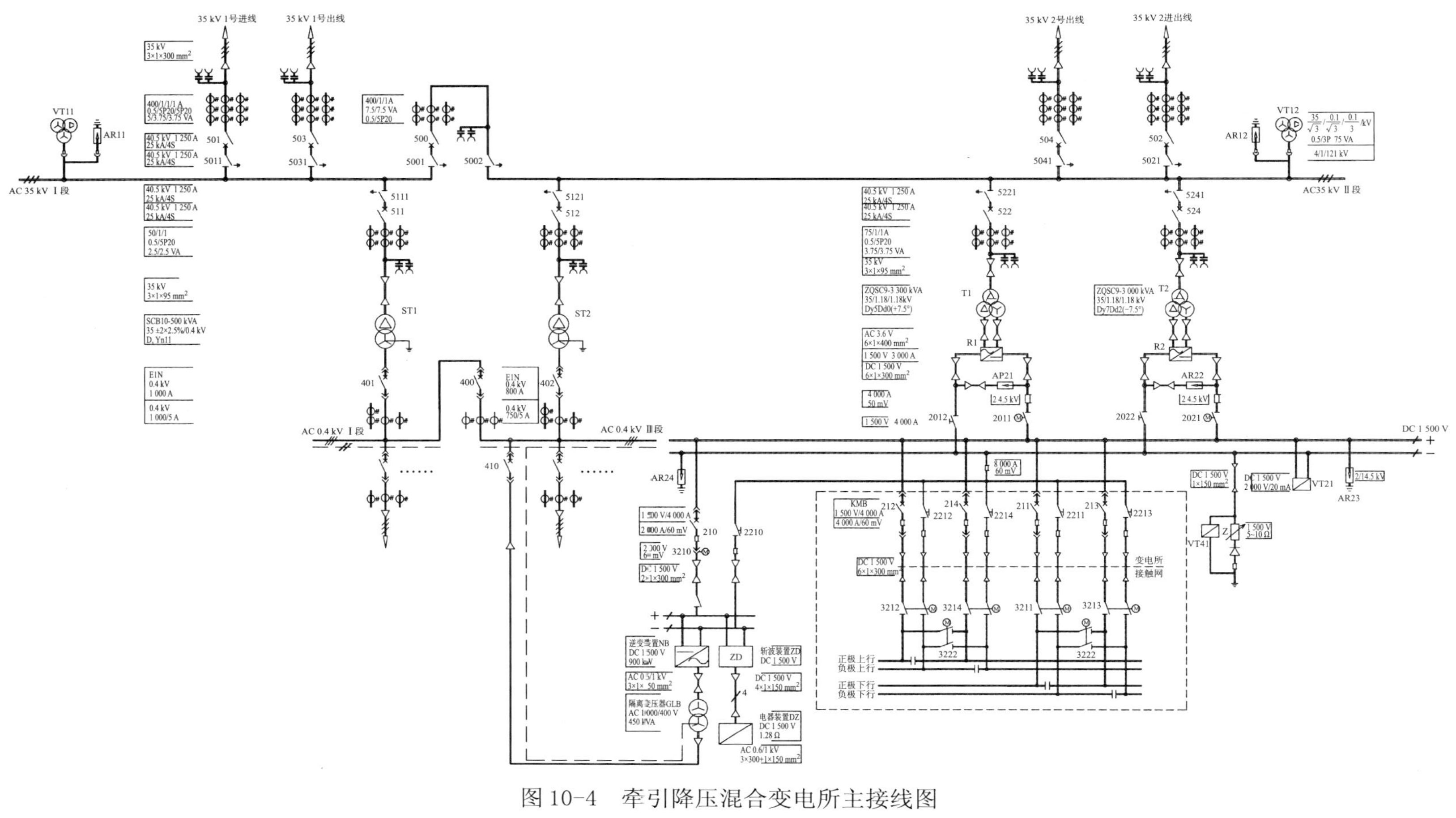

图 10-4 牵引降压混合变电所主接线图

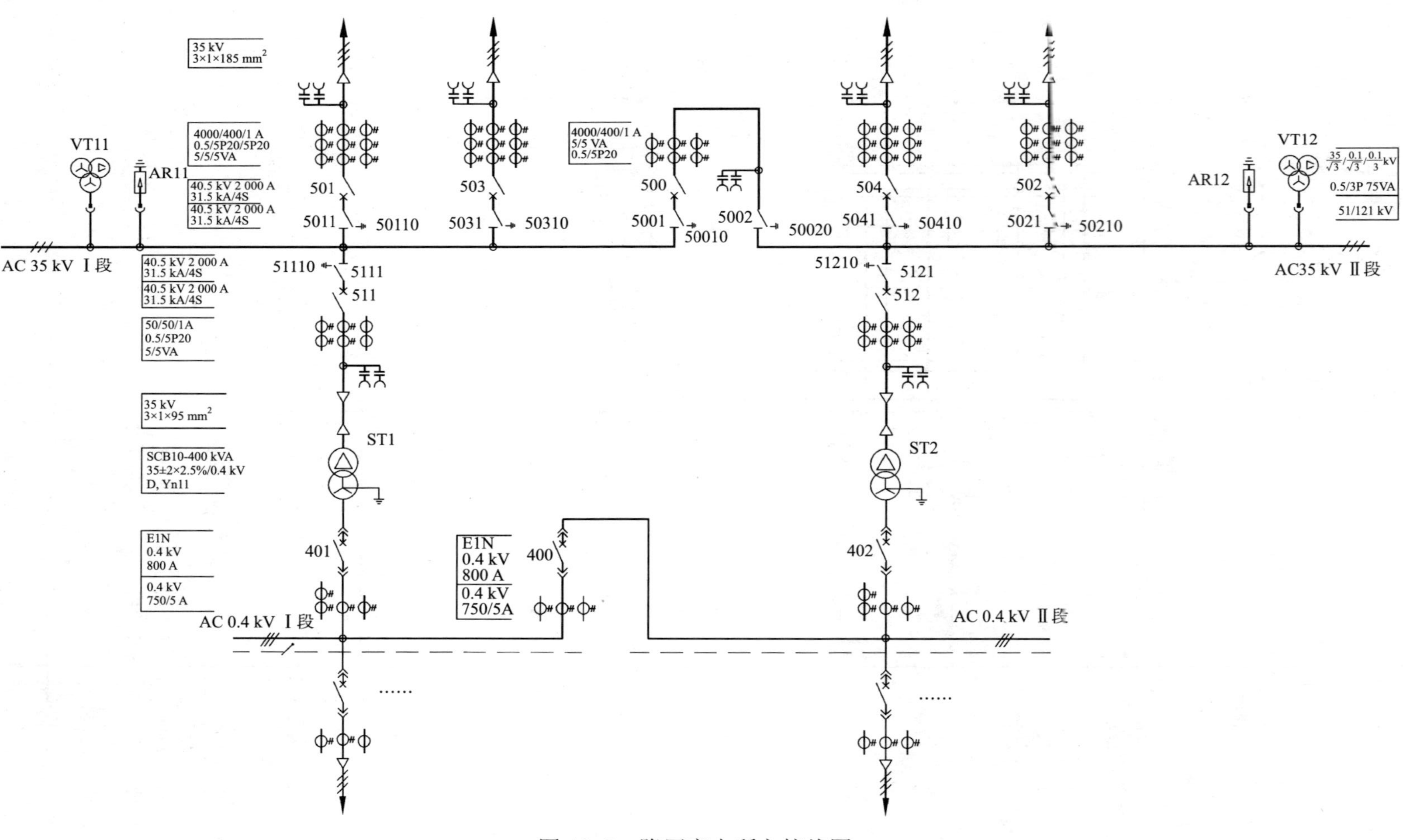

图 10-5　降压变电所主接线图

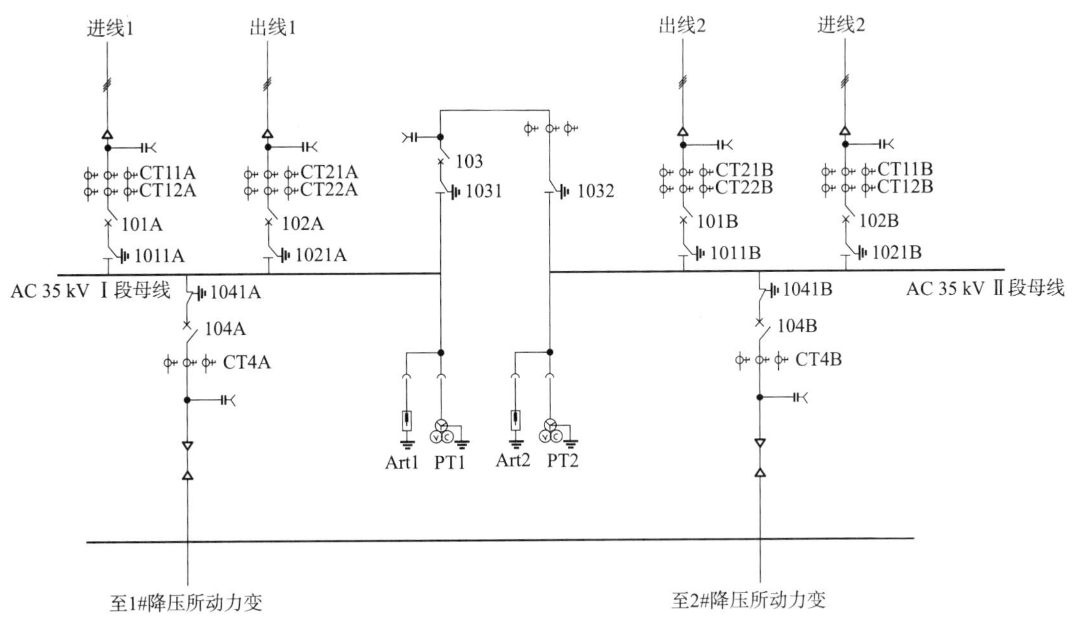

图 10-6 跟随式变电所主接线图

(2)变电所具备的特点

每个变电所引入两回相互独立的 35 kV 进线电源,通过母联断路器分别与两段母线连接。变电所在正常运行时,两路电源同时供电,母联开关处于分断位置;当任一回路电源退出运行时,母联开关自动投入,由另一回电源继续供电,相应供电区段变电所的三级负荷全部切除。

由本变电所的两段 35 kV 母线引出两回 35 kV 出线,经断路器至相邻变电所。变电所 35 kV 侧采用单母线分段接线方式,1 500 V 直流母线采用单母线接线方式,0.4 kV 母线采用单母线分段接线方式。

每个牵引降压混合变电所各设一回制动电阻直流馈线,将制动电阻装置接于 1 500 V 直流母线。其正馈线采用直流快速开关,负馈线采用直流电动隔离开关。

变电所设两台 35/0.4 kV 配电变压器,分别通过 35 kV 断路器分别接入两 35 kV 母线上,向本所范围及相应区间内的动力照明负荷供电。正常时两台变压器分裂运行;当一台变压器停止运行时,由另一台变压器供一级、二级负荷用电,三级负荷全部切除。

2. 系统功能

城市轨道交通供电系统的交流部分主要由外电源接入电缆、主变电所(集中供电方式)向线路提供电源的中压电缆网以及电力变压器组成。城市轨道交通除主变电所的主变压器采用油浸式外，牵引变电所和动力照明变电所的主变压器一般采用干式变压器，电缆也采用无毒无卤的特殊电缆。

为保证轨道交通系统的性能安全可靠，主变压器和动力变压器均采用一主一备模式。各自运行方式如下。

(1)主变电站的运行

110 kV 的进行通常为双回路，采用内(外)桥接线或线路变压器组为 110 kV 线路供电。地铁主所相当于两个独立的单回路单母线在各自独立供电运行，只是有一个回路电源出现故障，桥断路器才投入运行，两台变压器从一路进线供电；或一路出现故障，一台变压器退出运行时，35 kV 母线自动合闸，一台主变为两端 35 kV 母线供电。

(2)牵引降压混合变电所的运行方式

35 kV 侧和 0.4 kV 均为单母线分段，牵引供电通常是由两组牵引整流机组并列运行。当其中一套机组因故障退出运行时，另一套机组在以下三个条件的情况下可以不退出运行。

①牵引机组满足其过负荷要求；

②谐波含量满足要求；

③不影响另外一套机组的检修。

(3)降压变电所的运行方式

35 kV 侧为单母线分段，0.4 kV 除跟随所外也都是单母线分段结构。每个降压变电所均设置两台动力变压器，分别负责本所半个车站和半个区间的动力照明负荷的供电。正常运行时两台变压器独立运行同时供电。当任一台动力变压器因故障退出时，母联断路器自动投入，有一台变压器承担全所的一级、二级动力照明负荷供电。

3. 系统接口

单轨交通供电系统的中压环网供电网络接线口尽量简单、统一、便于运营管理及继电保护配置和减少系统电能损耗，并采用牵引动力照明混合网络和按列车运行的远期通过能力设计；二回电源线路互为备用，即当任一变电所的一回进线故障时，由另一回进线负担其一级、二级负荷的供电，中压网络末端的电压损失不宜超过 5%。

在满足单轨交通各种用电负荷供电要求的情况下，同一车站内的各种功能变电所尽量合建。供电系统中的各类变电所均有两个可靠的电源，每个进线电源的容量满足变电所负担的全部一级、二级负荷供电的要求。这两个电源可来自不同变电所,也可来自同一变电所的不同母线;在正常运行方式下,它们同时供电且互为备用。主变电所可从城市电网至少接引两回电源进线,其中至少有一回为专线电源,并设两台有载调压主变压器。

根据各类设备用途和重要性,车站用电设备负荷分为三级。

①一级负荷:变电所交流屏、人防系统、地下车站公共区的正常照明、地下区间的照明、应急照明、电源整合系统(含通信、FAS/BAS、AFC 等)、屏蔽门、废水泵、信号电源、消防系统设备、排烟系统用风机及相关阀门、用于疏散的自动扶梯、消防电梯等。

供电要求:一级负荷应由两路分别来自变电所Ⅰ段、Ⅱ段低压母线的电源供电,一用一备在末端配电箱处自动切换;站台、站厅公共区正常照明由变电所两段低压母线分别供电,各带约 1/2 的照明负荷;应急照明由 EPS 应急电源屏供电。

②二级负荷:附属用房照明、商业通信、不用于疏散的自动扶梯、电梯、污水泵、普通风机及相关阀门、检修电源等。

供电要求:二级负荷由变电所低压一级、二级负荷母线提供一路电源供电,当变电所一路电源失电时,由低压母线分段开关切换保证供电。

③三级负荷:冷水机组及其配套设备、广告照明、清扫电源及其他不属于一级、二级负荷的用电设备,且停电后不影响轨道交通正常运行的负荷。

供电要求:三级负荷仅由变电所提供一路电源供电,在供电系统故障运行状态下,将在变电所自动切除该负荷。

10.3 接 触 轨

1. 系统构成

接触悬挂位于轨道梁腰部并被车体完全包络,顺线路方向呈“之”字形布置,实现对受电器的均匀摩擦。接触轨采用轨道梁侧面刚性接触悬挂方式,电压等级为直流 1 500 V,列车采用 DC 1 500 V 跨座式单轨交通模式供电。其主要由接触轨悬挂及附属设施组成。接触悬挂主要由(但不限于)汇流排(图 10-7)、绝缘子(图 10-8)、接触线、各种紧固件以及接触悬挂其他零件组成;附属设施主要由(但不限于)隔离开关、避雷器(图 10-9)、分段绝缘器(图 10-10)、车体接地板(图 10-11)、相应电缆以及各种必要的连接、紧固件等组成。每个锚段中部设置中心锚结,防止锚段发生顺线路方向的窜动。锚段间采用平行重叠的锚段关节衔接过渡，对汇流排因温度变化引起的伸缩进行补偿，汇流排在每个支持点处可自由滑动。

汇流排安装

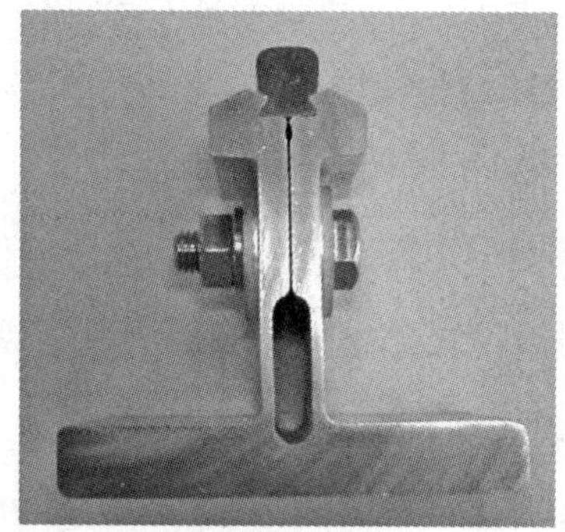

T形汇流排断面

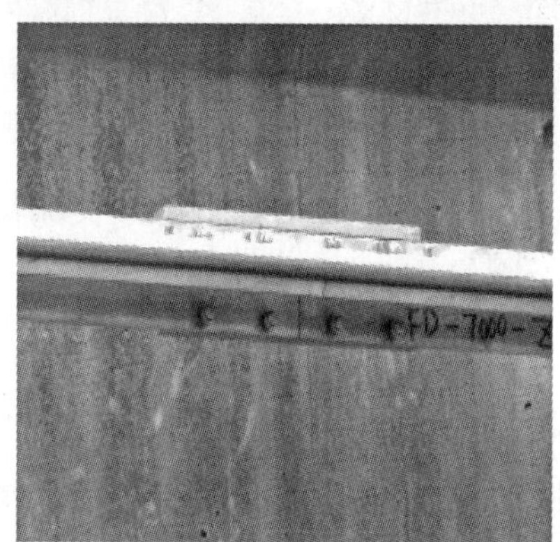

汇流排铆接

图 10-7　汇流排

图 10-8　绝缘子

图 10-9　避雷器

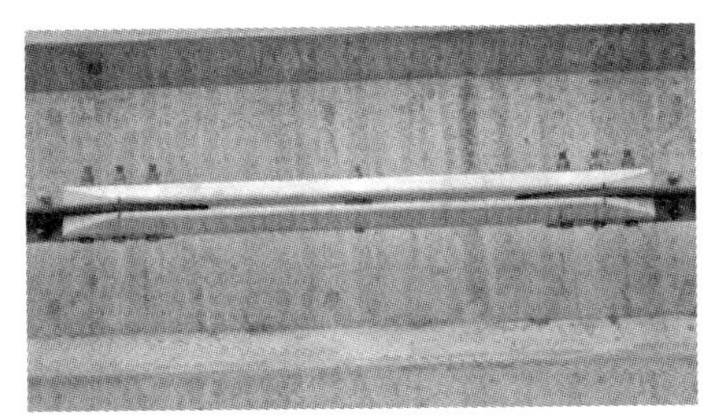

图 10-10 分段绝缘器

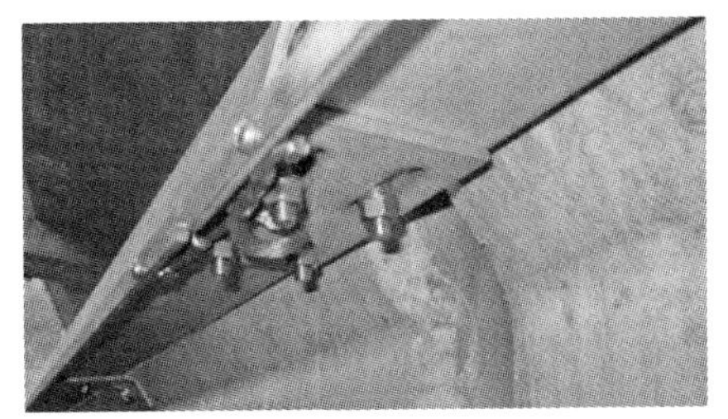

图 10-11 车体接地板

2. 系统功能

跨座式单轨交通接触轨与其他形式的接触轨一样,无备用供电设施,必须保证其良好的性能和弓网关系。由于接触轨完全被车体所包络,接触轨的安装空间很小,既要满足绝缘距离的要求,又要满足车辆限界的要求,对设备制造精度、安装精度要求很高。

接触网由正极接触轨和负极接触轨组成。正极接触轨和负极接触轨分别通过上网电缆和回流电缆与牵引变电所连接。接触轨的授流方式为侧接触式。接触轨载流及受流部分由汇流排和接触线组成。

3. 系统接口

正常工作状态下,正线接触网可采用由两个相邻牵引变电所构成双边供电方式;当某个中间牵引变电所退出运行时,相关正线接触网由与该牵引变电所相邻的两个牵引变电所通过直流母线或纵向联络开关等方式越区供电,即采用大双边供电方式。具体内容如下。

(1)牵引变电所直流快速断路器至正线接触网间设置隔离开关。

(2)上网电缆、回流电缆的根数及截面,可根据大双边供电方式下的远期负荷计算确定。除道岔区外,每个回路的电缆数不得少于两根。

(3)接触网的电分段设在以下各处。

①车站牵引变电所设在列车进站端。

②区间牵引变电所设在变电所直流电缆出口处。

③配线与正线的衔接处。

④车辆基地各电化库入口处及不同功能线路衔接处。

(4)当终端车站后面的折返线有停车检修作业时,其相应部分的接触网宜单独分段,并设置具有手动功能的双极隔离开关。

(5)在折返线处接触网供电有主、备两路电源,分别通过电动隔离开关接自上、下行的正线接触网。

(6)停车列检库、检修库、静调库、试车线的接触网,宜由牵引变电所直接馈电。每条库线的接触网可设置带接地刀闸的双极隔离开关。

(7)车辆基地中的接触网,来自车辆基地牵引变电所的主电源及来自正线的备用电源。

(8)接触网设计的气象条件,地下部分根据环境控制条件确定,其余可符合现行行业标准《铁路电力牵引供电设计规范》(TB 10009)中的有关内容。

(9)在车站线路正极侧、距地面小于 3 m 的线路正极侧及锚段关节电连接处,宜设置防护板。防护板电气性能与物理性能满足相关技术要求。

(10)在车站线路、车辆基地、故障车停留线有人员上下车区段的负极侧,设置车体接地板。车体接地板采取温度补偿措施。车体接地板可靠接地,接地电阻值不大于 4 Ω。

(11)在正负极接触轨上均可设置避雷器。避雷器的冲击接地电阻值不大于 10 Ω。避雷器可安装在以下各处。

①地面高架区段间隔不大于 300 m 处;

②地面高架区段馈线上网处;

③隧道口处。

10.4 电　　缆

供电系统所采用的电缆具有低烟、无卤、阻燃等性能,其中地面区段所采用的电缆阻燃性能不低于 B 级,地下区段所采用的电缆阻燃性能不低于 A 级。电缆在地面或高架桥上敷设时,其外护套还可具有抗紫外线的功能。

考虑到施工安装的方便,中压环网供电电力电缆和低压直流电力电缆宜采用单芯型式。敷设时,中压环网供电电力电缆宜采取品字形布置,低压直流电力电缆宜采取一字形布置,控制、信号等弱电电缆可采取紧靠或多层叠置方式。

(1)电缆在区间及车站内敷设时,各相关尺寸及距离可参考表 10-1 的规定。

表 10-1　电缆敷设的各相关尺寸及距离　　mm

电缆支架配置及其通道情况	电缆通道		电缆沟	
	水平	垂直	水平	垂直
两侧设支架的通道净宽	≥1 000	—	≥300	—
一侧设支架的通道净宽	≥900	—	≥300	—

续上表

电缆支架配置及其通道情况		电缆通道		电缆沟	
		水平	垂直	水平	垂直
电缆支架层间距离	电力电缆	—	≥150(200)	—	≥200(250)
	控制电缆	—	≥100	—	120
电缆支架之间的距离	电力电缆	1 000	1 500	1 000	—
	控制电缆	800	1 000	800	—
车站站台板下电缆通道净高	人通行部分	—	≥1 900	—	—
	电缆敷设部分	—	≥1 300	—	—
变电所所内电缆通道净高		—	≥1 900	—	—
电力电缆之间的净距		≥35	—	≥35	—

注:①表中括号内数字为 35 kV 电缆标准;②电力电缆与控制电缆混敷时,电缆支架之间的距离宜采用控制电缆标准;③当确有困难时,地下车站站台板下电缆通道人通行部分的净高可适当降低,但不得低于 1 300 mm。

(2)当电缆在同一通道中的同侧多层支架上敷设时,参考以下内容。

可按电压等级由高至低的电力电缆、强电至弱电的控制电缆和信号电缆、通信电缆的顺序排列。当电缆敷设为满足供电设备电缆引入或引出符合其弯曲半径需要时,也可按“自低至高”的顺序排列。

当支架层数受空间大小限制时,35 kV 及以下相邻电压等级的电力电缆,可排列于同一层支架上,1 kV 及以下的电力电缆可与强电电缆、弱电电缆敷设在同一层支架上。

(3)中压交流单相电力电缆的金属护层,可直接接地,且在金属护层上任一点非接地处的正常感应电压可参考以下规定。

①未采取不能任意接触金属护层的安全措施时,不大于 50 V;

②除上述情况外,不大于 100 V。

(4)直埋敷设的电缆,避免位于地下管道的正上方或下方。电缆与管道或道路、构筑物、电缆等之间的最小允许距离,可符合表 10-2 的内容。

表 10-2　直埋电缆与管道或道路、构筑物、电缆等之间的最小允许距离　m

电缆直埋敷设时的配置情况		平行	交叉
控制电缆之间		—	0.5[①]
电力电缆之间或与控制电缆之间	10 kV 及以下电力电缆	0.1	0.5[①]
	10 kV 以上电力电缆	0.25[②]	0.5[①]
通信管线		0.15	0.05

续上表

电缆直埋敷设时的配置情况		平行	交叉
不同部门使用的电缆		0.5[②]	0.5[①]
电缆与地下管沟	热力管沟	2.0[③]	0.5[①]
	油管或易燃气管道	1.0	0.5[①]
	其他管道	0.5	0.5[①]
电缆与铁路	非直流电气化铁路路轨	3.0	1.0
	直流电气化铁路路轨	10.0	1.0
电缆直埋敷设时的配置情况		平行	交叉
电缆与建筑物基础		0.6[③]	
电缆与公路边		1.0[③]	
电缆与排水沟		1.0[③]	
电缆与树木的主干		0.7	
电缆与 1 kV 以下架空线电杆		1.0[③]	
电缆与 1 kV 以上架空线杆塔基础		4.0[③]	

注：①用隔板分隔或电缆穿管时可为 0.25 m；②用隔板分隔或电缆穿管时可为 0.1 m；③特殊情况可酌减但其值不少于 1/2。

电缆从室外进入室内的入口处、电缆竖井的出入口处、电缆穿越建筑物隔墙楼板的空洞处及各供电设备与电缆夹层之间的电缆开孔处，可采取防止电缆火灾蔓延的阻燃封堵及分隔措施。

10.5 动力与照明

1. 系统构成

动力照明系统包括动力和照明两部分。

(1)车站、区间动力、照明配电。

(2)车站、区间照明及配电设备的安装。

(3)车站、区间低压电缆、管线的敷设。

2. 系统功能

动力系统的功能是向地铁内的机电设备提供可靠的电力能源。照明系统的功能是向乘客及工作人员提供可靠、方便、舒适的照明。

3. 系统接口

(1)动力与照明负荷供电方式可参考以下内容。

①一级负荷由两回独立电源供电，两回电源在设备端进行切换。对于特别重要负荷可另外设置蓄电池作为第三电源；

②二级负荷由两回独立电源供电，两回电源在0.4 kV母线处进行切换；

③三级负荷由一回电源供电。

(2)大容量设备或负荷性质重要的用电设备宜采用放射式配电。中小容量设备，宜采用树干式配电，链接的配电箱不超过3个。

(3)动力与照明用电设备的无功补偿宜在变电所内集中设置，对于容量较大、负荷平稳且经常使用的用电设备宜单独就地补偿。根据供电系统无功功率的分布特点，设置于变电所内的无功补偿装置可以考虑位置预留，待需要时投入设备。

(4)车站应设置站厅和站台照明、附属房间照明、广告照明、应急照明。照明配电箱宜集中设置。车站照明分组控制。

(5)地下区间和道岔区可设置专用固定照明和维修用移动电器的电源设施；车站站厅和站台设清扫用移动电器的电源插座。插座回路具有漏电保护功能。

(6)当车站内设电炉、电热、分散式空调的电源时，宜采用单独回路供电。

(7)车站出入口、站厅、站台、车站控制室、值班室、公安用房、变电所、配电室、信号机械室、消防泵房、地下区间设应急照明。

(8)车站的站厅、站台照明光源宜采用荧光灯；地上区间照明和高大隧道区间宜采用显色性较好的高光强气体放电灯。

(9)地下车站及区间隧道的照度标准，可参考现行国家标准《地下铁道照明标准》中的内容。地面车站、高架车站、地面区间和高架区间的照度标准，可参照民用建筑设计规范执行。

10.6 电力监控系统

1. 系统构成

电力监控系统由控制中心内的电力监控主站系统，沿线各类型变电所被控站、通信通道、设置在车辆段、停车场的供电车间和信号楼的供电复示系统构成。

2. 系统功能

电力监控系统实现对全线变电所供电设备的监视控制、数据采集及对牵引网电动开关设备运行状态的监视控制，负责全线牵引供电系统的运行管理、正常检修及事故抢修的调度指挥，以确保整个供电系统及设备安全、可靠地运行。

3. 系统接口

电力监控系统宜采用 1 对 N 的集中监控方式，即 1 个主站监控 N 个子站的方式。

(1)主站硬件包括以下主要设备：

①计算机设备(主机)与计算机网络；

②人机接口设备；

③打印记录设备和屏幕拷贝设备；

④通信处理设备；

⑤模拟盘或其他显示设备；

⑥不间断电源设备(UPS)。

主机按照双重冗余系统的原则进行配置。

(2)子站设备具备以下基本功能。

①远动控制输出；

②现场数据采集(包括数字量、模拟量、脉冲量等)；

③远动数据传输；

④可脱离主站独立运行。

(3)子站远动终端的通信规约可对用户完全开放。

(4)不间断电源设备的容量，考虑交流失电后，维持系统供电时间不少于 30 min。

(5)远动数据通道宜采用通信系统的数据通道。在设计中向通信设计部门提出对远动数据通道的技术要求。

(6)电力监控系统的主要技术参考以下内容：

①遥控命令传送时间：不大于 3 s；

②遥信变位传送时间：不大于 3 s；

③遥信分辨率(子站)：不大于 10 ms；

④遥测综合误差：不大于 0.5%；

⑤双机自动切换时间：不大于 30 s；

⑥画面调用响应时间：不大于 3 s；

⑦系统可利用率：不小于 99.8%；

⑧远动数据传输速率：不低于 64 kbps；

⑨平均无故障间隔时间(MTBF)：不低于 50 000 h。

第十一章　通　　信

11.1　概　　述

通信专业在正常情况下保证列车安全高效运营，为乘客提供高质量的出行服务，异常情况下迅速转变为供防灾救援和事故处理的指挥管理系统。为确保通信系统的适用性、可靠性、先进性及经济性，通信专业采用技术成熟、组网灵活、易扩容、易安装、易管理的设备，同时必须考虑与既有线路的通信系统有很好的兼容性。通信专业主要包括传输系统、公务电话系统、专用电话系统、专用无线系统、广播系统、闭路电视监视系统、乘客信息系统（车地无线部分）、时钟系统、综合电源系统、集中告警系统、办公自动化系统（综合布线部分）等 11 个组成部分。

11.2　传 输 系 统

1. 系统构成

传输系统是一个基于光纤媒介的数字传输系统，由光同步数字系列传输设备或其他宽带光数字传输系统组成。为通信专业各子系统及信号、设备监控、火灾报警、自动售检票等专业提供可靠的、冗余的、可重构的、灵活的信道，成为承载轨道交通运行所有信息的多业务传输平台。

2. 系统功能

专用通信传输系统是控制中心、车站、车辆段/停车场的有线网络连接通道。满足城市轨道交通运营管理所需的各种语音、数据、图像等各种信息传输的需要，主要包括：无线通信系统信息、专用电话信息、公务电话信息、广播信息、视频监视信息、时钟信息、计算机综合信息系统信息、乘客信息系统信息、通信集中告警信息、自动售检票系统信息、信号系统信息、各类自动化监控系统信息等。能满足相关系统传输容量的要求，为相关系统提供接入所需的业务接口。同时还需为将来其他系统的使用预留一定的条件。

3. 系统接口

传输系统为专用通信系统各个系统、信号、自动售检票(AFC)、门禁、乘客信息系统(PIS)等提供业务通道,并预留一定的通道容量。与此同时,给相关专业提供外部业务通道,并预留相应的接口。传输系统分为内部接口(表11-1)和外部接口(表11-2)。

表11-1　通信传输系统的内部接口

系统名称	通信其他子系统	接口序号	接口地点		接口类型		备注
			站　　点	接口位置	物理接口	电气接口	
通信传输系统	公务电话系统	ZTS-ZES-01	控制中心、车辆段、停车场、车站、变电站	EDF	RJ45	10/100 M BASE-T	
	专用电话系统	ZTS-ZDS-01	控制中心、车辆段、停车场、车站、变电站	DDF	BNC	ITU-T G.703 E1	
	专用无线系统	ZTS-ZRS-01	车站、车辆段、停车场基站	DDF	BNC	ITU-T G.703 E1	
		ZTS-ZRS-02	控制中心调度大厅、停车场	DDF	BNC	ITU-T G.703 E1	
		ZTS-ZRS-03	控制中心	EDF	RJ45	10/100 M BASE-T	
	广播系统	ZTS-PA-01	控制中心、车辆段、停车场、车站	EDF	RJ45	10/100 M BASE-T	
	时钟系统	ZTS-CLK-01	控制中心、车辆段、停车场、车站	EDF	RJ45	10/100 M BASE-T	
		ZTS-CLK-02	控制中心	EDF	RJ45	RS422	
	视频监控系统	ZTS-IMS-01	控制中心、车辆段、停车场、车站、变电所	ODF	FC/LC/PC	1 000 Mbps 光口	
	办公网络系统	ZTS-OA-01	控制中心、车辆段、停车场、车站	EDF	RJ45	10/100 M BASE-T	
	专用电源及接地系统	ZTS-ZPS-01	控制中心、车辆段、停车场、车站、变电所	通信电源室高频开关柜输出端子	根据具体工程确定	−48 V 直流电源	
		ZTS-ZPS-02	控制中心、车辆段、停车场、车站、变电所	通信设备的接地端子	根据具体工程确定	—	
	专用集中告警系统	ZTS-ZAM-01	控制中心	EDF	RJ45	10/100 M BASE-T	

表 11-2　通信传输系统的外部接口

系统名称	其他系统	接口序号	接口地点		接口类型		备注
			站　点	接口位置	物理接口	电气接口	
通信传输系统	乘客信息系统	ZTS-PIS-01	控制中心、车辆段、停车场、车站	EDF	RJ45	10/100 M BASE-T	
	门禁系统	ZTS-ACS-01	控制中心、车辆段、停车场、车站	EDF	RJ45	10/100 M BASE-T	
	信号系统	ZTS-XH-02	控制中心、车辆段、停车场、车站	DDF	BNC	10/100 M BASE-T	
	自动检售票系统	ZTS-AFC-01	控制中心、车辆段、停车场、车站	EDF	RJ45	10/100 M BASE-T	
	电力监控系统	ZTS-SCADA-01	控制中心、车辆段、停车场、车站	EDF	RJ45	10/100 M BASE-T	
	车辆自动监控系统	ZTS-ATS-01	控制中心、车辆段、停车场、车站	EDF	RJ45	10/100 M BASE-T	
	环境与设备监控系统	ZTS-BAS-01	控制中心、车辆段、停车场、车站	EDF	RJ45	10/100 M BASE-T	
	综合监控系统	ZTS-ISCS-01	控制中心、车辆段、停车场、车站	ODF	FC/LC/PC	无	
	通信运营商传输系统	ZTS-YYS-01	控制中心、车辆段、停车场、车站	ODF	FC/LC/PC	无	

11.3　公务电话系统

1. 系统构成

单轨交通公务电话系统用于单轨交通各部门间进行公务通话及业务联系。公务电话系统由程控电话交换机、自动电话及其附属设备组成。程控电话交换机宜设置在负荷集中、便于管理的地点，程控交换机间通过数字中继线相连。在有条件的地方也可不建公务电话系统，将业务纳入城市公用电话网。

2. 系统功能

公务电话系统为跨座式单轨交通管理部门、运营部门、维修部门的工作人员提供内部、外部用户之间的公务通信联络手段，除了大部分常规的语音业务，同时也能同时提供部分非话通信业务。

3. 系统接口

公务电话系统用于轨道交通内部的一般公务通信和轨道交通内部用户与公用电话网用户的电话网络。目前国内城市轨道交通通信公务电话系统中存在的内部和外部接口见表 11-3 和表 11-4。

表 11-3 公务电话系统内部接口

系统名称	通信其他子系统	接口序号	接口地点		接口类型	
			站点	接口位置	物理接口	电气接口
公务电话系统	专用传输系统	ZES-ZTS-1	车站、车辆段、停车场、控制中心、变电所	EDF	RJ45	10/100M BASE-T
	无线通信	ZTS-ZRS-1	控制中心	DDF	BNC	ITU-T G.703 E1
	时钟系统	ZES-CLK-1	控制中心	EDF	RJ45	RS422
	集中告警系统	ZES-ZAM-1	控制中心	EDF	RJ45	10/100 M BASE-T
	专用电话系统	ZES-ZDS-1	控制中心	EDF	RJ45	10/100 M BASE-T
	广播系统	ZES-PA-01	车站	EDF	RJ45	10/100 M BASE-T
	电源系统	ZES-ZPS-01	控制中心、车辆段、停车场、车站	通信电源室高频开关柜输出端子	根据具体工程确定	−48 V 直流电源
		ZES-ZPS-2	控制中心、车辆段、停车场	通信设备的接地端子	根据具体工程确定	—

表 11-4 公务电话系统外部接口

系统名称	通信其他子系统	接口序号	接口地点		接口类型	
			站点	接口位置	物理接口	电气接口
公务电话系统	电信运营商	ZES-YYS-01	控制中心	DDF	BNC	ITU-TG,703

单轨交通公务电话交换机至所管辖范围内的地区用户线传输衰耗不宜大于 7 dB。结构见图 11-1。

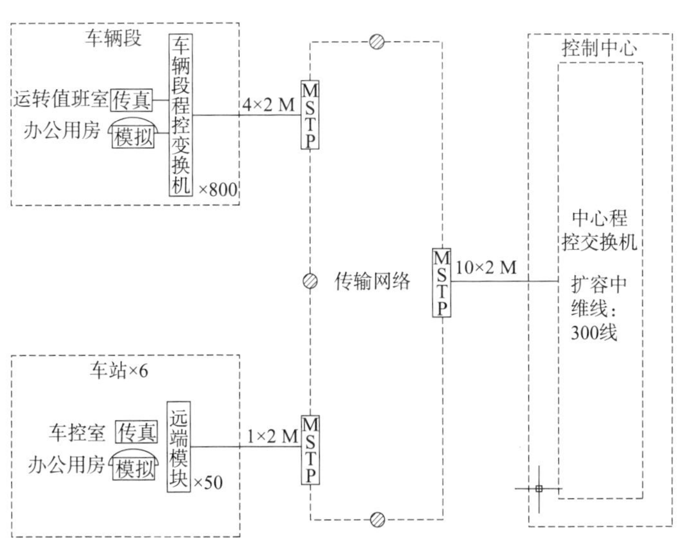

图 11-1　公务电话系统

11.4　专用电话系统

1. 系统构成

专用电话系统是为控制中心调度员、车站、车辆基地、停车场的值班员组织指挥行车、运营管理及确保行车安全而设置的专用电话系统设备。专用电话系统主要包括调度电话、站间行车电话、区间电话、车站和车辆基地及停车场内直通电话。由设在控制中心的调度主系统和设于各车站、车辆段、停车场的调度电话分系统、调度操作台、专用分机(含站内、站间电话及轨旁电话)等设备共同组成。实物(专用电话设备机和柜轨旁电话机)现场见图 11-2。

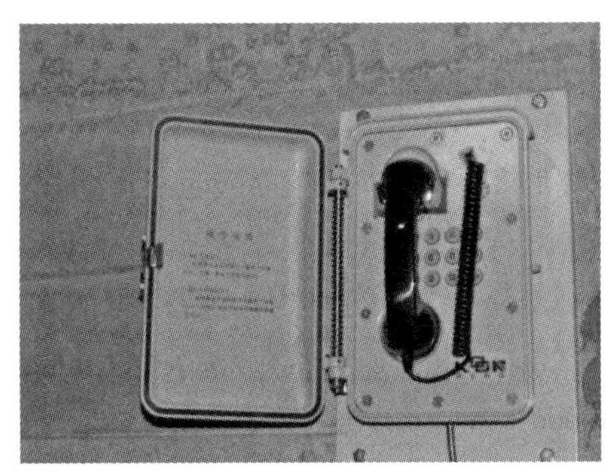

图 11-2　实物现场

2. 系统功能

专用电话系统包括调度电话、站间行车电话、车站和车辆段、停车场专用直通电话、区间电话及车站紧急求助电话等。

调度电话满足控制中心调度员与各车站（车辆段/停车场）值班员及与办理行车业务直接有关的工作人员提供调度通信的需要。调度电话具备选呼、组呼和全呼分机等功能，任何情况下均不能发生阻塞。调度电话系统具有录音功能。

站间行车电话满足相邻车站值班员间办理有关行车业务联系通信的需要，保证行车安全。

车站专用直通电话满足行车值班室或站长与本站内运营业务有关人员进行通话联系的需要。车辆段/停车场专用直通电话可根据作业性质设置行车指挥电话、乘务运转电话、段/场内调度指挥电话、车辆检修电话等。

区间电话满足司机和区间维修人员与邻站值班员及相关部门联系通话使用的需要。

为满足乘客紧急求助需要，可考虑在公共区设置车站紧急求助电话，供站内乘客和工作人员在紧急状态下呼叫车站值班员。

3. 系统接口

专用电话系统对安全性、可靠性要求较高，目前国内线路基本采用程控技术进行组网，在此背景下，内部和外部接口的情况见表 11-5 和表 11-6。

表 11-5　专用电话系统内部接口

系统名称	通信其他子系统	接口序号	接口地点		接口类型	
			站　点	接口位置	物理接口	电气接口
专用电话系统	传输系统	ZDS-ZTS-01	车站、车辆段、停车场、控制中心、变电所	DDF	BNC	ITU-T G. 703 E1
	无线通信	ZDS-ZRS-01	控制中心、停车场、车辆段、车站	VDF	音频配线单元卡接端子	10/100 M BASE-T
	时钟系统	ZDS-CLK-01	控制中心	EDF	RJ45	RS422
	集中告警系统	ZDS-ZAM-01	控制中心	EDF	RJ45	10/100 M BASE-T
	公务电话系统	ZDS-ZES-01	控制中心	EDF	RJ45	10/100 M BASE-T
	广播系统	ZDS-PA-01	控制中心、车站、车辆段、停车场	EDF	RJ45	10/100 M BASE-T

续上表

系统名称	通信其他子系统	接口序号	接口地点		接口类型	
			站　　点	接口位置	物理接口	电气接口
专用电话系统	电源系统	ZDS-ZPS-01	控制中心、车辆段、停车场、车站	通信电源室高频开关柜输出端子	根据具体工程确定	−48 V 直流电源
		ZDS-ZPS-02	控制中心、车辆段、停车场、车站	通信设备的接地端子	根据具体工程确定	无

表 11-6　专用电话系统外部接口

系统名称	通信其他子系统	接口序号	接口地点		接口类型		备注
			站点	接口位置	物理接口	电气接口	
专用电话系统	电梯专业	ZDS-DT-01	各电梯	各电梯控制电话接线箱入线端、控制室直通电话设备	—	—	提供电缆

11.5　无线通信系统

1. 系统构成

无线通信系统包括行车调度无线通信、维修/防灾调度无线通信、车站站务无线通信和车辆段(维修基地)无线通信四个子系统。

系统网络组成:利用控制中心既有专用无线基站,并增设光直放站近端机,在车辆段和各车站设置光直放站远端机,通过传输系统提供的光纤,完成光直放站近端机与光直放站远端机之间的相互通信,实现专用无线信号的覆盖。系统结构见图 11-3。

2. 系统功能

无线通信系统为轨道运营的固定用户(控制中心及车辆段调度员、车站值班员等)和移动用户(列车司机、车站及车辆段勤务人员、防灾人员、维修人员等)之间的语音和数据信息交换提供可靠的通信手段,该系统对行车安全、提高运输效率和管理水平、改善服务质量提供了重要保证。同时,在轨道运营出现异常情况和有线通信出现故障时,亦能迅速提供防灾救援和事故处理等指挥所需要的通信手段。

3. 系统接口

无线通信系统采用有线、无线相结合的传输方式。中心无线设备通过光数字传输系统或光纤与车站、车辆基地、停车场的无线基站连接,各基站通过天线

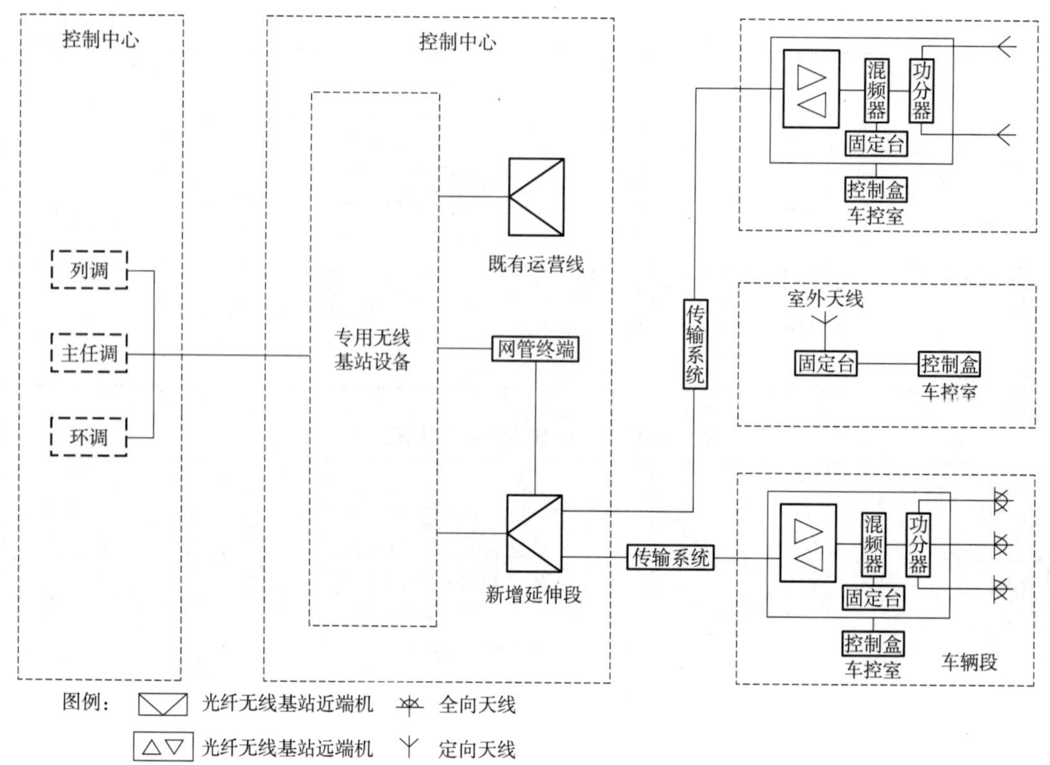

图 11-3　系统结构

空间波传播或经漏缆的辐射构成与移动台的通信。在跨座式单轨中无线通信系统的接口主要体现在与传输系统、公务电话、专用电话、时钟系统、广播、列车广播和网络管理系统之间存在接口。分别见表 11-7 和表 11-8。

表 11-7　无线通信系统内部接口

系统名称	通信其他子系统	接口序号	接口地点		接口类型		备　注
			站　　点	接口位置	物理接口	电气接口	
无线通信系统	专用传输系统	ZRS-ZTS-01	车站、车辆段、停车场基站	DDF	BNC	ITU-T G. 703 E1	无线中继
		ZRS-ZTS-02	控制中心调度大厅、停车场	DDF	BNC	ITU-T G. 703 E1	远端调度台 E1 接口
		ZRS-ZTS-03	控制中心	EDF	RJ45	10/100 M BASE-T	网管接口
	公务电话	ZRS-ZES-01	控制中心	DDF	BNC	ITU-T G. 703 E1	
	专用电话	ZRS-ZDS-01	控制中心、停车场、车辆段、车站	VDF	音频配线单元卡接端子	10/100 M BASE-T	录音

续上表

系统名称	通信其他子系统	接口序号	接口地点		接口类型		备　注
			站　　点	接口位置	物理接口	电气接口	
无线通信系统	广播系统	ZRS-PA-01	车辆段、车站、停车场	VDF	音频配线单元 DB9 接口	10/100 M BASE-T	
	时钟系统	ZRS-CLK-01	控制中心	EDF	RJ45	RS422	
	通信电源系统	ZRS-ZPS-01	车站、车辆段、控制中心、停车场	通信电源室高频开关柜输出端子	根据具体工程确定	−48 V 直流电源	
		ZRS-ZPS-02	车站、车辆段、控制中心、停车场	通信设备的接地端子	根据具体工程确定	—	
	集中告警系统	ZRS-ZAM-01	控制中心	EDF	RJ45	10/100 M BASE-T	

表 11-8　无线通信系统外部接口

系统名称	其他系统	接口序号	接口地点		接口类型		备注
			站　　点	接口位置	物理接口	电气接口	
无线通信系统	车辆	ZRS-CL-01	列车司机室	车头驾驶室，接地点靠近车载专用无线设备并直接连到车体	3 芯航空插头	—	与车辆的电源及接地接口
		ZRS-CL-02	列车司机室	需与车辆专业讨论	—	—	车载台天线
		ZRS-CL-03	列车司机室	车载电台广播接口外侧	5 芯航空插头/插座	RS232	列车广播
	信号专业	ZRS-XH-01	控制中心	DDF	RJ45	10/100 M BASE-T	正线运营调度管理系统与专用无线通信系统
		ZRS-XH-02	列车	车载数据传输模块外线端	RJ45	10/100 M BASE-T	正线运营调度管理系统与专用无线通信系统
	限界	ZRS-XJ-01	全线区间	隧道区间行车方向隧道右侧，地面线路两侧及线路中间疏散平台下	—	—	
	隧道	ZRS-SD-01	全线隧道	隧道区间行车方向隧道右侧	—	—	

11.6 广播系统

1. 系统构成

跨座式单轨交通广播系统主要由正线广播系统、车辆段广播系统和列车广播系统三个部分组成。广播系统设备实物见图11-4。

图11-4 广播系统设备

正线广播系统正常情况下主要运用于运营时对乘客进行公告信息广播，向车站办公区工作人员发布作业通知，紧急情况下兼作应急广播，从而保证运营的服务管理质量，为运营管理及维护人员提供更灵活、快捷的管理手段。

车辆段广播系统为一套独立的区域广播系统，供车辆段运转值班员对车辆段出入口、停车列检库、联合检修库等区域进行定向语音广播，满足车辆段日常业务广播需求。

列车广播系统正常情况下主要用于向车辆内乘客播报各种公告信息，包括列车运营、乘客服务信息等，紧急情况时兼做事故应急广播。

2. 系统功能

广播系统主要用于控制中心调度人员、车站值班员及站台值班员向车站旅客进行公众语音广播、通告列车运行及安全、向导等服务信息，向工作人员发布作业通知以及车辆段信号楼行车值班员，停车列检库运转值班员向室外或库内流动生产人员发布作业命令；此外，当车辆段或车站内发生火灾等灾难时，广播系统可以兼做消防广播。

3. 系统接口

内部和外部接口的情况见表11-9和表11-10。

表 11-9 广播系统内部接口

系统名称	通信其他子系统	接口序号	接口地点		接口类型	
			站 点	接口位置	物理接口	电气接口
专用广播系统	传输系统	PA-ZTS-01	车站、车辆段、停车场、控制中心	EDF	RJ45	10/100 M BASE-T
	集中告警系统	PA-ZAM-01	控制中心	EDF	RJ45	10/100 M BASE-T
	时钟系统	PA-CLK-01	控制中心	EDF	RJ45	RS422
	专用无线	PA-ZRS-01	车辆段、停车场、车站	VDF	音频配线单元D89接口	10/100 M BASE-T
	专用电话	PA-ZDS-01	车站、车辆段、停车场、控制中心、车场	EDF	RJ45	10/100 M BASE-T
	公务电话	PA-ZES-01	车站	EDF	RJ45	10/100 M BASE-T
	电源系统	PA-UPS-01	车站、停车场、控制中心、	通信电源室高频开关柜输出端子	根据具体工程确定	220 V 交流电源
		PA-UPS-02	控制中心、车辆段、停车场、车站	通信设备的接地端子	根据具体工程确定	—

表 11-10 广播系统外部接口

系统名称	通信其他子系统	接口序号	接口地点		接口类型	
			站 点	接口位置	物理接口	电气接口
专用广播系统	乘客信息系统	PA-PIS-01	车站	EDF	RJ45	10/100 M BASE-T
	综合监控	PA-ISCS-01	控制中心、车站	EDF	根据工程情况确定	根据工程情况确定
	ATS	PA-ATS-01	控制中心	EDF	根据工程情况确定	根据工程情况确定

11.7 时 钟 系 统

1. 系统构成

时钟系统为各线、各车站提供统一的标准时间信息，为其他各系统提供统一的定时信号。时钟系统由中心一级母钟、车站和车辆基地的二级母钟、时间显视单元的子钟组成。时钟系统构成见图 11-5。

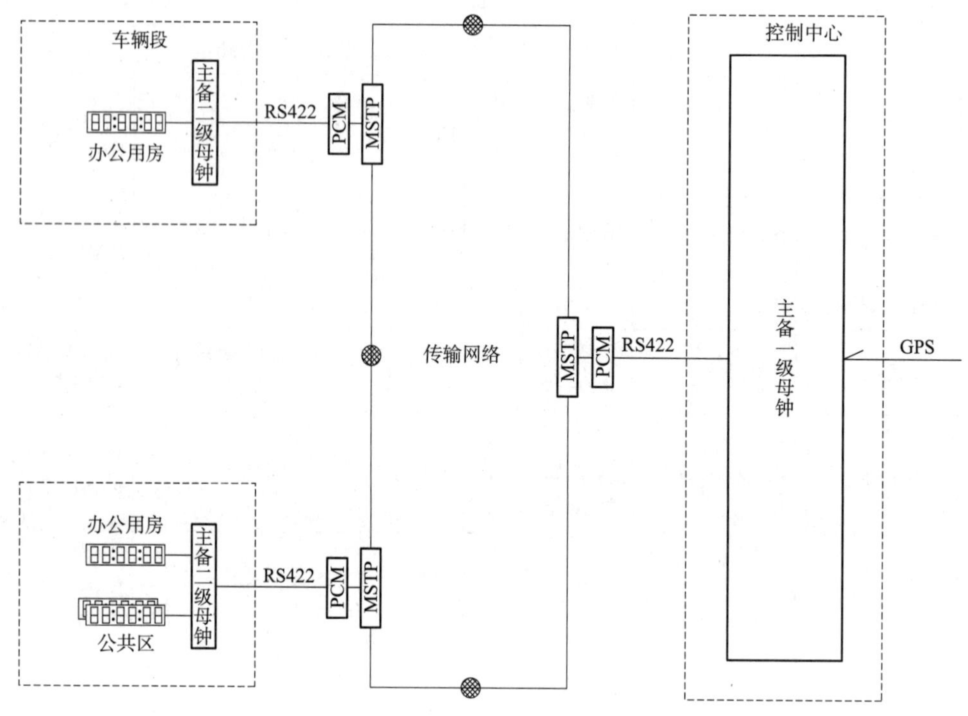

图 11-5　时钟系统构成

一级母钟能接收外部全球卫星定位系统基准信号和同步系统提供的标准时间信号。一级母钟定时向二级母钟、控制中心的子钟及其他需提供统一时间信息的各系统发送时间信号。二级母钟产生时间信号能提供给本站的子钟。母钟具有万年历功能并具有年、月、日、时、分、秒输出与显示。子钟能显示时、分、秒。

2. 系统功能

时钟系统为控制中心调度员、车站值班员、与行车相关的各部门工作人员及乘客提供统一的标准时间信息，同时它还为其他系统的中心定时设备提供统一的时间信号，使各系统定时设备与本系统同步；时钟系统的设置对保证跨座式单轨交通运行计时准确、提高运营效率起到了非常重要的作用。

3. 系统接口

一级母钟、二级母钟配置数字式及指针式多路输出接口，一级母钟配置数据接口，以便向其他各系统提供定时信号。二级母钟配置时钟信号和故障告警信号之间的发送和接收。

内部和外部接口的情况见表 11-11 和表 11-12。

表 11-11 时钟系统内部接口

系统名称	通信其他子系统	接口序号	接口地点		接口类型	
			站点	接口位置	物理接口	电气接口
专用时钟系统	传输系统	CLK-ZTS-01	车站、车辆段、停车场、控制中心	EDF	RJ45	10/100 M BASE-T
		CLK-ZTS-02	控制中心	EDF	RJ45	RS422
	集中告警系统	CLK-ZAM-01	控制中心	EDF	RJ45	10/100 M BASE-T
		CLK-ZAM-02	控制中心	EDF	RJ45	RS422
	公务电话系统	CLK-ZES-01	控制中心	EDF	RJ45	RS422
	专用电话系统	CLK-ZDS-01	控制中心	EDF	RJ45	RS422
	无线系统	CLK-ZRS-01	控制中心	EDF	RJ45	RS422
	广播系统	CLK-PA-01	控制中心	EDF	RJ45	RS422
	视频监控系统	CLK-IMS-01	控制中心	EDF	RJ45	RS422
	办公自动系统	CLK-OA-01	控制中心	EDF	RJ45	RS422
	电源系统	CLK-UPS-01	控制中心	通信电源室高频开关柜输出端子	根据具体工程确定	220 V 交流电源
		CLK-UPS-02	控制中心	通信设备的接地端子	根据具体工程确定	—
	民用通信系统	CLK-MT-02	车站、车辆段、停车场、控制中心	EDF	RJ45	RS422
	公安通信系统	CLK-GT-02	车站、车辆段、停车场、控制中心	EDF	RJ45	RS422

表 11-12 时钟系统外部接口

系统名称	通信其他子系统	接口序号	接口地点		接口类型	
			站点	接口位置	物理接口	电气接口
专用时钟系统	乘客信息系统	CLK-PIS-01	控制中心	EDF	RJ45	10/100 M BASE-T
	车辆段安防系统	CLK-ZAF-01	控制中心	EDF	RJ45	10/100 M BASE-T
	信号系统	CLK-XH-01	控制中心	EDF	RJ45	10/100 M BASE-T

续上表

系统名称	通信其他子系统	接口序号	接口地点		接口类型	
			站　点	接口位置	物理接口	电气接口
专用时钟系统	综合监控系统	CLK-ISCS-01	控制中心	EDF	RJ45	10/100 M BASE-T
	自动检售票系统	CLK-AFC-01	控制中心	EDF	RJ45	10/100 M BASE-T
	门禁系统	CLK-ACS-01	控制中心	EDF	RJ45	10/100 M BASE-T
	SCADA	CLK-SCADA-01	控制中心	EDF	RJ45	10/100 M BASE-T
	PQSS	CLK-PQSS-01	控制中心	EDF	RJ45	10/100 M BASE-T

11.8 闭路电视系统

1. 系统构成

闭路电视系统为控制中心调度员、各车站值班员、列车司机等提供有关列车运行、防灾、救灾及乘客疏导等方面的视频信息。闭路电视系统由中心控制设备、车站控制设备、图像摄取、图像显示、录制及视频信号传输等部分组成。闭路电视系统结构见图 11-6。

2. 系统功能

闭路电视系统是轨道运营、管理现代化的配套系统，正常情况下供运营、管理人员实时监视车站客流、列车出入站、乘客上下车等情况，以加强运行组织管理，提高效率，是确保安全正点地运送乘客的重要手段；发生灾害时，由防灾调度员或车站防灾值班员使用本系统随时监视灾害和乘客疏散情况。

3. 系统接口

闭路电视监视系统视频信号的远距离传输可采用模拟或数字传输方式，本地视频传输信号宜采用视频同轴电缆传输。

系统采用中心远程监控和车站本地监控相结合的方式，组成完整的两级监视网络，用户可在任何一个站点根据授权访问实时图像和历史图像。综合闭路视频监控系统与综合监控、传输系统、时钟系统、集中告警系统、电源系统及接地系统、PIS、电梯等系统。内外部接口见表 11-13 和表 11-14。

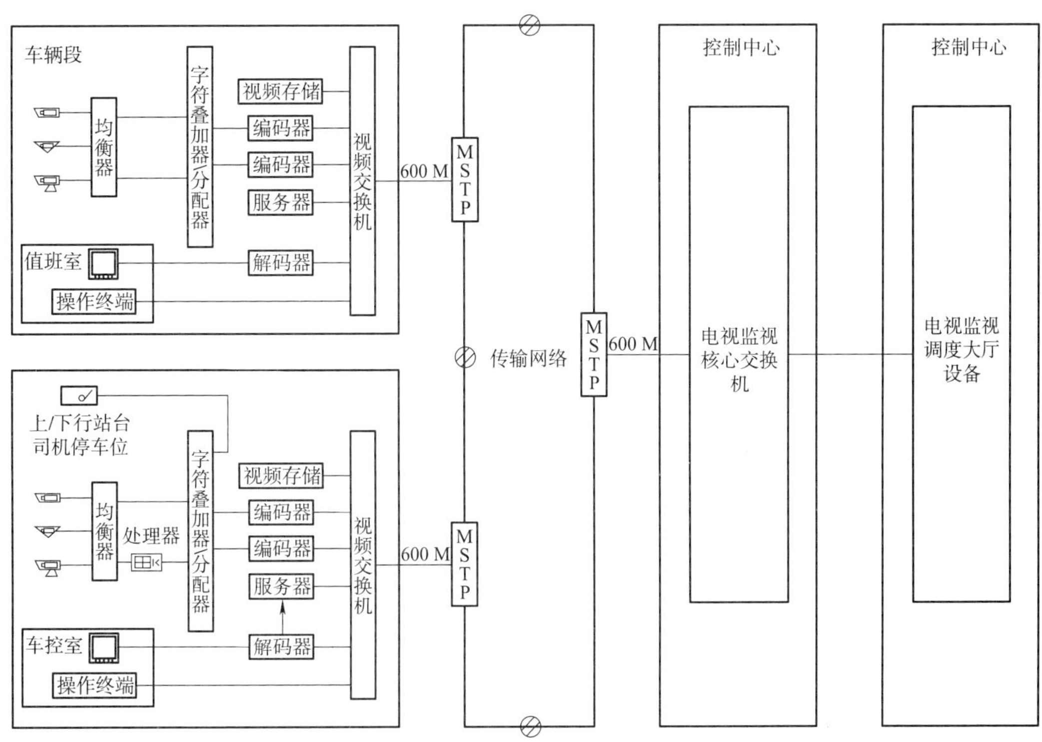

图 11-6　闭路电视系统

表 11-13　闭路电视监控系统内部接口

系统名称	通信其他子系统	接口序号	接口地点		接口类型	
			站　点	接口位置	物理接口	电气接口
闭路电视监控系统	传输系统	IMS-ZTS-01	车站、车辆段、停车场、控制中心、变电所	ODF	FC/LC/PC	1 000 Mbps
	时钟系统	IMS-CLK-01	控制中心	EDF	RJ45	RS422
	集中告警系统	IMS-ZAM-01	控制中心	EDF	RJ45	10/100 M BASE-T
	电源及接地系统	IMS-ZPS-01	车站、车辆段、停车场、控制中心	通信电源室交流配电柜输出端子	根据具体工程确定	220 V 交流电源
		IMS-ZPS-02	车站、车辆段、停车场、控制中心	通信设备的接地端子	根据具体工程确定	
	公安视频监控系统	IMS-GTV-01	车站	EDF	RJ45	10/100 M BASE-T

表 11-14 闭路电视监控系统外部接口

<table>
<tr><th rowspan="2">系统名称</th><th rowspan="2">其他系统</th><th rowspan="2">接口序号</th><th colspan="2">接口地点</th><th colspan="2">接口类型</th></tr>
<tr><th>站 点</th><th>接口位置</th><th>物理接口</th><th>电气接口</th></tr>
<tr><td rowspan="4">闭路电视监控系统</td><td rowspan="2">综合监控</td><td>IMS-ISCS-01</td><td>控制中心</td><td>调度大厅大屏控制器</td><td>DVI/RGB 端口</td><td>—</td></tr>
<tr><td>IMS-ISCS-02</td><td>车站、车辆段、停车场、控制中心</td><td>EDF</td><td>RJ45</td><td>10/100 M BASE-T</td></tr>
<tr><td>乘客信息系统</td><td>IMS-PIS-01</td><td>控制中心</td><td>EDF</td><td>RJ45</td><td>10/100 M BASE-T</td></tr>
<tr><td>垂直电梯</td><td>IMS-DT-01</td><td>车站</td><td>电梯井电梯控制箱子排外侧</td><td>FC/LCPC</td><td>—</td></tr>
</table>

11.9 乘客信息系统

1. 系统构成

乘客信息系统简称 PIS,是地铁里为乘客提供各类资讯的服务系统。全线各车站及车辆客室内宜设置乘客信息系统。运营线路采用可靠的网络技术、多媒体传输技术、图像显示技术,在特定的地点、指定的时间范围内,将特定的信息传输给乘客,并将乘客信息传输给运营管理人员(交互平台)。按照系统的分类可由以下四个部分组成:广播通信系统、乘客信息显示系统及多媒体播放系统、视频监控、应急保障系统。

2. 系统功能

乘客信息系统是体现以人为本、为乘客服务的宗旨,依托多媒体网络技术,以计算机系统为核心,以车站和车辆显示终端为媒介向乘客提供信息服务的系统。

乘客信息系统满足乘客各类资讯信息的需要,具有运营信息播放功能。正常情况下,乘客信息系统可以接收并播放列车时间表、列车到发信息、换乘路线信息、乘客须知、公告、天气预报、政府公告、媒体新闻、广告、宣传及城市轨道交通服务等信息;在紧急情况下,可提供动态的乘客应急引导信息。

乘客信息系统还可具备在线列车的车载视频监视功能。通过车载设备及无线网络将列车的图像上传到控制中心,中心调度员可以监视在线列车上相应的视频图像。

同时,乘客信息系统还可具备为其他专业提供车地通信数据传输通道的功能。

3. 系统接口

(1)乘客信息系统与车辆其他子系统接口

广播系统与列车监控系统(TCMS)系统通信接口:本文主要介绍基于列车TCN网络架构,采用MVB通信方式的接口形式。通信接口的主要内容如下:列车监控系统(TCMS)、广播系统(PA)、生命信息、时钟信息、与TCMS时钟同步ATC转发来的速度、站台码、上下行、开门侧等信息、烟火报警信息、门紧急解锁信息、列车监控系统(TCMS)转发给乘客信息显示及视频监控系统(PIDS&CCTV)、信息广播系统(PA)、列车监控系统(TCMS)健康状态信息、紧急报警激活信息、乘客信息显示及视频监控系统(PIDS&CCTV)状态信息,通过广播系统转发。通信协议需按各项目的不同需求进行定义。

广播系统(PA)与无线电(RADIO)系统接口:广播系统(PA)与无线电系统(RADIO)接口一般为控制信号接口和语音接口。控制信号:干节点信号。无线电系统内部触点闭合,控制回路建立,即无线电通知广播系统要进行无线广播,之后将语音信号切入进行广播播放。音频信号:无线电系统将音频信号传至广播系统,广播系统通过客室扬声器进行无线电广播。

乘客信息显示系统(PIDS)与地面乘客信息系统接口:地面乘客信息系统为车辆系统提供无线通道,实现地面与车辆之间进行视频下载并在车辆终端设备(LCD显示屏)上进行播放的功能。以太网接口用于传输视频文件,VGA接口(或其他音频接口形式)用于传输语音文件。

视频监控系统(CCTV)与地面乘客信息系统接口:地面乘客信息系统为车辆系统提供无线通道,实现地面与车辆之间进行视频上传,并在地面控制中心(OCC)显示车辆监控视频功能。以太网接口用于传输视频文件。

(2)乘客信息系统内部接口

广播系统(PA)与乘客信息显示及视频监控系统(PIDS&CCTV)接口:通信接口用于广播系统与乘客信息显示及视频监控系统之间的通信,VGA接口(或其他音频接口形式)用于音频文件传输,广播系统为乘客信息显示系统伴音使用。

11.10　电源及接地系统

1. 系统构成

系统包括切换及配电设备、UPS设备(含蓄电池)、电源监控设备三个部分。

两路市电接入交流配电柜中的自动投切装置、市电通过自动投切装置后为UPS系统提供电源。自动投切装置中装有C级防雷装置。UPS系统的两路输入电源由220 V直流和380 V交流两路电源供电，输出为220 V交流，输出接到交流配电柜中的交流配电单元。输出的220 V，由交流配电单元分配给各用户负载。

区间配电箱交流输出分路提供告警干节点，接入交流配电柜分路检测板，交流配电柜将其视为序列分路进行监控。网上串口器将采集到的信息通过10 M/100 M通道对UPS(含蓄电池)、交流配电柜、传输系统开关电源和区间配电箱进行监控，将数据送到监控中心。

2. 系统功能

通信电源及接地系统设备设在车站、车辆段、停车场、控制中心、区间变电所通信设备室内，为各系统设备提供220 V单相三线制交流电源及可靠接地。保证对通信设备不间断、无瞬变地供电，并具有集中监控管理功能。

3. 系统接口

控制中心、车站、车辆段，电源系统与供电系统的接口在交流切换柜负荷开关上口，接口形式为冷压接线端子。在控制中心、车站、车辆段，电源系统与接地系统的接口在设备室内接地专业提供的地线排(箱)内，接口形式为冷压接线端子。

在控制中心、电源监控系统与网络管理系统的接口在电源监控系统提供的网络交换机上的10 M/100 M以太网口、接口类型为RJ-45，带宽为10 M。

电源系统为通信系统各子系统及乘客信息系统供电，并预留一定的备用容量。两路外交流电源引入室内，通过高频开关电源的整流模块输出DC －48 V，通过UPS内的先整流再逆变AC 220 V。内外接口见表11-15和表11-16。

表11-15 电源及接地通信系统内部接口

系统名称	通信其他子系统	接口序号	接口地点		接口类型	
			站点	接口位置	物理接口	电气接口
电源系统及接地	传输系统	ZPS-ZTS-01	车站、车辆段、停车场、控制中心、变电所	通信电源室高频开关柜输出端子	根据具体工程确定	－48 V直流电源
		ZPS-ZTS-02	车站、车辆段、停车场、控制中心	通信设备的接地端子	根据具体工程确定	—

续上表

系统名称	通信其他子系统	接口序号	接口地点		接口类型	
			站 点	接口位置	物理接口	电气接口
电源系统及接地	无线通信	ZPS-ZRS-01	车站、车辆段、停车场、控制中心	电源室高频开关电源配电柜直流输出端子	根据具体工程确定	−48 V 直流电源
		ZPS-ZRS-02	车站、车辆段、停车场、控制中心	通信设备的接地端子	根据具体工程确定	—
	公务电话	ZPS-ZES-01	车站、车辆段、停车场、控制中心	电源室高频开关电源配电柜直流输出端子	根据具体工程确定	−48 V 直流电源
		ZPS-ZES-02	车站、车辆段、停车场、控制中心	通信设备的接地端子	根据具体工程确定	—
	专用电话	ZPS-ZDS-01	车站、车辆段、停车场、控制中心	电源室高频开关 电源配电柜直流输出端子	根据具体工程确定	−48 V 直流电源
		ZPS-ZDS-02	车站、车辆段、停车场、控制中心	通信设备的接地端子	根据具体工程确定	—
	视频监控系统	ZPS-IMS-01	车站、车辆段、停车场、控制中心	通信电源室高频开关柜输出端子	根据具体工程确定	220 V 交流电源
		ZPS-IMS-02	车站、车辆段、停车场、控制中心	通信设备的接地端子	根据具体工程确定	—
	广播系统	ZPS-PA-01	车站、车辆段、停车场、控制中心	通信电源室高频开关柜输出端子	根据具体工程确定	220 V 交流电源
		ZPS-PA-02	车站、车辆段、停车场、控制中心	通信设备接地端子	根据具体工程确定	—
	时钟系统	ZPS-CLK-01	车站、车辆段、停车场、控制中心	通信电源室高频开关柜输出端子	根据具体工程确定	220 V 交流电源
		ZPS-CLK-02	车站、车辆段、停车场、控制中心	通信设备接地端子	根据具体工程确定	—

续上表

系统名称	通信其他子系统	接口序号	接口地点		接口类型	
			站　点	接口位置	物理接口	电气接口
电源系统及接地	办公自动化	ZPS-OA-01	车站、车辆段、停车场、控制中心	通信电源室高频开关柜输出端子	根据具体工程确定	220 V 交流电源
		ZPS-OA-02	车站、车辆段、停车场、控制中心	通信设备接地端子	根据具体工程确定	—
	集中告警系统	ZPS-ZAM-01	车站、车辆段、停车场、控制中心	通信电源室高频开关柜输出端子	根据具体工程确定	220 V 交流电源
		ZPS-ZAM-02	车站、车辆段、停车场、控制中心	通信设备接地端子	根据具体工程确定	—

表 11-16　电源及接地通信系统外部接口

系统名称	其他系统	接口序号	接口地点		接口类型	
			站　点	接口位置	物理接口	电气接口
电源系统及接地	动力照明	ZPS-DZ-01	车站、车辆段、停车场、控制中心	电源室两路电源切换箱输出馈线端	电源切换箱空开下接线桩头	220 V 交流电源
	综合接地	ZPS-JD-01	车站、车辆段、停车场、控制中心	通电源室内接地端子排	接地端子	—
	综合监控	ZPS-ISCS-01	车站	通信电源室交流配电柜输出分路端子	电源切换箱空开接线桩头	220 V 交流电源
	乘客信息	ZPS-PIS-01	车站、车辆段、停车场、控制中心	通信电源室交流配电柜输出分路端子	电源切换箱空开接线桩头	220 V 交流电源
	供电系统	ZPS-GD-01	车站、车辆段、停车场、控制中心	通信电源室交流配电柜输出分路端子	电源切换箱空开接线桩头	220 V 交流电源
	AFC 系统	ZPS-AFC-01	车站	通信电源室交流配电柜输出分路端子	电源切换箱空开接线桩头	220 V 交流电源

11.11 通信用房技术要求

通信设备用房,可根据设备合理布置的原则确定机房及生产辅助用房的面积。

①通信机房的位置安排,除做到经济合理、运转安全外,在技术上尚考虑引入方便、配线最短、楼层的承载能力和便于维修等方面的因素。

②各种机房的面积均按远期容量确定,并根据需要预留公共通信系统的物理空间。

③通信机房与电力变电所宜分设于车站的两端。

④通信机房的内装修满足通信设备的要求,做到防尘、防潮、隔音。当通信设备有要求时,采取防静电措施。

⑤在通信机房的设计中,根据通信设备及布线的要求合理预留沟、槽、管、孔。

⑥通信机房的室内最小净高不小于 2.8 m,其他辅助用房按一般办公用房工艺要求设计。

第十二章 信　　号

12.1 概　　述

单轨交通方式取消了钢轮和钢轨，传统的依靠钢轨传递 ATP 信息、依靠轮对短路钢轨获得列车位置信息的方法已不再适用单轨交通，因此必须采用特殊的方式来传递信息和检查列车的位置。

单轨交通的道岔与钢轨道岔完全不同，除使用单开道岔外，还使用三开、五开道岔，因此在联锁系统和道岔系统中必须进行特殊处理和合理分工，以确保行车安全。

单轨交通方式基本采用高架线路，道岔非接通位置是悬空的，因此，必须采取特殊的措施，防止列车错误出发。

单轨交通方式的轨道大部分采用高强度混凝土梁(详见第七章)，因此在制作混凝土梁的时候对信号系统安装设备和敷设管线的部位必须进行预留和预埋。

单轨交通高架线路上信号设备的施工和维护必须适应其特点，全部采用工程车进行。

12.2 系统组成

1. 系统组成方式

单轨交通采用跨座式单轨橡胶轮胎制式，因此不能采用轮轨常用的轨道电路技术来检测列车位置，目前采用的跨座式单轨胶轮制式的信号系统主要有以下两种方式。

重庆某线采用的以 TD 环线来检测列车位置的固定闭塞系统，也称高频连续感应式 ATC 系统。见图 12-1。

图 12-1　重庆 2 号线环线敷设位置图

重庆某线采用的以列车自主定位，并通过车—地双向通信系统实时报告列车位置，实现列车位置检测的移动闭塞系统。见图 12-2。

图 12-2　重庆 3 号线 CBTC 天线示意图

2. 系统组成

重庆某线信号系统(ATC)包括正线 ATC 系统和车辆段信号控制系统。

正线 ATC 系统由 ATS、ATO、ATP(包括联锁)3 个子系统构成。ATS 子系统完成联锁、闭塞、超速防护等功能;ATP 子系统完成旅客向导、列车进路及间隔控制、运营信息处理、运行图管理、电力车辆调度等功能;ATO 子系统完成定位停车、列车速度调整、自动折返等功能。

车辆段信号控制系统由联锁、进路控制、维修管理、车辆调度等系统构成。

通过将 SIL2 级标准的 ATS-LAN 与 SIL4 级标准的 CI-LAN、CBTC-LAN 根据安全等级进行分离,以保证 SIL4 级标准的 CI-LAN、CBTC-LAN 的安全性。此外,通过将控制装置集中设置于控制站,提高了可维护性。

ATC 构成见图 12-3。

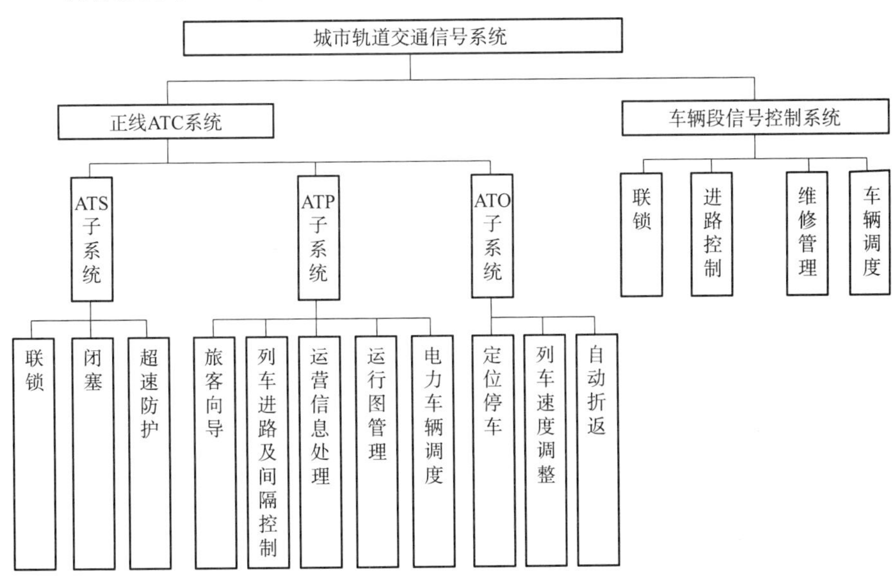

图 12-3　城市轨道交通信号系统(ATC)构成图

3. 重庆某线信号系统地面 ATP/TD 子系统构成

地面 ATP/TD 子系统由室内设备、室外轨旁设备构成。

(1)室内设备

①ATP/TD 柜;②监控柜;③接口柜;④移动仪表架;⑤老化柜。

(2)室外轨旁设备

①环路阻抗匹配箱;②轨道环线。

4. 联锁设备

计算机联锁子系统(CI)是以计算机为主要技术手段实现轨道占用、道岔、信号机之间正确联锁关系的系统。重庆某线信号系统在正线设备集中站、车辆段,以及培训中心联锁设备均采用 EI32-JD 型 2×2 取 2 冗余计算机联锁子系统。CI 子系统间及与相邻有关系统间的通信具有热备冗余结构。EI32-JD 型计算机联锁子系统见图 12-4。

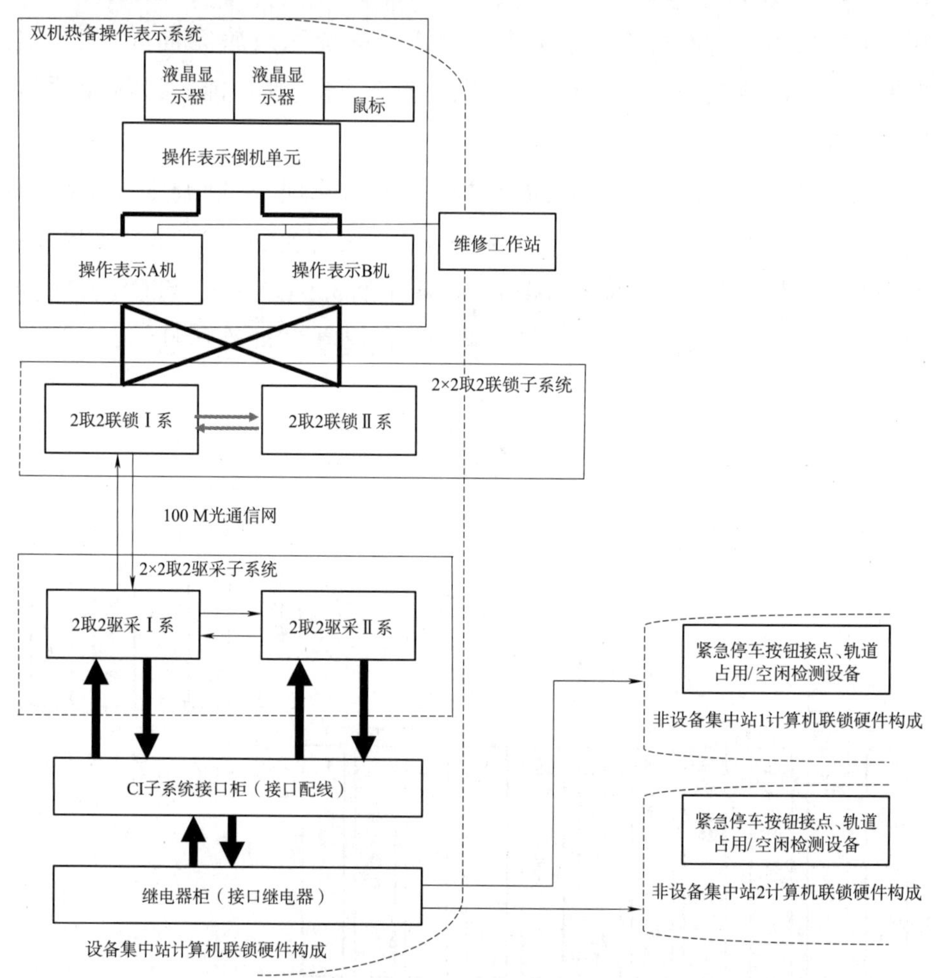

图 12-4　EI32-JD 型计算机联锁子系统组成图

5. ATS 设备

重庆某线 ATS 子系统分为控制中心系统、车站系统。控制中心系统由 ATS 控制中心主机、通信处理机、数据库服务器、网络设备、系统接口、维修/管理工作站、模拟培训、调度员台、运行图编辑、控制中心电源设备等构成；车站系统分为有联锁的设备集中站、非设备集中站和车辆段，其构成不尽相同，主要设备有 ATS 车站分机、发车指示器控制机、发车指示器、ATS 车站车务终端等；网络和数传设备主要有交换机，完成 ATS 子系统内部，以及 ATS 子系统和其他系统之间的信息交换。

6. ATP/ATO 设备

地面 ATP/ATO 设备，结构见图 12-5。

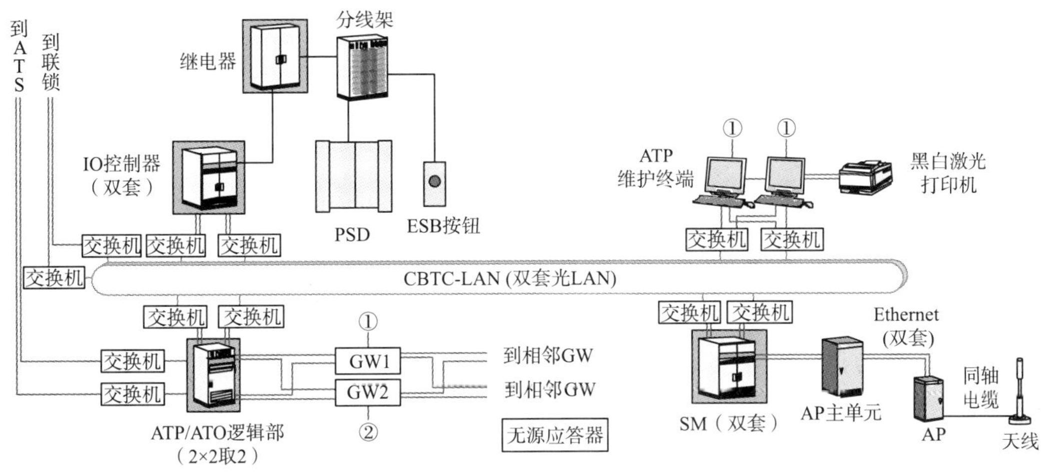

图 12-5　ATP/ATO 地面设备结构图

(1) ATP/ATO 逻辑部

为保证安全性、提高可用性，逻辑部采用基于故障安全计算机的 2×2 取 2 冗余结构。

CPU 内的 MPU 为双套，用比较电路对二者的处理结果进行比较，比较结果不一致或发生故障时，停止 MPU 的总线访问，切断其与外部的输入输出，切换到另外一套系统。主系从系切换不会影响其他设备的工作，不会影响 ATP/ATO 的功能及列车控制。

逻辑部基于来自车载系统的列车在线位置信息，生成发给车载系统的列车控制报文（停车位置信息等），并发送给各个 SM 设备。

一套逻辑部最多可接 4 套 SM，最多可管理 48 列车。

(2)SM

采用通用的带故障安全电路的 CPU 板，构成双机热备系统，从逻辑部接收 ATP 报文进行加密后通过 Ethernet 发给 AP 主单元。另外，通过 AP/AP 主单元从车载设备接收列车检测报文(TD)，并将其解密后发给逻辑部。另外，还有在车载设备刚起动时的用户认证功能。

主系从系相互监视，但它们之间的切换要根据逻辑部的命令。

一套 SM 最多可以接 2 套 APM。

(3)GW(网关)

GW 采用第三层交换机。

GW 装置与连接各站设备室的站间 LAN 相连，车站的 GW 通过站间 LAN 与相邻车站的 GW 连接。GW 从本站逻辑部接收报文，发送至站间 LAN。并且将从站间 LAN 接收到报文发送给本集中站的逻辑部。以此方式实现本集中站逻辑部与相邻集中站逻辑部之间的通信。

(4)I/O 控制部

I/O 控制部采用基于通用的带故障安全电路的 CPU 板的双套结构，用于采集轨旁设备信息及驱动轨旁设备。

(5)ATP 终端

ATP 终端是连接在 CBTC-LAN 上，用于 ATP/ATO 设备状态显示、线路状态显示及输入信息显示的维护装置。本设备采用工业控制计算机。

在显示日志统计、报警信息、发送时刻设定要求的同时，还可完成 ATP/ATO 子系统的各设备的状态信息的显示与手动的结构控制命令。结构控制命令包含主备机切换、系统复位、远程维护。其中系统复位和远程维护仅对 CBTC-LAN 上连接的设备有效。

(6)CBTC-LAN

CBTC-LAN 是一个双重冗余的光纤网，用于 ATP/ATO 逻辑部、SM、I/O 控制部之间的信息传输。

(7)AP 主单元

实现 ATP 逻辑部处理周期 500 ms 与无线设备 AP 的处理周期 320 ms 之间进行转换的功能。即每 320 ms 接收所辖范围内所有 AP 的信息，然后将信息组织成规定格式，每 500 ms 发送给 SM。同样将 SM 发送来的信息每 320 ms 为周期发送给所辖范围内所有的 AP。通过设在设备集中站的网络交换机把 AP 主单元、AP、SM 连接在一起。AP 主单元为双套构成。

一台 AP 主单元最多可接 48 台 AP。

(8)AP 轨旁设备

轨旁的 AP 通过无线方式完成车-地之间的通信,用于车-地的双向信息传输。AP 工作在 2.4 GHz 的 ISM 频段,采用 IEEE802.11g 标准。

(9)无源应答器(Balise)

在经过无源应答器上方时,接收 ATP 车载查询器发出的电波,将应答器内置的电路激活,此时应答器将预先设置的位置信息(固定数据)报文发送给车载查询器。

(10)有源应答器

只布置在车辆段内,实现列车在车辆段中的防冒进功能。

(11)输入输出继电器架

与外部装置连接的继电器集中安装在继电器架。

7. ATP/ATO 车载设备

车载设备结构见图 12-6。

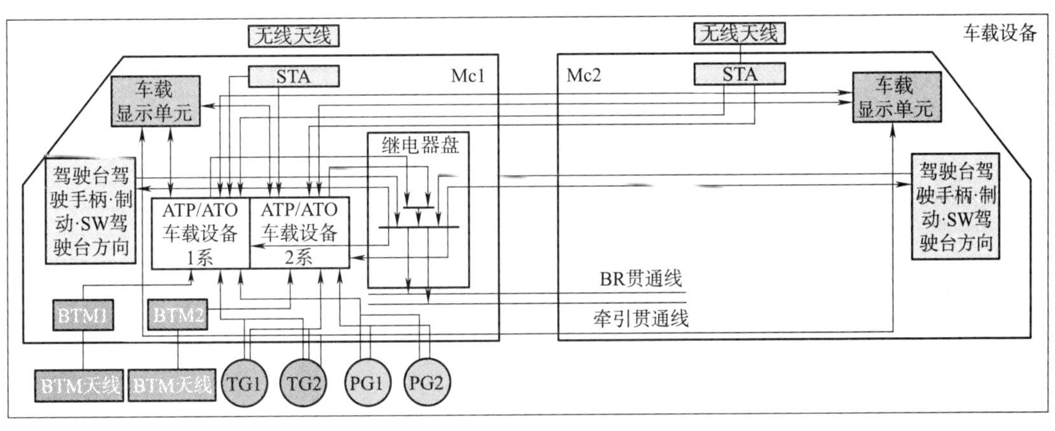

图 12-6 ATP/ATO 车载设备结构图

(1)车载计算机单元

车载计算机单元为 2×2 取 2 结构,集中安装在一侧的驾驶室。

车载计算机单元根据从车载无线设备接收的停车点信息监督列车速度,并具有通过连续自诊进行故障检测功能、记录功能。车载计算机单元主要有以下两大功能。

①控制功能

a. 与车载无线设备的通信功能

与车载无线设备进行通信,以获取 ATP 地面设备发送的 ATP 信号。此外，经由无线设备将列车的位置信息发送给 ATP 地面设备。

b. 定位功能

根据来自应答器的定位信息及速度发电机的脉冲累计对列车位置进行识别，实时更新列车位置信息。使用本功能识别的自列车位置不仅用于 ATP 控制下的速度照查功能，同时也通过无线发送给 ATP 地面装置(列车检测报文)，用于间隔控制。

c. ATP 照查曲线生成功能

系统根据列车位置、ATP 地面装置发来的停车点信息及车载数据库中保存的线路信息，实时地计算生成适宜当前位置的速度曲线，按照列车位置关系确定该时刻的照查速度。

d. 速度照查功能

速度照查功能将现有的速度曲线和实际速度进行比较以确定实际的制动指令。系统根据接近速度曲线的状况，给出强或弱的制动指令。对于其他系统信号解调后的结果生成事先确定的固定速度曲线，并基于与实际速度进行比较来输出制动指令。

e. 模式判断功能

根据切换开关的操作及来自地面的报文信息来识别判断是自 ATP 子系统，还是其他系统等控制模式，并将车载 ATP 过渡到相应的控制状态。

f. 显示信息输出功能

显示信息输出功能向驾驶台的显示设备输出保证 ATP 平滑运行所需的信息，包括照查速度、前行列车位置等信息。

g. 控制信息输出

将基于速度照查输出的制动指令，经由继电器输出到制动控制器。同时也将各种控制状态输出到记录器以便记录。

②记录功能

a. 编辑控制装置内部信息，并将其保存在记忆媒体上。

b. 将从无线设备接收到的报文保存在记忆媒体上。

c. 与轨旁应答器进行通信，将应答器报文信息保存在记忆媒体上。

(2)车载查询器

①基本规格

车载查询器安装在车头。用来与轨旁的应答器进行通信。车载计算机单元与应答器收发信部进行周期性传输，以及接点信息的交换，以获取与列车位置及位置校正等相关的信息。

②故障或通信不畅通时的处理

在轨旁应答器收发单元发生故障(故障触点 OFF)或检测到轨旁应答器收发单元发生传输故障时,即使系统收到了这些轨旁应答器报文,也会将其丢弃(不用于控制)。

③关于运行方向

轨旁应答器报文的信息中包含了表示方向的信息"运行方向"(上行方向用、下行方向用、共用),车载计算机从轨旁应答器接收以下信息用于控制。

a. 针对上行方向车载计算机、接收并使用上行方向用报文及共用的报文。

b. 针对下行方向车载计算机、接收并使用下行方向用报文及共用的报文。

(3)继电器单元

继电器将来自车载计算机的制动指令发送给车辆,同时将车辆的状态发往车载计算机。实时检测车载计算机故障检测接点信息,当检测到车载计算机的两个热备单元中一个发生故障时,对故障单元的输出进行隔离,仅将正常系的输出送给车辆。如果车载计算机的两系都发生了故障,继电器单元则认为整个系统出现故障。

(4)车载数据库

ATP 车载装置的数据库(DB)电路板中保存有 ATP 控制所需的数据信息如下。

①管理信息。

②进路信息。

③速度制限信息(限制位置及限制速度)。

④坡度信息(坡度位置及值)。

⑤车辆性能信息。

根据现有的数据,离线自动地编辑生成这些信息。在运行时,车载系统可对这些信息进行检索,用于生成照查曲线。

(5)车载显示单元

车载显示单元(以下简称 MMI)是车载计算机单元的显示器,可提供触摸屏进行输入。MMI 放在驾驶室里的台子上,通过声音和图像,为司机提供列车的各项信息以及车载控制设备的状态,提示司机操作。MMI 的中心为 LCD 显示屏,旁边是扬声器及各种开关。司机操作这些开关,完成车载模式的切换,输入或输出各种信息。

(6)车载无线电台(STA装置)

车载无线电台在车头、车尾和天线配套安装,从地面系统接收列车控制信息,并将信息传输给两边驾驶室内的主处理单元。车载ATP通过STA、AP、APM向地面ATP发送报文,其中包含列车位置信息,另外还有车载驾驶模式,以及车载设备的状态(故障信息)。详细的报文内容在设计联络时确定。

(7)速度发电机

速度发电机将车轮的转数用脉冲信号进行表示。车载计算机单元根据这个脉冲信号,计算速度和距离。

(8)速度传感器

速度传感器用于在低速运行时,速度发电机无法修正的微小的速度、距离的补偿,提高停车精度。满足低速时的后退检测功能,车载ATP根据测速电机或速度传感器发来的脉冲信息进行后退检测。

8. ATC各子系统之间的数据传输

ATP子系统、ATO子系统、CI子系统之间的数据传输内容见表12-1～表12-3。

表12-1　ATP子系统的输入输出数据内容

序号	发　送	接　收	内　容
1	ATS车站分机	联锁主机	・进路设定命令
2	ATS车站分机	ATP/ATO逻辑部	・设定、解除临时限速(经过CI获得)
3	联锁逻辑部	ATS车站分机	・进路设定状态 ・列车在线信息
4	联锁逻辑部	ATP/ATO逻辑部	・进路设定状态 ・信号控制信息 ・列车在线信息
5	ATP/ATO逻辑部	ATS车站分机	・临速设定状态(经过CI获得)
6	ATP/ATO逻辑部	联锁主机	・列车在线信息 ・显示锁闭信息
7	联锁主机	现场设备	・道岔转换命令 ・信号机控制命令
8	联锁主机	应答器传输设备	・应答器设定命令
9	现场设备	联锁主机	・道岔表示信息 ・信号机表示信息
10	应答器传输设备	联锁主机	・应答器设定状态
11	计轴设备	联锁的继电器柜	・列车检测信息

续上表

序号	发　　送	接　　收	内　　容
12	ATP/ATO 逻辑部	车载计算机单元	·运行方向 ·停车点信息 ·临速信息 ·紧急停车命令
13	车载计算机单元	ATP/ATO 逻辑部	·列车位置信息 ·车载设备状态信息
14	现场设备	ATP/ATO 逻辑部	·紧急停车开关状态

表 12-2　ATO 子系统的输入输出数据内容

序号	发　　送	接　　收	内　　容
1	ATS 车站分机	ATP/ATO 逻辑部	·驾驶台切换命令 ·折返出发命令 ·开门方向信息(经由 CI)
2	ATP/ATO 逻辑部	ATS 车站分机	·定点停车信息 ·列车运行模式 ·编组号
3	ATP/ATO 逻辑部	车载计算机单元	·驾驶台切换命令 ·折返出发命令 ·开门方向信息 ·运行方向 ·开车门许可 ·安全门状态信息
4	ATP/ATO 逻辑部	现场设备	·安全门的开关命令
5	车载计算机单元	ATP/ATO 逻辑部	·定点停车信息 ·列车运行模式 ·编组号 ·安全门的开关命令
6	现场设备	ATP/ATO 逻辑部	·安全门状态信息

表 12-3　相邻子系统之间的数据内容

序号	发　　送	接　　收	内　　容
1	本站 ATP/ATO 逻辑部	相邻车站 ATP/ATO 逻辑部	·本站的列车在线状态 ·本站紧急停车信息 ·本站临速信息 ·本站进路状态
2	相邻车站 ATP/ATO 逻辑部	本站 ATP/ATO 逻辑部	·相邻车站的列车在线状态 ·相邻车站紧急停车信息 ·相邻车站临速信息 ·相邻车站进路状态

9. 系统特点

(1)移动闭塞的实现

CBTC 系统的在线检测是通过无线通信,实时地接收列车位置信息,从而掌握列车的在线位置。

所有列车的在线位置不是通过轨道电路来获取,而是以接收到的列车车载控制设备发来的列车位置信息来确定。列车位置信息是通过列车所在的虚拟轨道分区,以及在该分区内所处的位置,加上列车长度和运行方向来表示的。

CBTC 系统对在线列车数量的管理是通过列车跟踪(逻辑部控制范围内:车次号、逻辑部之间:继承相关信息)来完成的。因此发生故障时,不是全线停车,而是限定范围。

(2)二级控制

二级控制系统使得在发生故障时也能维持列车运行。另外,常用系统与后备系统是完全独立的系统,而且可以同时工作(故障时可马上切换到后备)。

CBTC 系统的二级控制见表 12-4。

表 12-4 CBTC 系统的二级控制

等　级	模　　式	闭塞方式	控制对象
Level1	CBTC	基于无线的移动闭塞	CBTC 车
Level2	后备	基于 CI 的固定闭塞 通过物理检测控制信号	所有车辆

①一级:CBTC 模式

CBTC 模式基于无线实施列车控制,完成常用信号系统的作用。在该模式下,有 ATO 自动驾驶、ATP 防护下的人工驾驶等业主要求的所有的运行模式。

②二级:后备模式

后备系统实现 CBTC 故障时的后备模式控制。常用系统与后备系统是完全独立的两个系统,而且可快速切换到后备系统。后备系统通过计轴方式的安全型列车检测系统进行闭塞区间占用/出清状态检测,联锁子系统在后备模式下采用列车检测系统提供的闭塞区间占用/出清状态进行安全联锁逻辑控制。

12.3 系统原理

1. 高频连续感应式 ATC 系统

(1)系统简介

高频连续感应式信号系统属于 20 世纪 70～80 年代的产品，是速度码方式的固定闭塞制式系统，目前在重庆某线工程单轨线路中采用并开通运行。该系统根据牵引计算的结果将线路划分成固定的闭塞分区，并在轨道梁肩部预埋每个闭塞分区的 TD 环线。TD 环线接收来自车头及车尾发出的 TD 信号，用以确定列车的位置。系统根据 TD 环线中列车位置及列车前方空闲的区段数、列车的停车点等信息，确定列车的速度等级，并通过 TD 环线向列车发送速度码，从而实现对列车实施连续控制和列车安全间隔的控制。

(2)信息传输及定位

①车地通信传输

地面轨旁设备对列车的通信传输是通过设置在轨旁的 ATP/TD 环线设备向列车连续发送频率信息。频率信息含义主要代表限速信息。ATP 地面设备根据位置、线路占用/出清等情况选择限制速度信号，并将其发送给轨道环线。然后 ATP 车上设备通过列车的天线连续接收信号并解码，一方面使机车信号机的速度灯点亮，另一方面将列车速度限制的信息传送给 ATP 控制装置。ATP 地面设备发送的速度信号采用梯形波调幅方式(PWD)，共 12 个频率。列车通过接收以上数据，实现列车的超速防护，列车运行间隔的控制。

②列车定位

列车定位由列车检测(TD)子系统完成，采用 check in/check out 的原理。

列车的位置检测由列车两端的 TD 发送设备和地面的发送、接收设备共同完成。TD 地面设备发送校核信号(CH)检查环线的完整性，采用梯形波调幅方式(PWD)。

车辆两端的 TD 发送设备分别向轨道梁上的环线发送 f1、f2 信号(或称车载信号)。在正常情况下，列车驶入某环线区段，列车头部天线向该环线区段发送 f1 信号，使该区段的 CH 继电器落下，同时，F1 继电器吸起，实现列车占用本区段的检测；列车前行，车尾部驶入该区段时，车尾部天线向该区段发送 f2 信号，F2 继电器吸起；列车继续前行，当车头部驶出该区段(出清)时 F1 继电器落下，车尾部驶出该区段(出清)时，该区段 CH 继电器吸起，F2 继电器缓放落下，确定列车出清该区段。当车尾部驶入下一个区段,使下一个区段的 F2 继电器吸合。

(3)系统特点

①线路被划分为固定位置、某一长度的闭塞分区,一个分区只能被一列车占用,采用速度码台阶控制方式。

②闭塞分区的长度按最长列车、满负载、最高速度、最不利制动率等不利条件设计。

③列车间隔为若干闭塞分区,而与列车在分区内的实际位置无关。

④制动的起点和终点总是某一分区的边界。

⑤要求运行间隔越短,闭塞分区(设备)数也越多,列车最小设计行车间隔一般约为 120 s。

⑥采用模拟调制信息,环线传输,信息量少,较难实现 ATO 驾驶功能。

⑦现场设备较多,需要在轨道梁预埋大量设备。其设备调试及维护工作量较大,项目实施工期相对较长。

⑧能够满足多种编组列车混合运营要求,但技术接口修改量大。

⑨头尾两套车载设备互为备用比较困难。

(4)在重庆某线应用中发现的问题

①测速精度较低,7 km/h 以下很难保证测速精度。

②系统不能检测低于 7 km/h 速度的列车倒行。

③车辆段道岔防护存在隐患。

2. 基于通信的移动闭塞 ATC 系统

(1)系统简介

基于通信的移动闭塞 ATC 系统不依靠轨道电路检测列车位置、向车载设备传递信息,而是利用通信技术,通过车载设备由无线通信子系统(DCS)和车站或列车控制中心实现信息交换完成速度控制。这种 ATC 系统能够实现车—地双向通信,由于没有预先设置的闭塞分区,不以固定闭塞分区为列车追踪的最小单元,使得系统较准移动闭塞系统具有更大的运用灵活性和更小的行车间隔,也因此具备了更大的运行调整能力。由于该种 ATC 系统无固定的闭塞分区,因此,可称为移动闭塞式的 ATC 系统,见图 12-7。

移动闭塞 ATC 系统就车一地双向信息传输速率而言,可分为以下两种方式。

①基于感应环线的传输方式。

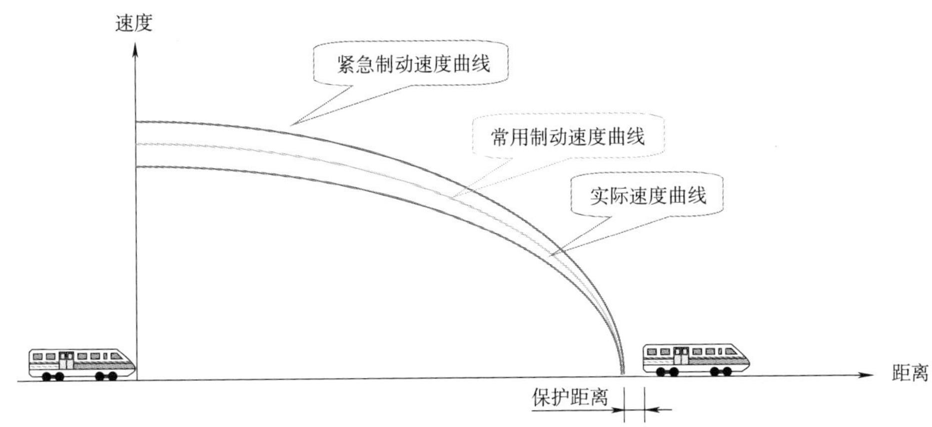

图 12-7　移动闭塞的 ATC 系统连续曲线速度控制示意图

②基于扩频通信和数据传输媒介的传输方式。

a. 按扩频通信方式可分为：直接序列扩频和跳频扩频方式。

b. 按数据传输媒介传输方式可分为：自由空间波、裂缝波导管和漏缆等传输方式。

以下为几种方式移动闭塞 ATC 系统的构成框图：基于交叉感应环线电缆传输方式的系统框图见图 12-8；基于无线电台的系统框图见图 12-9；基于裂缝波导管传输方式的系统框图见图 12-10。

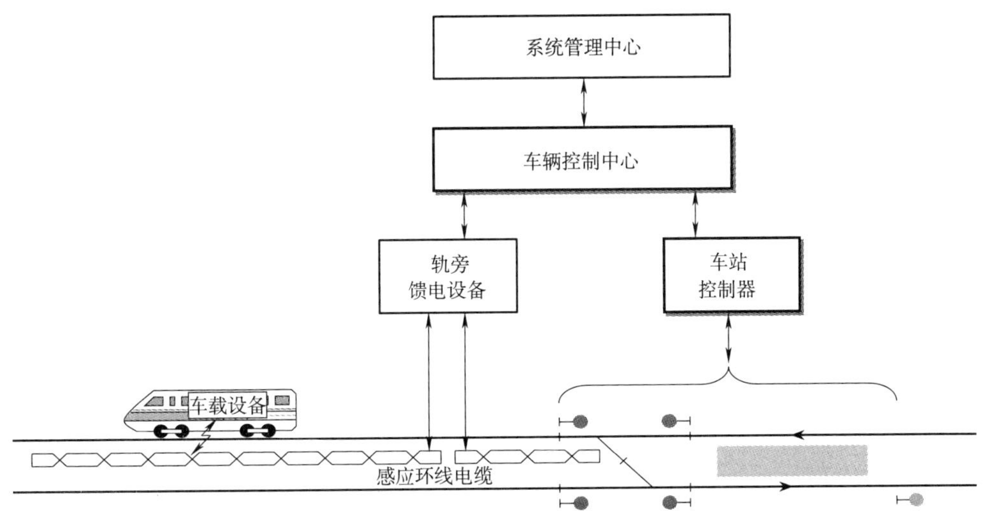

图 12-8　基于交叉感应环线电缆传输方式的系统框图

由于单轨交通对轨旁设备安装的特殊性，目前国内采用的环线系统，要求 25 m 一交叉的原则，环线在单轨梁上安装难度较大，经过研究，重庆某线最终采用无线电台方式。

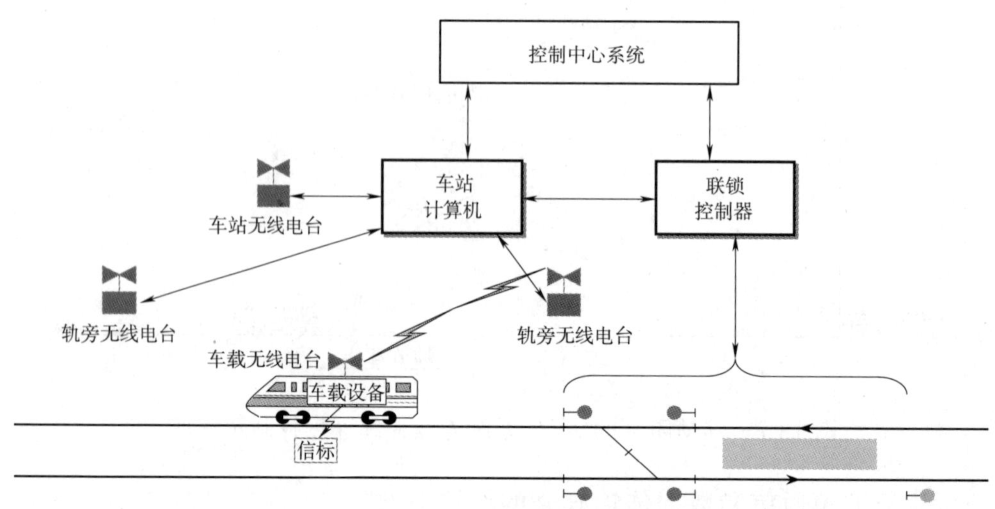

图 12-9　基于无线电台的系统框图

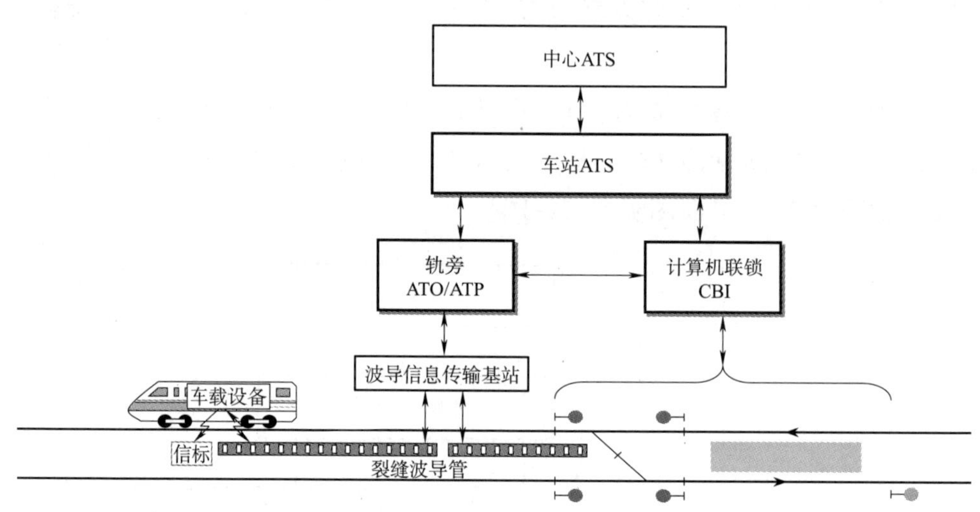

图 12-10　基于裂缝波导管传输方式的系统框图

(2)信息传输及定位

①车地通信传输

基于通信的移动闭塞 ATC 系统车地通信传输采用无线通信技术，实现列车与地面双向实时通信。基于扩频通信技术的车地通信传输信息容量比较大，能够满足较大容量的传输要求。列车通过无线 DCS 与地面实现实时双向通信，列车将自身列车车次号、运行方向、列车位置和实际速度实时传递给地面轨旁设备，地面轨旁设备根据正线所有列车位置信息，经过计算生成列车的运行权限，再通过无线 DCS 传递给列车。

②列车定位

基于通信的移动闭塞 ATC 系统在地面设置含有绝对位置信息的应答器，当列车从上方经过时，为列车提供绝对位置信息，结合车载车速装置达到为列车定位和位置校准的目的。车站定点停车采用环线或应答器方式，满足所要求的停车精度。

12.4　系统主要功能

重庆某线信号系统由列车自动监控子系统（简称 ATS 子系统）、计算机联锁子系统（简称 CI 子系统）、列车自动防护子系统/列车自动运行子系统（简称 ATP、ATO 子系统）3 个层次构成。通过将 SIL2 级标准的 ATS-LAN 与 SIL4 级标准的 CI-LAN、CBTC-LAN 根据安全等级进行分离，以保证 SIL4 级标准的 CI-LAN、CBTC-LAN 的安全性。此外，通过将控制装置集中设置于控制站，提高了可维护性。

1. 重庆某线信号系统地面 ATP/TD 子系统功能

地面 ATP/TD 子系统功能包括系统安全功能及系统非安全功能两部分。

(1)系统安全功能。

地面 ATP/TD 子系统安全功能包括列车追踪间隔保护功能、列车位置检测功能、开车门防护功能、ATP 信号编码功能、地面设备故障防护功能。

①列车追踪间隔保护功能。

地面 ATP/TD 子系统采用分级速度阶梯控制、固定闭塞方式，每个闭塞区间的轨道区段仅分配一个速度等级。列车在闭塞区间的入口处，接收到 ATP 信号所定义的限速指令后，立即对列车实际运行速度进行检查。

②列车位置检测功能。

当轨道区段无车时，地面 ATP/TD 子系统接收到轨道环路检测信号(CH)，并驱动轨道继电器(TR)励磁；当轨道区段有车时，地面 ATP/TD 子系统接收到列车首尾下发的位置检测信别号 f1 和 f2，判别列车在轨道区段的实际占用位置，并根据列车实际占用位置配置相邻轨道区段的限速码。

③开车门防护功能。

地面 ATP/TD 子系统的开车门防护功能，即是产生车门方向允许信号功能。这个允许信号由接口柜中的安全继电器节点进行逻辑组合而成。

④ATP 信号编码功能

a. 自动编码。

在自动区间内，ATP/TD 子系统根据前方区段“空闲”“占用”状态，自动产生 ATP 限速指令(限速码)。

b. 半自动编码。

在半自动区间内，ATP/TD 子系统根据联锁系统的限速条件，产生 ATP 限速指令(限速码)。

⑤地面设备故障防护功能

当地面 ATP/TD 柜单通道故障时系统隔离封锁故障部分输出，作为次要故障处理，同时发出告警表示，仍可以保证系统的功能。当地面 ATP/TD 柜双通道故障时，系统功能失效，将给出双通道故障指令。必须关闭系统，采取措施消除故障后，重新上电，才允许系统功能恢复。

监控柜实时监测 ATP/TD 柜的告警和输出，实时监测环路的占用/出清状态并显示，发生故障时将给出故障表示，警示采取消除故障措施。

接口柜采用安全继电器，故障时将导向安全侧，警示采取消除故障措施。

地面设备产生 CH 检查信号，并连续检查 CH 信号，当轨道环路发生断线或环路阻抗匹配箱故障时 CH 信号消失，系统将给出故障表示和故障防护指令。

(2)系统非安全功能

地面 ATP/TD 子系统非安全功能包括：记录功能、告警、显示功能、手动预置占用/出清功能。

①记录功能。

ATP/TD 子系统具有记录功能，记录自检、事件和发生时间，还记录故障状态及发生时间，故障状态记录的保持时间不小于 7 d。

②告警、显示功能。

地面 ATP/TD 子系统具备对系统内设备工作状态的自诊断功能，以及自诊断结果的显示功能，这两个功能由监控柜实现，并输出至 CTC(微机监测)子系统。

地面 ATP/TD 子系统模块内置自诊断程序。该程序按周期运行，将故障定位到模块级；模块能够周期性输出自诊断结果及告警信息，至模块面板及监控柜。

③手动预置占用/出清功能。

ATP/TD子系统提供手动预置占用/出清装置，供系统调试期间使用，亦可供车站值班员人工设置操作。

2. 重庆市某线ATS子系统功能

ATS子系统由控制中心和车站设备组成，主要设备均采用双机热备方式，当主机出现故障时，可以自动或手动切换至备机，保障系统的可靠运行。ATS控制中心设备设于控制中心，车站ATS设备的设置地点与ATP/ATO室内设备相同。ATS子系统包括以下主要功能。

①运行图管理。

②车次号管理。

③进路控制。

④列车运行监视及报警。

⑤调度命令。

⑥发车指示器控制。

⑦运输报表及运输指标统计。

⑧维护功能。

⑨培训功能。

⑩应用软件计算机辅助开发功能。

⑪时钟。ATS子系统采用统一的时钟，标准时钟源采用通信系统提供的时钟作为ATS的标准时钟。

⑫与其他系统信息交换功能。

a. 与通信时钟系统交换信息。

b. 与通信无线系统交换信息。

c. 与广告系统交换信息。

d. 与联锁子系统接口。

e. 与ATP/ATO子系统接口。

f. 与轨道交通公安安防监控指挥系统子系统接口。

g. 与综合监控(SCADA、FAS/BAS)的接口。

3. 重庆某线列车控制功能

(1)ATP功能

①ATP地面设备能够向车载设备发送必要的限速、距离、线路和停车点条件等信息，以供车载设备确定列车运行的最大安全速度，提供列车间隔保护及超速防护，在列车超速时提供最大的常用制动或紧急制动，保证列车运行安全。

②ATP 子系统能根据联锁设备提供的区间运行方向，确定相应的列车运行方向，保证前行列车与后行列车之间的安全距离，满足正向运行时的设计行车间隔和折返间隔，并能对列车的反向运行提供 ATP 防护。列车反向运行与正向运行时一样，列车通过无线将位置信息传给地面 ATP，进而传给 CI。由 CI 判断运行方向，排列进路后，地面 ATP 生成停车点信息传给车载。

③当列车停在停车点（正常运行方向的站台端部），并满足停车精度要求时，ATP 子系统允许 ATO 子系统向列车发送开门命令。在车门关闭后，才允许启动列车。列车开门方向符合站台的位置和运行方向。

④列车在车站站台停车误差超过±300 mm，ATP 子系统将实施保护，不允许打开车门，并给出表示。若停车误差大于 500 mm，而小于 5 m（暂定），则由人工或自动驾驶列车前进或后退以校正停车精度。前进或后退速度不大于 5 km/h（暂定），前进或后退的次数不超过 2 次，最大前进或后退的距离不大于 5 m。

⑤对于反向运行的列车，停站开、关车门的安全监督和控制完全由司机负责。

⑥各种标记、指示、输入输出、记录等人机界面都汉化，方便使用和操作。

⑦自动检测列车位置，列车位置检测安全可靠。

⑧为列车车门、站台安全门的开启提供安全、可靠的信息。

⑨有防止列车非正常移动（溜车）的功能。

⑩根据联锁提供的进路、道岔及信号机的状态，通过地面设备向车载 ATP/ATO 设备传送列车安全运行的控制信息。

⑪车载 ATP/ATO 设备在以下驾驶模式中对列车实施监控。

a. ATO 模式（自动驾驶模式）；

b. ATP 监督下的人工驾驶模式；

c. 限制人工驾驶模式；

d. 车辆段 SH 模式；

e. 自动折返模式。

车载驾驶模式可传给 ATS。

⑫车载 ATP 设备具有的功能。

超速防护对实际列车运行速度与 ATP 允许速度进行比较，当列车超速时 ATP 实施常用制动或紧急制动。

a. 测速：采用两套独立测速系统，速度信息输出须相互校验，并实行断线检查。

ⓐ测速范围：0～100 km/h。

ⓑ显示精度：±1.0 km/h。

ⓒ线性精度：±0.5 km/h。

b. 设备故障(包括车—地通信中断)时实施紧急制动及报警。

c. 有列车后退检测功能，当后退大于一定距离(具体要求设计联络时定，暂定 2 m)时实施紧急制动。

d. 具有允许司机开左门、允许开右门、允许开左右门的功能。

e. 具有人工或自动轮径补偿功能。自动轮径补偿是在出段口处设两个信标，列车经过该两个信标时，自动计算并进行补偿。事先设定一个补偿范围，当计算结果超出该范围，则不使用该计算结果。另外，要定期地进行人工补偿。详细内容设计联络时确定。

f. 对运行方向进行监督和检测。

g. 有列车非正常移动的检测，当检测到非正常移动时实施紧急制动。

h. 监控车门的开启及监督其关闭状态。

i. 向车载 ATO 传送有关信息。

j. 车载与 ATS 时钟保持一致。

⑬车载信号设备人—机界面显示和操作的内容。

a. 列车实际运行速度。

b. ATP、ATO、自动折返模式下，列车的最高允许速度。

c. 驾驶模式显示分为：ATO 驾驶模式、ATP 监督下的人工驾驶模式、限制人工驾驶模式、IS 驾驶模式，SH 调车模式。

d. 目标距离/速度。

e. 紧急制动的实施。

f. 用轮径 SW 完成轮径修改。

g. 列车停车精度状况。

h. 车门控制及门状态表示。

i. 强制开门信息的记录。

j. 车载 ATP、ATO 设备故障表示。

k. 发车及驾驶命令、紧急制动的启动及表示。

l. 驾驶员有关数据的输入及修改(乘务组号、车次号、目的地号等)。

m. 车载存储数据的输出及故障信息的自动输出。

n. 驾驶模式间的相互转换。

列车按正常运行方向进行追踪运行作业时，以 ATO 模式为常用运行模式，当 ATO 设备故障或需要时，可改用 ATP 监控下的人工驾驶模式，这两种模式均为正常的运营模式。限速人工驾驶模式（在正线）和非限速人工驾驶模式均为非正常的运营模式。SH 模式为列车进入车辆段的工作模式。

各驾驶模式可人工或自动转换：列车在区间运行时由无 ATP 码（因故障或其他原因造成）变为收到有效 ATP 码时可自动转换为 ATP 监控下的人工驾驶模式，再人工转换为 ATO 模式。由正常接收有效 ATP 码变为无码时列车启动紧急制动，然后转换为 ATP 限速人工驾驶模式运行。

各驾驶模式的转换以不影响行车安全为原则，并具有备声光提示，任何驾驶模式下均可实现人工干预行车，任何驾驶模式之间的转换都有记录。

o. 工程车不装设简易车载设备，但可通过计轴系统实现工程车位置检测。

p. 各车站的站台设紧急停车按钮。当按下紧急停车按钮后，向站台区域、接近区域和离去区域（方案、距离设计联络时定）发送紧急停车信息，经人工确认后恢复。

q. 实现与 ATS、ATO 子系统之间的接口及信息交换。

r. 实现与车辆的接口及信息交换。

（2）ATO 功能

①ATO 子系统是自动控制列车运行的设备。在 ATP 子系统的保护下，根据 ATS 子系统的指令，实现对列车的自动驾驶、列车在区间运行的自动调整，确保达到设计间隔及旅行速度，并实现列车的节能控制等。

②ATO 子系统实现列车在区间的自动运行，控制列车按运行图规定的区间走行时分行车，自动完成对列车的启动、加速、巡航、惰行、减速和制动的合理控制。区间走行时分误差不大于±1％。

③ATO 驾驶模式下，ATO 子系统根据 ATS 的调整指令控制区间走行时分，达到列车运行自动调整的目的。

④ATO 子系统车站站台自动定位停车，ATO 自动驾驶时的停车精度±300 mm 时，正确率为 99.99％。

⑤ATO 子系统实现列车在区间停车后的自动启动（紧急制动除外）。

⑥在 ATC 监控范围内转换轨、出入段线、车站站台线路、折返线、停车线及其他必要处设置车—地通信设备，通过 ATO 车载设备将运行列车的有关信息传递至 ATS 子系统，以使 ATS 子系统能对在线列车进行监控。

⑦ATO 子系统能根据车站站台位置及停车精度，对车门实施控制，当列车在车站规定位置停稳后，车载设备自动开启对应站台侧的车门，需要时，也可人工打开车门。车门的关闭需司机人工操作。

⑧ATO 子系统与 ATS 子系统和 ATP 子系统结合，高效、经济、合理地控制列车运行，达到正点、舒适、节能的要求。

⑨车载 ATO 设备能识别 ATC 监控区，当列车自非 ATC 监控区进入 ATC 监控区时，车载设备能投入工作状态。

⑩ATO 子系统具有自诊断功能，发生故障时立即向司机和 ATS 子系统报警。根据故障性质可实施常用制动和紧急制动。

⑪因 ATO 故障列车停车后，可人工或自动转换为 ATP 监督下的人工驾驶模式运行。该驾驶模式的转换需有记录。

⑫系统提供正线双方向运行功能，但当列车反向运行时不具有 ATO 功能。

(3)重庆某线计算机联锁子系统功能

计算机联锁子系统(CI 子系统)是以计算机为主要技术手段实现车站联锁的信号设备。计算机联锁能够满足各个设备集中站及其控制范围、车辆段的控制范围的规模和运输作业的需要，保证行车安全，提高运输效率，改善劳动条件，并具备大信息量和联网能力。

重庆某线信号系统采用 EI32-JD 型 2×2 取 2 冗余计算机联锁子系统，实现轨道占用、道岔、信号机之间正确联锁关系，其主要完成以下功能。

①车站联锁设备与 ATS 子系统结合，实现车站和中心两级控制的转换。经车站值班员申请，中心行车调度人员同意后，改由车站现地控制。当 ATS 子系统(含通道)故障或需要的情况下，不经中心同意，由车站强行取得控制权。

②在车站现地控制模式下，可将进路设为自动模式或人工模式，自动模式下联锁设备将预先设定的进路设置为自动进路，根据列车位置及运行方向自动排列进路。在需要情况下车站值班员可人工操作联锁设备，进行进路控制、临时限速设置等操作。

③正线设备集中站和车辆段设置操作员工作站，提供各种操作和表示功能；并完成本站范围内车辆位置的显示跟踪、本站信号机状态、紧急关闭、引导信号的办理、扣车、跳停、区间限速及站间自动闭塞的办理等功能。

④联锁子系统基本联锁功能实现的原则。

a. 根据进路的始端、终端办理进路。

b. 进路的锁闭分为预先锁闭和接近锁闭。预先锁闭在进路选通，有关联锁条件具备时构成。接近锁闭在信号开放,进路的移动授权(列车与信号机之间的安全防护距离)占用时构成。

c. 能够办理引导进路的锁闭。

d. 锁闭的进路能随着列车的正常运行,在满足安全防护距离后自动解锁。是否需要延时解锁在设计联络时确定。

e. 能够办理取消进路、人工解锁、引导进路解锁。

f. 防护道岔的信号机关闭后,未经再次办理,不得重复开放。但当正线办理自动进路后,使该进路保持锁闭,信号机随着列车的运行自动变换显示。

g. 不允许信号出现乱显示(即不符合规定的信号显示)。在组合灯光开放和关闭时,同时点灯或灭灯。

h. 设置道岔防护信号机,对道岔实施有效防护。

⑤保证列车运行安全,实现列车进路上保护区段、道岔、信号机之间的正确联锁关系,对于来自操作设备的错误操作,具备有效的防护能力。系统在不影响安全与效率的前提下,具有对室内继电设备及其他相关设备如 ATP 地面设备、电源屏等的监测功能,监测功能由维修工作站完成。

⑥CI 子系统提供与相邻有关其他子系统间的通信接口。

⑦CI 子系统完成 CBTC 系统后备模式和工程车在夜间运行时,根据轨道占用/空闲检测设备提供的列车位置实现联锁功能和固定闭塞。

⑧EI32-JD 型计算机联锁子系统具有完全意义的现场脱机测试功能,当遇有站场改造等情况时,可以使用单套系统进行工作,冗余的另外一套系统脱机后,更换新的联锁软件利用仿真程序进行现场联锁试验,测试结束后恢复正常使用。

⑨在设备集中站和车辆段设置应急盘,在计算机联锁子系统失效时控制道岔和引导信号,能显示道岔位置等关键信息;经人工确认列车定位设备故障时,提供单操道岔功能(安全由人工保障)。

⑩对于关键按钮,在应急盘上为有铅封的按钮;在联锁操作表示机人机界面上以密码确认的方式实施铅封保护。

12.5 某线信号系统内部接口

1. 联锁设备集中站之间的接口

(1)在正线的相邻设备集中站联锁子系统所管辖范围的车站间办理进路时

满足区间的各项技术条件。

(2)站间通信采用封闭的双通道光网,双网切换时间为 0 s。在每个联锁机中插入以太网通信板,一块以太网通信板提供 2 个完全独立的以太网接口。

(3)不同设备集中站的联锁机构成双套子网,采用经裁剪的 UDP 协议进行子网内不同设备间的通信。

(4)联锁子系统设备集中站间通信采用安全的报文协议,符合 EN50128、EN50129、EN50159-1。

(5)规定时间接收不到正确数据即判断网断,并做故障安全处理。

2. 与其他信号子系统的接口

(1)与 ATP/ATO 子系统的接口

ATP/ATO 子系统与计算机联锁子系统的通信,是通过 ATP/ATO 计算机与联锁机进行交叉互联实现的,硬件连接方式见图 12-11。

采用带光电隔离的 RS-422 标准串口,异步全双工方式,使用双绞的四线制连接方式:Tx+/Tx-/Rx+/Rx-。

(2)与 ATS 子系统的接口

①硬件连接方式

ATS 子系统与计算机联锁子系统的通信,是通过 ATS 车站计算机与操作表示机进行交叉互联实现的,硬件连接方式见图 12-12。

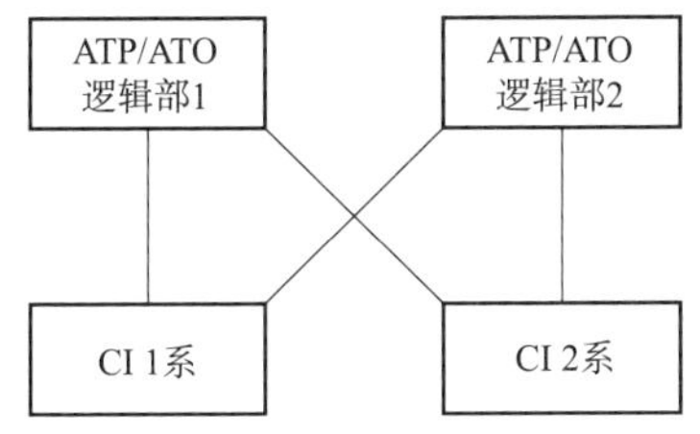

图 12-11　CI 子系统与 ATP/ATO 子系统接口硬件连接方案图

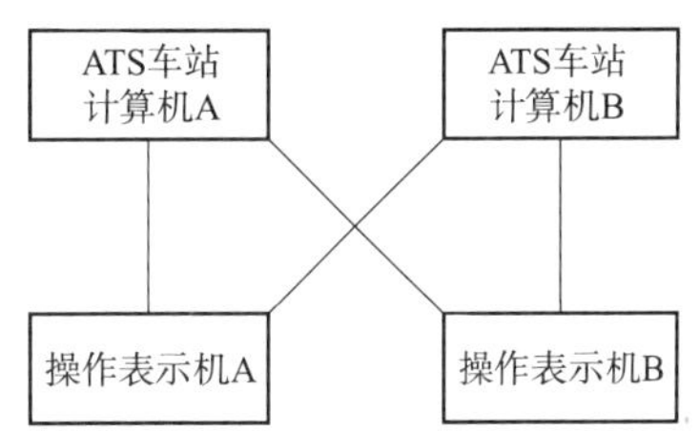

图 12-12　CI 子系统与 ATS 子系统接口硬件连接方案图

采用带光电隔离的 RS-422 标准串口,异步全双工方式,使用双绞的四线制连接方式:Tx+/Tx-/Rx+/Rx-。

②通信参数

通信速率为 19.2 kbps

1 个起始位

8 个数据位

1 个停止位

无奇偶校验

③基本要求

采用 CRC 校验、接收应答及超时重传机制保证通信的可靠性；在无通信数据时定时发送心跳信息检测通信链路的完整性；考虑向后兼容性，为今后增加新的通信数据预留必要的空间。

(3)与信号监测子系统的接口

信号监测子系统与 CI 子系统的通信，是车站维修工作站与操作表示机通过单以太网通信接口方式实现的，硬件连接方式见图 12-13。

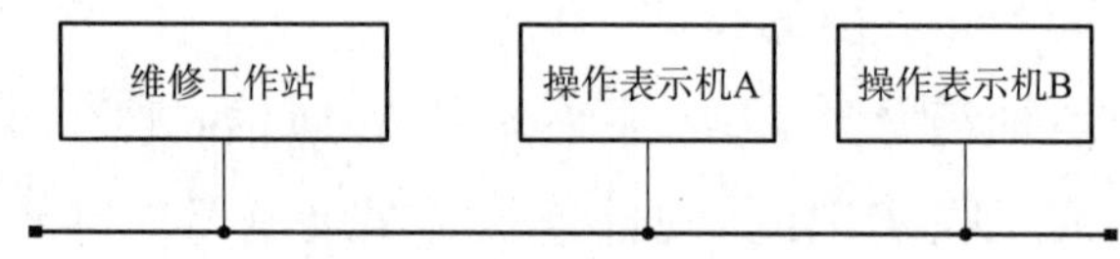

图 12-13　CI 子系统与信号监测子系统接口硬件连接方案图

(4)继电接口方式

EI32-JD 型计算机联锁可与各种定型室外现场设备和特殊设备结合，如 LED 信号机点灯电路、道岔转换和表示电路、轨道占用/空闲检测等。

采用安全型继电器实现计算机设备和现场设备的结合。

3. ATP 子系统接口

(1)ATP 轨旁设备。

①轨旁 ATP 与 ATO。

同一硬件平台，接口为软件 I/F。

②轨旁 ATP 与相邻车站的轨旁 ATP。

通信回路：Ethernet (CBTC-LAN)、经由 GW。

数据内容：可到达的逻辑轨道电路区间状态；临时限速信息；列车防护信息；其他。

③ATP 轨旁设备——ATS。

通信线路：Ethernet。

④ATP-CI 之间的接口。

ATP-CI 之间的接口见“联锁与 ATP/ATO 子系统接口部分”。

⑤与 ESB 按钮的 I/F。

通信线路：触点接口(DI/DO)。

(2)车载设备

①ATP 车载设备～车载显示单元(MMI)。

传输:RS-422。

传输协议:符合 HDLC 协议。

传输率:38 400[bps]。

传输周期:100 [ms]。

②ATP 车载控制器～车载查询器～接收天线。

传输协议:BCH。

传输率:565 k[bps]。

③车载设备内的接口

应答器的天线装在车头的地板下面。天线附近的噪声(磁场)的限度值用表 12-5 中的频率和带宽来表示。

表 12-5　噪声限度值

序号	FRQUENCY(MHz)	BW(kHz)	ϕ_n(nVs)
1	4.234	400	7.7

4. ATO 子系统接口

(1)轨旁设备

①轨旁 ATP 与 ATO。

同一硬件平台,接口为软件 I/F。

②轨旁 ATO 与相邻车站的轨旁 ATO。

通信回路:Ethernet。

数据内容:a. 停车点所在的虚拟轨道分区状态;b. 列车防护信息;c. 其他。

③ATO 轨旁设备——ATS。

通信线路:以太网。

④与 ESB 按钮的 I/F。

通信线路:触点接口(DI/DO)。

(2)车载设备

①ATO 车载设备～车载显示单元

显示器将采用双路 RS422 接口与车载 ATP/ATO 设备连接,获得信息进行显示,以及向 ATP/ATO 设备发送司机的设置数据。

②ATO 车载控制器～车载查询器～地面应答器

传输协议:BCH。

传输率:565 k[bps]。

调制方式:a. 从应答器到接收天线:FSK 调制;b. 从接收天线到无源应答器:无信号调制。

5. ATS 子系统的接口

ATS 与信号系统内部其他子系统的接口见其他子系统接口的分别描述。

12.6　某线信号系统与其他相关系统接口

1. 与单轨道岔接口

(1)接口功能要求

①信号联锁设备提供控制道岔的目标转动信号,道岔系统提供与实际相符的道岔位置表示、道岔设备故障信号。

②信号系统负责道岔现场办理条件及其他必要的道岔接口信息。

③道岔本身的转辙由道岔系统负责。

④信号系统向道岔提供表示用 DC24 V(3 A)不间断电源。

(2)接口界面及接口类型

①接口界面在道岔系统现地控制箱外线端子。

②接口类型为继电器接口。

2. 与通信时钟子系统接口

(1)接口的功能要求

①时钟系统为信号系统提供实时的标准时间信息。

②信号系统接收时间信号,并据此校准信号系统时钟。

③信号系统具有屏蔽错误时间信号的能力。

(2)接口界面及接口类型

①接口界面在中心通信设备室配线架外线端子。

②接口类型为 RS422 数据接口。

③接口协议具有通用性,且符合国际国内有关标准和规范的规定。信号系统与时钟系统的接口协议由时钟系统提出建议并最终确定。

3. 与通信传输子系统接口

(1)接口的功能要求

①传输系统为信号系统提供贯通全线控制中心、车站、车辆段的 2 个 10 M

以太网通道。

②通信传输系统全线敷设上下行区间光缆，各为信号系统控制中心、车站、车辆段预留24芯光纤。

(2)接口界面及接口类型

①接口界面在控制中心、车站、车辆段的通信设备室内配线架外线端子。

②10 M传输通道接口类型为RJ45以太网数据接口。

4. 与通信无线子系统接口

(1)接口功能要求

①信号系统向无线通信系统提供数据信息，以便控制中心调度员、车站值班员用车次号呼叫列车。

②信号系统向无线通信系统提供信息的主要内容：列车位置信息、列车车次号。

(2)接口界面及接口类型

①接口界面在控制中心信号设备室内配线架外线端子。

②接口类型为RS422。

5. 大屏幕系统与外部系统接口

(1)接口功能要求

①大屏幕显示系统与其他线通信CCTV系统；其他线综合监控系统；其他线信号系统等外部系统接口，显示其提供的各种信息。

②接口符合以下要求。

a. 外部系统与大屏幕显示系统间的接口采取一定的隔离措施，不允许由于接口的原因，损坏信号系统和大屏幕显示系统内部设备。

b. 接口设备的反应时间满足外部系统的要求。

(2)接口界面及接口类型

①接口界面在控制中心综合显示屏系统外线端子。

②与CCTV系统接口类型为RJ45以太网和BNC接口。

③与综合监控系统接口类型为RJ45冗余以太网口。

6. 与轨道交通公安安防监控指挥系统接口

(1)接口的功能要求

①信号系统向轨道交通公安安防监控指挥系统提供数据信息，以便公安监控人员监控全线。

②信号系统向公安安防监控指挥系统提供信息的主要内容。

a. 列车位置信息。

b. 列车车次号。

(2)接口界面及接口类型

①接口界面在控制中心信号设备室内配线架外线端子。

②接口类型为 RS422 或 RJ45。

7. 与综合监控系统接口

(1)接口的功能要求

①信号系统向综合监控系统提供全线列车运行信息,包括但不限于:列车位置、到站时间、站停时间、早晚点信息、跳停信息。

②综合监控系统向信号系统传送接触网分段供电信息。

③接口设备具备对接口通信状态实施实时监测的功能。

④综合监控负责提供并在车站 IBP 盘上安装指示灯、带灯按钮、钥匙开关、报警蜂鸣器、接线端子,预留应急盘安装位置。

(2)接口界面及接口类型

①中心接口界面在控制中心信号设备室内外线端子。

②中心接口类型为 RJ45 冗余接口。

8. 与站台门接口

(1)接口功能要求

①在 ATP/ATO 模式下,信号系统向站台门系统提供开关门命令并保持车门与站台门的联动,接受站台门的状态信息。

②站台门系统应向信号系统提供连续的站台门状态信息,当信号系统收到站台门处于开状态信息或收不到站台门状态信息时,列车将不允许进站停车(除非此时站台门系统不与信号系统处于联锁状态,即采取特殊的措施,屏蔽了站台门与信号系统的联锁检查)。

③列车从站台端进入站内停车时,站台门的状态应得到信号系统 ATP 子系统的连续监测,当信号系统收到站台门处于开状态信息或者收不到站台门状态信息时,列车将采取紧急制动。

④只有 ATP 确认列车停在规定的停车窗内,才允许 ATO 向列车发出开门指令,同时亦向站台门系统发出开门指令。

⑤开车前,ATP/ATO 收到关车门控制命令的同时,向站台门发出关门信号,经 ATP 确认车门及站台门均已关好后才允许启动列车。

⑥如果站台门失去关闭状态表示,ATP 系统将对出站列车实施紧急

制动。

⑦站台门的状态需发送至车载 ATP,并在显示器上给出表示。

⑧站台门的开、关命令和表示状态信息的传输通道应采用安全通道。

⑨信号系统向站台门系统发送的开、关站台门信息必须连续不中断。只有不间断地接收到站台门关闭信息的情况下,列车才能进入站台区域或从站台区域发车。

⑩站台门在“故障开门”状态,列车应可以采用一种特定的方式进/出车站。

a. 可以通过特定命令解除站台门与信号系统的联锁关系。此命令由站台门系统产生,并经安全通信通道传送至信号系统。

b. 接口参考如下内容:

ⓐ接口电路用继电器采用中国产安全型继电器;

ⓑ接口电路应能明显、准确体现两系统间的联锁关系;

ⓒ接口电路用于系统间传递信息的电环路应采用双断设计;

ⓓ信号系统与站台门系统的接口电路应与所选用的继电器特性相匹配;

ⓔ接口电路须采用安全电路,电路的设计须符合故障一安全原则;

ⓕ接口与两系统间应采取一定的隔离措施,不允许由于接口的原因,损坏信号系统和站台门系统内部设备。

(2)接口界面及接口类型

①接口界面在各车站的站台屏蔽门/安全门设备室外线端子。

②接口类型为继电器接口。

9. 与低压配电系统接口

(1)供电接口

①低压配电专业在控制中心提供两路独立的三相五线制电源(380/220 V、50 Hz),一级负荷。在设备集中站、车辆段信号电源室提供两路独立的三相五线制电源(380/220 V、50 Hz),一级负荷;两路输入、末端不切换,两路输出,两路输出端加断路器,断路器具有抗负载启动瞬间峰值电流的冲击并具有延迟性。

②低压配电专业在试车线信号电源室提供两路独立的三相五线制电源(380/220 V、50 Hz),一级负荷;两路输入、末端不切换,两路输出,两路输出端加断路器,断路器具有抗负载启动瞬间峰值电流的冲击并具有延迟性。

③低压配电专业在非设备集中站、轮乘室、车辆段派班室、设备室提供两路

独立的单相三线制电源(220 V、50 Hz),一级负荷;两路输入、末端切换、切换时间小于100 ms,一路输出,输出端加断路器,断路器具有抗负载启动瞬间峰值电流的冲击并具有延迟性。

④低压配电专业在维修中心及培训中心各提供一路三相五线制交流电源(380/220 V、50 Hz),一级负荷;一路输入、一路输出,输出端加断路器,断路器具有抗负载启动瞬间峰值电流的冲击并具有延迟性。

(2)接地接口

①低压配电专业在控制中心、各车站、车辆段、试车线的信号设备室提供一个接地端子箱,接地电阻不大于1 Ω。

②高架桥梁专业在高架区间桥墩提供不大于10 Ω的接地极。

10. 与通信专业接口

通信系统负责提供及安装区间隧道和车站沿线路运行方向的隧道壁的弱电电缆支架,信号电缆在规定的托臂上敷设。

通信系统负责提供及安装区间至车站通号电缆间的电缆通道及支架,信号电缆在规定支架上敷设。

对于信号所需的特殊走向的分支电缆支架(1个/m)(如折返线、停车线、通号电缆间至信号设备室等)由信号系统负责提供并安装,进出信号设备室和电缆井的电缆爬架由信号系统负责提供并安装。

11. 与土建专业的接口

(1)信号系统可协助建设单位设计与土建专业如线路、建筑、结构、隧道、桥梁、限界、人防门等专业的设计、承包商进行协调和配合,落实所有构筑物内的信号系统预留条件。

(2)土建预留条件包括,但不局限于以下各项。

①信号系统生产及管理用房的面积、布置位置;

②信号系统生产房屋的装修工艺、空间环境;

③所有构筑物内的信号系统预埋管线、沟槽、孔洞及安装基础;

④车站及区间内电缆通道;

⑤各种辅助线的长度等。

(3)200 mm×200 mm及以上孔洞由土建专业负责开孔和封堵,200 mm×200 mm以下孔洞由信号系统负责开孔和封堵。

12.7 某线信号系统与单轨车辆接口

1. 信号系统负责提供的车载设备

信号系统车载设备包括：车载 ATP/ATO 计算机单元、车载设备机柜、天线、传感器(测速传感器、多普勒雷达或加速度计等)、信号系统显示屏、司机室内为实现信号系统功能所需的操作及显示装置如模式选择开关等。信号系统车载设备单元之间的连接电缆及信号系统车载设备到车辆的特殊电线电缆如屏蔽线等、信号系统车载设备侧的电气连接器(插头、插座)等由信号系统提供。

传感器(测速传感器、多普勒雷达或加速度计等)、信号系统显示屏、车载设备等的安装位置双方协商确定。

2. 车辆系统负责的供货范围

车辆系统提供信号系统车载设备安装支架等安装辅助装置及安装空间，信号系统车载设备到车辆的连接电缆(除屏蔽线等特殊电线电缆外)。

3. 电缆、电缆接头及电缆连接器

所有信号系统车载设备单元之间特殊的连接电缆、电缆接线端头和信号与车辆设备之间的特殊电缆、电缆接线端头由信号系统提供。所有连接到车辆设备侧的无特殊要求的连接电缆和接线头由车辆系统提供，但电缆的规格和技术要求首先由信号系统向车辆系统提供，车辆系统在签订非特殊电缆订货合同前，把电缆的型号、规格，由信号系统确认。相应的特殊电缆压接工具由信号系统提供。

4. 电源设备

车辆系统根据信号系统的要求为信号系统车载设备提供单独引出 DC 24 V 和 DC 110 V 电源(额定的)。

车辆系统根据信号系统的要求为信号系统设备各馈电电路提供断路器。

5. 列车导线、电缆

信号系统向车辆系统提供所有车载设备安装需要的电线、电缆的规格的总明细表以及插接件明细表，并注明哪些电线、电缆需要车辆系统提供。车辆系统向信号系统提供特殊要求的电缆的数量。

6. 列车监控系统

车辆和信号系统各自提供自身的显示器。

车辆和信号系统车载设备所需对方的信息相互提供。

信号显示器的尺寸在车辆与信号的接口会议上提供，安装位置与车辆系统协商。

7. 安装部件

所有信号系统车载设备的紧固件由信号系统供货。

车辆系统提供连接到信号系统车载设备的所有导线护管、安装支架、接线盒（不含信号系统内部的接线盒）等，其规格及安装要求由信号系统提供。

12.8　信号设备安装

1. 信号设备安装

(1)ATP/TD 环线敷设

ATP/TD 环线通过轨道梁两肩部各端部预留的波纹管贯通敷设，是传输 ATP 和列车位置检测信息的车地通信载体，属于分级速度阶梯控制，固定闭塞方式，应用于重庆轨道交通 2 号线及 2 号线延伸段。

(2)环线敷设和环线防护

轨道梁肩部 ATP/TD 环线露出部分采用抗老化 PVC 管防护；肩部至引下管间采用软管防护；引下管至 MT 箱 ATP/TD 环线露出部分采用高压布管防护，见图 12-14。

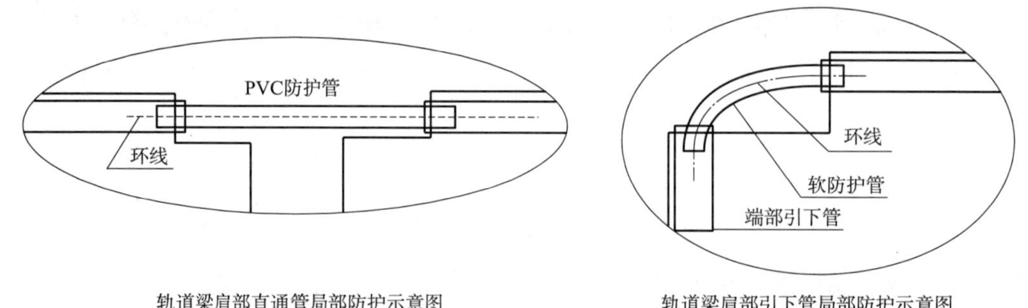

图 12-14　ATP/TD 环线防护示意图

环线敷设作业见图 12-15，需两辆作业车为一组，一前一后，作业车 A 架设 ATP/TD 环线盘，ATP/TD 环线盘旋转方向为向作业车内旋转，作业车 B 用于牵引 ATP/TD 环线和临时盘放 ATP/TD 环线余量，ATP/TD 环线敷设过程中牵引力适中，环线无破损，绝缘良好。

2. 轨旁无线 AP 天线安装

轨旁无线 AP 用于信号 CBTC 模式下的车地无线通信，高架区间安装于轨

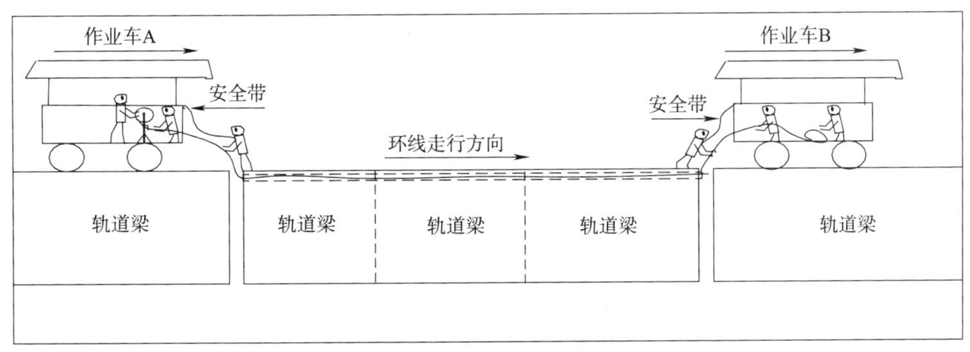

图 12-15　ATP/TD 环线敷设作业示意图

道梁侧面，主要工序有定位测量、支架安装、AP 杆和天线安装、配线调试等，安装效果见图 12-16。

AP 天线在安装前先对其桥墩侧面和预留孔洞进行检查，看是否有不平整和堵塞现象出现，如有则先进行桥墩侧面打磨和孔洞清理，以使支架安装后能紧贴桥墩侧面，螺栓能顺利地拧进预留孔。

图 12-16　高架区间无线 AP 天线

由于天线整体重量较大和长度较长，所以在安装时，将 AP 天线分解为支架底座、AP 支柱等部分，采用专业吊装装置、组装安装方式安装 AP 天线，先将支架固定在桥墩侧面的预埋孔处，用水平尺对其进行测量，使支架纵向水平与横向水平达到垂直角度。

支柱吊立起来放置于支架上，采用 M20×70 的镀锌螺栓固定在支架上，带上防松螺帽。

直线段设备突出边缘距轨道梁中心距离保证≥2 035 mm，弯道突出边缘距轨道梁中心距离根据其曲线半径大小先计算出安装限界。天线安装位置距轨道梁顶面≥4 500 mm；支柱应垂直于支架装设，在安装面上 3 m 处用吊线坠测量，于支架的倾斜量不应大于 24 mm。

3. CBTC 模式计轴设备安装

计轴设备根据设计安装于轨道梁的端部或中部预制时预留的相应安装孔位上。

计轴磁头安装在线路弱电侧。车辆段内安装时，磁头安装于线路右侧。梁端头的磁头安装见图 12-17。

图 12-17 磁头安装

发送磁头安装在上部，接受磁头安装在下部，发送磁头采用前期预埋的计轴预埋板进行固定，接收磁头采用 Z 字形支架。

第十三章　综合监控系统

13.1　概　　述

综合监控系统(ISCS)的主要功能是用系统化的方法将各分散的自动化系统连结为一个有机的整体，实现轨道交通各专业系统之间的信息互通、资源共享，提高各系统的协调配合能力，高效实现系统间的联动，提高轨道交通全线的整体自动化水平，建立与轨道交通指挥中心相连的信息高速通道，从而将城市轨道交通的运营管理纳入到整个城市的轨道交通运营管理体系。综合监控系统从技术层面上提供切实高效的技术手段，增强对各种突发事件的应变能力，提高反应速度，增强抵御灾害事故的能力，提高轨道交通的运营管理水平，提高轨道交通服务质量和服务水平，更好地为广大乘客服务，为建设数字化轨道交通打好基础，有利于改造轨道交通资源管理水平，提高经济效益。

13.2　系统设计原则

综合监控系统及其集成子系统采用统一的硬件和软件平台、统一的人机界面、统一的命名和编码规则，并建立统一的系统接口标准。

综合监控系统的设计建立在充分的基础资料调研之上，掌握相关技术在轨道交通上的实际应用情况，认真吸取国内外轨道交通综合监控方面的宝贵经验，结合工程实施难度和投资规模，选择适合本线的集成度，提高系统性价比。

综合监控系统以满足跨座式单轨运营方便、快捷、舒适、安全为目标，体现“以人为本”的思想，系统必须保证与各集成互联系统间信息迅速、准确、可靠地的传送。综合监控系统面向的对象是控制中心的行调、电调、环调、总调(值班主任)、信息调度、维调和车站的值班站长、值班员。综合监控系统满足上述岗位的功能要求。

综合监控系统集成的对象和集成度以技术成熟、功能实用为基本原则，降低工程造价。设计充分考虑系统的安全性与可靠性要求，主要设备考虑冗余措施。系统采用分层分布式体系结构，三级控制、两级管理运行方式，系统能全天候运行。

综合监控系统在控制中心和车站具备模式控制、群组控制、时间表控制和必要的点动控制功能。设备的安全连锁由底层的控制层设备完成。当综合监控系统出现问题时，各子系统仍然可以独立运行，并能起到安全保护作用。

当出现异常情况由正常运行方式转为灾害运行方式时，综合监控系统能迅速转变为运行模式，为防灾、救援和事故处理的指挥提供方便。

综合监控系统的传输网络需层次清晰，数据传输时间、网络带宽能满足综合监控系统的需要，并留有扩展余量。设置网络管理系统，对网络上的相关设备进行监控管理、配置管理和故障管理。

综合监控系统能满足跨座式单轨环境的要求，系统设计时充分考虑地下电气铁道的特性，采用抗电气干扰能力强的设备和电缆。

综合监控系统设备选型立足于设备国产化，关键部件采用成熟的知名品牌产品。尽可能选用符合国家技术标准和 ITU-T 建议的标准设备，要求可靠性高、技术先进、组网简单灵活、易扩容、便于安装、维护及使用。

13.3 系统运营模式及基本功能

1. 系统运营模式

全线 ISCS 采用分级、分布式系统结构，系统的组成及运行管理流程满足：中央级—车站级—现场级—受控设备。

ISCS 按照线路的运行模式一般分为正常运行模式、阻塞运营模式、故障运营模式、灾害运行模式。

ISCS 监控内容满足运营实际需要，监控内容配置可参考现行国家标准《智能建筑设计标准》《地铁设计规范》等有关内容。

2. 系统基本功能

针对地铁运营的不同模式需求，综合监控系统按正常模式、灾害模式、故障模式、阻塞模式等四种工况模式进行考虑，灾害、故障、阻塞三种模式采用事件触发方式自动或人工强制进入，每种模式均对应不同的系统功能。

(1)四种工况模式的具体内容

①综合监控系统正常模式功能

地铁运行的正常工况时，综合监控系统进入正常工作模式，即系统的日常监控管理模式，由控制中心(OCC)监管全线各车站的各有关专业系统，使地铁的运行按正常工况进行。

②综合监控系统灾害模式功能

当车站、控制指挥中心接收到经确认的灾害报警信息后，如火灾、水灾、人身伤害和其他重大突发事件等，综合监控系统自动或人工强制启动全系统进入灾害工作模式，此时综合监控系统将综合现场报警信息、列车位置等有关信息，使地铁内各相关系统协调工作，救治灾情。

③综合监控系统故障模式功能

综合监控系统故障模式功能是指重大系统或设备发生故障时系统需要实施的工作模式，如发生环控设备故障、大范围停电事故、综合监控系统或相关系统重大故障等。

④综合监控系统阻塞模式功能

当地铁系统出现大范围断电、列车重大故障导致列车在站台、隧道区间运行受阻时，地铁运营部分受到影响时，综合监控系统自动进入阻塞工作模式，控制中心大屏幕发出进入阻塞模式的消息，报警体系在控制中心和各车站控制室提醒操作人员进入阻塞模式，监控地铁内各有关系统协调互动，使地铁的运行按阻塞工况进行。

(2)综合监控系统的功能要求参考的内容

①对集成和互连系统的监控对象的运行状态进行全过程的监视功能，通过监视画面监视监控对象的状态、参数及运行过程。

②具有综合报警和报警管理功能，并提供画面和声光报警。报警可分级，一级报警宜具有推图功能。报警信息能分类按时序显示，并宜具有事件文件导出功能。

③具有事件管理功能，并能在线查看实时和历史事件。

综合监控系统的信息安全参考现行国家标准《工业控制系统信息安全》(GB/T 30976)的有关规定。

13.4 硬件设备配置

ISCS的硬件分为两层，中心级ISCS和车站级ISCS。硬件由控制中心、车站、车辆段/停车场综合监控系统和其他辅助功能子系统硬件构成。

1. 中心级ISCS硬件设备

第一层包括冗余的实时服务器、冗余的历史服务器、外部磁盘阵列、各种地铁调度员工作站(如总调、电调、环调、行调、维调等)、网络管理工作站、黑白网络打印机、彩色图形打印机、冗余的带路由功能的网络交换机、前端处理机(FEP)、UPS等。

控制中心(OCC)配置的网络交换机,实现OCC所有网络资源的互连。交换机的端口数量和带宽的选择充分考虑ISCS和网络通信设备的要求,网络交换机直接连接到通信传输网络。

在正常情况下,OCC的调度员通过调度员工作站,控制和监视各被集成系统。OCC的命令,通过ISCS网络发送到各被集成系统。

实时服务器的主要功能是完成实时数据的采集与处理,从OCC向分布在各站点的被集成系统发送模式、程控或点控等控制命令。历史服务器的主要功能是完成历史数据的存储、记录和管理等功能。

2. 车站级ISCS硬件设备

第二层包括冗余的实时服务器、值班站长工作站、冗余的网络交换机、FEP、IBP等。FEP处理所有与被集成系统的接口,从FEP采集的数据通过车站交换机送到车站服务器。车站服务器、车站值班站长工作站和FEP等与网络交换机相联。

13.5 软件基本要求

ISCS的软件部分由数据接口层、数据处理层和人机接口层构成。

1. 数据接口层

数据接口层主要用于数据采集和协议转换,由ISCS系统设备FEP完成。FEP对以数字信号接入的监控子系统进行数据交换及协议转换,同时,FEP负责对ISCS与被监控对象的数据进行隔离,从而保证各子系统数据的独立性。

2. 数据处理层

数据处理层用于实时数据及历史数据的管理,主要由中心服务器及车站服务器构成,通过实时数据库和关系数据库来提供ISCS系统的应用功能。

3. 人机接口层

人机接口层用于处理人机接口,主要由操作站构成,通过从中心服务器及车站服务器来获取数据,在操作站上显示人机界面,来完成各种ISCS系统的监控操作。

13.6 系统网络结构与功能

ISCS系统的网络结构分为三层,即主干层、局域层和现场层。具体功能如下。

1. 主干层

主干层主要用于控制中心与各车站、车辆段及停车场局域网的互连。全线车站、车辆段、停车场、控制中心配置双冗余以太网交换机，提供 100 M 双绞线以太网接口，同主干网连接。各个车站数据通过主干网传输到控制中心，控制中心通过主干网向车站下发数据。

2. 局域层

局域层即控制中心、各车站、停车场、车辆段的内部局域网。中心级（含备用中心）局域网采用冗余的交换式 100/1 000 M 以太网，车站级局域网（含车站、停车场、车辆段、培训管理、设备管理维护、网络管理）采用冗余的交换式 100 M 以太网。

3. 现场层

现场层是各子系统执行层面上的网络，包括 BAS、PSCADA 等子系统，采用工业控制以太网络或现场总线接入现场层。

13.7　系统布线及接地

1. 系统布线

综合监控集成系统设备布线和接地设计，做到确保人身、设备安全及设备的正常工作。综合监控集成系统设备可设工作地线、保护地线、屏蔽地线和防雷地线。

（1）管线布置具有安全可靠性、开放性、灵活性、可扩展性及实用性。

（2）布线考虑周围环境电磁干扰的影响。

（3）ISCS 的信号线与电源线不共用一条电缆，也不敷设在同一根金属套管内。

（4）采用屏蔽布线系统时，保持系统中屏蔽层的连续性，以满足系统接地的可靠性。

（5）ISCS 的电缆屏蔽层宜采用一点接地。

（6）所有 ISCS 现场机柜均需接地。

（7）控制器和计算机设备宜根据相应产品或系统的要求采用一点接地或浮空接地。

2. 接地

综合监控系统的接地电阻不大于 1 Ω。

第十四章　通风、空调与采暖、给水排水

14.1　概　　述

跨座式单轨交通的内部空气环境采用通风、空调或供暖系统进行控制。给水设计必须满足生产、生活和消防用水对水量、水压、水质的要求，并考虑节约用水和综合利用的措施。

参考重庆某条线跨座式单轨交通的内部空气环境范围包括高架及地面车站、控制中心、车辆基地及停车场、主变电所，以及地下车站、地下区间等。具体内容如下。

(1)跨座式单轨交通的通风、空调和供暖系统保证其内部空气环境能满足人员健康和设备正常运转的需要。

(2)跨座式单轨交通通风和空调系统具有的功能如下。

①当列车在正常运行时，保证跨座式单轨交通的内部空气环境在规定标准范围内。

②当车站内发生火灾事故时，具备防烟排烟、通风功能。

③当列车在区间隧道内阻塞或发生火灾事故时，隧道内须具备的通风和防烟排烟功能可参照现行国家标准《地铁设计规范》(GB 50157)的有关规定。

(3)跨座式单轨交通的通风、空调和供暖系统设计和设备配置可根据国家能源政策，并做到运营节能，以及利用自然冷源和热源。

(4)跨座式单轨交通的通风和空调系统按预测的远期客流量和最大的通过能力设计，具备分期实施条件时，设备配置宜按近期和远期分期实施。

(5)通风、空调和供暖系统的设备、管道及配件布置为安装、操作、测量、调试和维修预留空间位置，通风和空调系统的机房内设置设备起吊和冲洗设施。

(6)设计可为通风和空调设备预留运输、安装通道及孔洞，并能装设起吊设施。

(7)通风、空调与供暖系统选用高效、节能、紧凑型设备，选用的设备宜标准化和系列化，系统设置可有综合的节能措施。

(8)通风、空调和供暖系统的管材及保温材料、消声材料采用A级不燃材

料，当局部部位采用不燃材料有困难时，宜采用难燃 B1 级材料。管材及保温材料具有防潮、防腐、防蛀、耐老化和无毒的性能。

(9)单轨交通的给水水源，优先采用城市自来水。当沿线无城市自来水时，应采取其他可靠的符合要求的供水水源。

(10)单轨交通的排水系统，除生活及粪便污水单独排放外，结构渗漏水、冲洗及消防废水和地下工程的列车出入线洞口、敞口出入口及风口的雨水可按合流制排放，但生活及粪便污水的排放必须符合当地和现行国家排水标准的规定。

(11)给水设备的自动化程度，根据运营管理的需要，结合当地具体情况，经过技术经济比较确定，但排水设备按自动化管理设计。

(12)给排水设计除执行本规范外还可按国家现行《建筑给水排水设计规范》《地铁设计规范》等规范的规定设置。

14.2　高架及地面线路

高架及地面车站的公共区采用自然通风。站厅的公共区必要时可设置机械通风或空调系统。高架及地面线路区间在封闭结构段和设置有封闭声屏障处，列车正常运行时，可采用自然通风保证其内部空气环境在规定标准范围内。发生阻塞时，满足通风要求。发生火灾事故时，满足防烟、排烟及事故通风要求。

通风、空调与供暖的室外空气计算温度、相对湿度及其他规定可参考现行国家标准《民用建筑供暖通风与空调设计规范》(GB 50736)和《工业建筑供暖通风与空气调节设计规范》(GB 50019)的有关内容。

采用自然通风的车站公共区通风开口有效面积不宜小于该场所面积的5%，且最低不小于 2%。当站厅公共区自然通风不满足上述有效面积的规定时，宜设置自然通风与机械通风相结合的通风系统。

站厅的公共区采用通风系统时，站厅内的夏季计算温度不超过室外计算温度 3℃，且最高不超过 35℃。

站厅公共区设置空调系统时可参考以下内容。

①站厅内的夏季计算温度不超过 30℃，相对湿度不大于 70%；

②站厅通向站台的楼梯口、扶梯口处及出入口宜设置风幕。

地面变电所宜采用自然通风降温，当自然通风不能达到设备对环境要求时，采用机械排风、自然进风的方式，严寒及寒冷地区的进风可设置风量调节措施。

对于最冷月份室外平均温度低于－10℃的寒冷地区，车站的站台不设供暖装置，站厅宜设供暖系统，其他地区的高架及地面车站的站厅、站台可不设置供暖系统。热源采用附近热网，无条件时可采用无污染的热源。

当站厅设供暖系统时，其厅内的设计温度不低于12℃，站厅的出入口和站厅通向站台的楼梯口、扶梯口设热风幕。

车站热水供暖系统管线不穿越变电所与配电室，穿越其他电气设备房间时可采取防止管道漏水的措施。

车站管理用房根据当地的气象条件设置通风、空调与供暖装置。车站设备用房根据工艺要求设置通风、空调与供暖装置，设计温度按工艺要求确定。

车站设备与管理用房设置空调系统时，宜采用多联机空调系统；设备用房与管理用房的多联机空调系统分别独立设置。

14.3 地 下 线 路

跨座式单轨地下线路主要分为：地下车站、地下设备与管理用房、地下区间、风亭和风道及风井四个部分。

1. 地下车站

地下车站的空气直接从大气接入，直接通过排风口排出到地面。且可不设供暖系统。室内外空气的计算温度与相对湿度可参考现行国家标准《地铁设计规范》(GB 50157)的有关内容。

采用通风系统开式运行时，空调季节人员新风量按≥12.6 m^3/(h·人)计算，且空调系统新风量不小于总风量的10%。非空调季节新风量按≥30 m^3/(h·人)计算，且保证车站内换气次数不小于5次/h。地下车站内的 CO_2 浓度小于1.5%，地下车站空气中可吸入颗粒物的日平均浓度小于0.15 mg/m^3。

站厅与站台厅的瞬时风速不宜大于5 m/s。地下车站通风与空调系统某一区域失效时，站厅与站台的温度不高于35℃。

地下车站的出入口通道和长通道连续长度大于60 m时，采取通风或空调降温措施。地下车站的出入口通道采取通风或空调降温措施时，内部空气计算温度可高于站厅空气计算温度2℃。地下车站的长通道采取通风或空调降温措施时，与站厅衔接的长通道的内部空气计算温度宜与站厅空气计算温度相同,只与站台衔接的长通道的内部空气计算温度宜与站台空气计算温度相同;相对湿度均不大于70%。

2. 地下设备与管理用房

地下车站的各类用房采用自然排风方式,可开启外窗的面积不小于公共区面积的2%,排风直接排出地面。

地下牵引变电所、降压变电所采用自然排风方式,设置机械通风系统。通风量按排除余热量计算。当余热量很大,采用机械通风系统技术经济性不合理时,可设置冷风系统。

厕所设置独立的机械排风和自然进风系统,排出的气体直接排出地面。

采用气体灭火的房间设置机械通风系统,当发生火灾时,排除烟气,保证站台到楼梯口的风速不小于1.5 m/s。

地下车站设备与管理用房的室内外空气提供合适的温、湿度条件或通风换气次数,参照现行国家标准的有关内容。

地下车站设备与管理用房内空气中的可吸入颗粒物的日平均浓度小于0.15 mg/m^3。

通风及空调机房内噪声不得超过90 dB(A)。通风、空调设备传至各房间内噪声不得超过60 dB(A)。隧道通风机需要风量较大,而压头较低。一般风量为40~90 m^3/s、风压为800~1 200 Pa左右。同时有正风和反风的要求,多为轴流风机。

3. 地下区间

地下区间正常通风可采用活塞通风,当活塞通风不能满足排除余热要求或布置活塞通风道有困难时,可设置机械通风系统。

地下区间通风系统的新风进风采用自然排风方式,排风直接排出地面。

在设计隧道通风系统,以地下车站有效中心线为界,轨道上方分设四条排热风道,排热风口与列车空调冷凝器位置相对应,轨道下方设置排热风口,风口均匀布置,在站厅层两端设排热风机,轨行区热量由排热风机通过风道排至室外。

保证隧道正常运行时,隧道内最热月的日最高平均空气温度小于40℃;阻塞运行时,列车空调冷凝器周围空气温度小于45℃;火灾发生时,提供乘客疏散迎面风速大于火灾事发点的临界风速。

4. 风亭、风道和风井

正常情况下,通风道和风井的风速不宜大于8 m/s,风亭侧面百叶窗风口的迎面风速不宜大于 4 m/s,风亭顶面隔栅风口的风速不宜大于 6 m/s。噪声可参考现行国家标准《声环境质量标准》(GB 3096)的有关内容。

14.4 空调冷源及水系统

1. 空调冷源

空调系统的冷源宜采用自然冷源,当无条件采用自然冷源时,可采用电动压缩式空调冷源设备。水冷冷水机是采用双螺杆式水冷冷水机组和绿色环保制冷剂,为空调系统提供冷源的冷水机组。但不宜采用直接燃烧型吸收式冷水机组。

双螺杆式冷水机组兼容车站公共区空调冷源和车站设备管理用房冷源。鉴于车站客流量不断变化,室外新风参数不断变化,因此双螺杆式冷水机组需调台运作或部分负载运作,冷水机组开停机要求如下。

(1)开冷却水泵→开冷却塔→开冷冻水泵→开冷水机组。

(2)关冷水机组→关冷却塔→关冷却水泵→关(或延时关)冷冻水泵。

制冷机房内制冷机组的选用不宜少于 2 台,机房专用空调机组使用绿色环保制冷剂,为保证通信、信号等有湿度和温度控制要求的机房提供冷源的机组。

2. 冷冻水系统

冷冻水系统由双螺杆式冷水机组、冷冻水泵、冷却水泵、横流式冷却塔、定压补水装置、水管、压差旁通阀、电动二通阀、蝶阀、电动蝶阀、过滤器、消声止回阀、水处理器等组成,分为空调冷冻水、空调冷却水和定压补水三大部分。系统为组合式空调器、吊(卧)式空气处理机、风机盘管等空调末端提供冷冻水。

空调冷冻水系统采用定流量系统,在组合式空气处理机组、柜式空气处理机组、吊顶式空气处理机组、风机盘管等空调末端回水管路上设置电动二通阀,集水器和分水器间设置压差旁通控制器和旁通阀,通过压差调节流量,以满足设计要求。

空调水系统设备除横流式冷却塔设于室外,其余设备均设于地下车站设备集中端的冷水机房内。通过各种设备的组合运行,室内热量经空调末端→冷冻水→冷媒→冷却水→冷却塔散热至大气。

①空调末端冷冻水进口温度 7℃,出口温度 12℃。

②冷却塔冷却水进口温度 37℃,出口温度 32℃。

③采用水处理器的阻垢除垢率大于 97%。

双螺杆式冷水机组名义冷冻水出口温度 7℃，进口温度 12℃；名义冷却水出口温度 37℃，进口温度 32℃。

制冷机组可采用环保制冷剂，且不采用氨作为制冷剂。冷却水可循环使用，冷却水泵宜与冷水机组匹配设置，可不设置备用泵。

冷却塔可设置在通风良好的地方，并与周围环境相协调，其噪声可参考现行国家标准《声环境质量标准》(GB 3096)的有关规定。

14.5　通风与空调系统控制

通风和空调系统可根据当地的气候条件、跨座式单轨交通的热负荷情况及变化规律，制定运营模式。

高架及地面车站通风和空调系统宜设就地控制、车站控制的两级控制。

地下车站的通风和空调系统、地下区间通风系统宜设就地控制、车站控制和中央控制的三级控制。

地下车站设备与管理用房通风和空调系统宜设就地控制、车站控制的两级控制。

14.6　给 水 系 统

给水系统是车站、车辆段及区间生活、生产给水、消防给水和排水系统的总称。可采用生产及生活用水和消防用水分开的系统。车站的生产、生活给水系统宜设置为枝状管网。

给水设备分为消防给水泵、增压稳压设备及生产生活给水加压设备。其中消防给水泵分为消火栓泵和喷淋泵。消防给水增压稳压设备包括稳压泵、气压罐、控制柜及配套阀门、管道、支架、线缆等附件。生产生活给水加压设备包括管网叠压供水设备(主要包含水泵、稳流罐、压力传感器、控制柜、防负压装置及配套阀门、管道、支架、线缆等附件)。

(1)给水系统的用水量定额参考以下规定。

工作人员生活用水量为 30 L(人・班)～60 L/(人・班)，小时变化系数为 2.5～2.0。

车站公共区及出入口通道冲洗用水量为 1 L/(m^2・次)～2 L/(m^2・次)，每日冲洗按 1 次，每次时间宜按 1 h 计算。

空调冷却水系统的补充水量宜为冷却循环水量的 1%～2%。

生产用水可按工艺要求确定。

(2)给水系统的水质和防水质污染参考以下内容。

以重庆某条工程为例,全线生产废水类型主要为环城北路停车场内清洗列车的含油生产废水、设备零部件清洗废水等。生产废水处理系统具有不间断接收生产废水的功能。

经过系统设备处理后的出水水质符合《污水综合排放标准》(GB 8978—1996)的三级排放标准和环保局的监测要求。剩余污泥经脱水处理后运到经环保部门同意的地点堆埋或焚烧。

生活污(废)水经化粪池、小型隔油池等处理构筑物预处理后,就近排入市政污水管道。生产废水经小型隔油装置预处理后,设管道汇集进入污水处理站进行处理,经斜管隔油沉淀池、油水分离装置(气浮和过滤)等处理,水质达标后与生活污水一起就近排入市政污水管道。

生产用水的水质可按工艺要求确定。

(3)给水系统的水压参照以下规定。

生活用水设备和卫生器具的水压,参照现行国家标准《建筑给水排水设计规范》(GB 50015)的有关规定。生产用水的水压按工艺要求确定。

(4)给水管道布置和敷设参考以下内容。

地下车站生产、生活和消防用水的城市自来水引入管宜由风道或人行通道引入,并和车站给水系统管网相接。

依据图纸进行现场放线,并进行地下管线及地表障碍物的调查,防止盲目施工造成对原有设施的损坏。核对综合管线图,如有问题应及时协调,避免碰撞。

给排水管道所用管材、管道附件以及其他材料,进行全面检查,不得有损坏和裂纹,管材符合设计标准及规范的要求,且有合格证和出厂检验报告。给水管不穿过变电所、通信信号机房、车站控制室和配电室等房间。

管道安装前校直管道并清除内部杂物,停止安装时已安装的管道敞口封堵好。如需在镀锌管上开孔焊接时提前预制,必要时管道两端采用法兰活接,焊接后做完清理防腐再安装。不能在已安装好的镀锌管道上开孔施焊。

管道穿过伸缩缝时设置柔性短管;管道水平安装宜设 0.002~0.005 的坡度,坡向泄水装置。

车站生产及生活给水系统给水管道根据现行国家标准《建筑给水排水设计规范》(GB 50015)的有关规定采取防结露措施。寒冷及严寒地区的给水管道、消防设施及消防水池，可能结冻时，采取防冻措施。

由市政自来水管道引入车站的生活给水管设水表井及相关阀门。

站厅及站台的两端设冲洗水栓，且宜单独设置在冲洗水栓箱内。

(5)管材、附件及主要设备选型可参照以下规定。

埋地给水管道采用的管材具有耐腐蚀和能承受相应地面荷载的能力。管材可采用塑料给水管、有衬里的铸铁给水管、内外表面经可靠处理的钢管。管内壁的防腐材料，可参考现行国家有关卫生标准的要求。

室内生产、生活给水可采用钢塑复合管、铜管、薄壁不锈钢管或塑料给水管，并按照国家有关规定及生活饮用水卫生标准且耐腐蚀、安装连接方便可靠的管材。

14.7　排水系统

排水系统可分为污水排水系统、冲洗、消防废水及结构渗漏水排水系统和地下隧道出地面的洞口、敞开出入口及风口的雨水排水系统。

(1)排水量标准可参考以下内容。

生活用水排水量可按生活用水量的95%计算，小时变化系数为2.0～2.5。冲洗及消防废水排水量和用水量相同。地下结构出地面的洞口、敞开出入口和风口的排雨水量按汇水面积及当地50年一遇的暴雨强度计算。地下结构渗水量按结构设计渗水量确定。

生产排水量按工艺要求确定。

(2)排水系统的排水泵，又称潜水泵、排水泵，设于车站、停车场，需要将污、废水提升排放的排水泵。可按现行国家标准《地铁设计规范》(GB 50157)的有关规定设置。

(3)高架及地面车站屋面雨水按10年一遇暴雨强度进行计算，集流时间为5～10 min。排水工程与溢流设施的总排水能力不小于50年暴雨强度重现期的雨水量。

(4)地下车站站厅层及侧式站台层公共区、设备区靠结构外墙处宜设排水沟，每隔30～50 m宜设一个DN50～DN100的地漏，排水立管接入线路排水沟。

(5)高架及地面车站的污水、废水和雨水宜按重力流方式排入城市污水及雨水排水系统。设置于地面的道岔平台，有排水措施，并按重力流方式排入城市雨水排水系统。

(6)当污水沿城市污水排水系统可排入污水处理场时,宜设化粪池。

(7)主排水泵站、洞口排水泵站、车站排水泵站的排水泵宜于地面设压力窨井,由压力窨井泄压后再排入城市排水管道。洞口排水泵站宜设 2～3 根压力排水管,其他泵站(房)宜设 1～2 根压力排水管。

(8)排水管道管材选择可参考以下规定。

①重力流排水宜采用阻燃型建筑塑料排水管及管件或柔性接口机制排水铸铁管及相应管件。

②压力排水管道宜采用钢塑复合管或热镀锌钢管,虹吸压力流排水管宜采用承压塑料管或不锈钢管。

③室外埋地排水管宜采用埋地排水塑料管。

14.8 车辆基地给排水及消防系统

车辆基地及停车场给水用水量定额参考现行国家标准《建筑给排水设计规范》(GB 50015)的有关规定。消防用水量可参考国家标准《消防给水及消火栓系统技术规范》(GB 50974)的有关规定。

1. 车辆基地给排水

(1)给水系统及给水设施可参考以下内容。

车辆基地及停车场生产、生活给水系统和消防给水系统分开设置。当城市自来水供水量和供水压力不能满足生产、生活用水要求时,可设加压泵和蓄水池,给水加压设备宜采用变频调速或叠压供水装置。

室内生产、生活给水采用钢塑复合管、铜管或薄壁不锈钢管、塑料给水管,并符合国家有关规定及生活饮用水卫生标准且耐腐蚀、安装连接方便可靠的管材。

室外给水管宜采用胶圈接口的球墨铸铁管或塑料给水管,变坡最高点设排气阀,最低点设泄水阀。

当车辆基地及停车场设有雨水回用系统时,冲洗厕所、场坪绿化及路面洒水均可利用该系统供水。

(2)排水量定额参考以下规定。

①生活排水量按用水量的 90%～95%确定。

②生产用水排水量按工艺要求确定。

③冲洗和消防废水排水量和用水量要相同。

(3)排水系统及排水设施设置可参考以下规定。

车辆基地及停车场运用库、检修库、高层建筑等屋面雨水按照10年一遇暴雨强度进行计算,排水工程与溢流设施的总排水能力不小于50年暴雨重现期的雨水量;其他建筑屋面雨水按照2～5年一遇暴雨强度进行计算,排水工程与溢流设施的总排水能力不小于10年暴雨重现期的雨水量。

运用库、检修库等大型库房的屋面雨水排水宜采用满管压力流排水系统,其他屋面雨水排水宜采用重力流排水系统。

车辆基地的停车列检库、检修库、试车线的检修坑和电缆沟、人行地道等低洼处,有排水措施。车辆基地及停车场食堂排水可设隔油池。

室内重力流排水管宜采用阻燃型建筑塑料排水管及相应管件,虹吸压力流排水管宜采用承压塑料管或不锈钢管及相应管件。室外排水管宜采用塑料排水管或钢筋混凝土排水管。

车辆基地及停车场有条件时宜设置雨水收集和利用设施。

车辆基地及停车场室外给排水及消防管道下穿线路时,在轨道梁下设置管沟。

2. 消防系统

消火栓系统设于各车站、停车场内,自动喷水灭火系统设于地下车站的站台公共区、停车场综合楼。主要包括消火栓及箱、消防泵、生产生活给水泵及其控制系统。消防除满足本工程要求外,还需满足人防工程的要求。全线均设有给排水及消防设备系统。消防管道见图14-1。

图14-1 消防管道

各地下车站及停车场除设置消火栓灭火系统、自动喷水灭火系统外,并辅以安全可靠的灭火器装置,以快速有效地扑灭各类火灾。

各高架车站除设置消火栓灭火系统外,并辅以安全可靠的灭火器装置,以便快速有效地扑灭各类火灾。

给排水消防设备需安全可靠、性能稳定、技术先进、经久耐用、规格标准、低噪节能,便于安装调试与运营维护,设备和材料的性能、规格、尺寸等均满足设计要求。

14.9 排水设备配置与监控

生产及生活给水设备设自动控制、就地控制两种控制方式,并在车站控制室显示运行、手动/自动及故障等状态信息。

排水设备在车站控制室显示设备运行、手动/自动、故障等状态及液位信息,排水泵采用液位自动控制、就地控制两种控制方式。地下车站和区间主排水泵和洞口排水泵的配置及监控可参考现行国家标准《地铁设计规范》(GB 50157)的有关规定。

14.10 其　　他

控制中心、车辆基地及停车场、主变电所等地面相关建筑的通风、空调与供暖系统的设计在满足工艺要求的前提下,可参照地面建筑现行有关规范的内容。

跨座式单轨交通在地面的其他建筑的通风、空调与供暖系统的设计方案可根据建筑物的用途、功能、使用要求和设备运行需求等,结合国家有关安全、环保、节能等方针、政策,通过综合技术经济比较确定。

第十五章　车站其他机电设备

15.1　自动扶梯、电梯

1. 自动扶梯

(1)自动扶梯系统构成

自动扶梯作为城市轨道交通车站直接面向乘客服务的机电一体化设备由梯路(变型的板式输送机)和两旁的扶手(变形的带式输送机)组成。

自动扶梯的外形与一般的楼梯相仿,有一定倾角,自动运送人员上下,安装在不同高程的公共场合。其主要部件有梯级、牵引链条及链轮、导轨系统、主传动系统(包括电动机、减速装置、制动器及中间传动环节等)驱动主轴、梯路张紧装置、扶手系统、梳板、扶梯骨架和电气系统等。

梯级在乘客入口处作水平运动(方便乘客登梯)以后逐渐形成阶梯,接近入口处阶梯逐渐消失,梯级再度作水平运动。这些运动都是由梯级主轮、辅轮分别沿不同的梯级导轨行走来实现的。自动扶梯现场实物见图 15-1。

图 15-1　自动扶梯

(2)自动扶梯系统基本内容

扶梯的出入口设计为有盖出入口。自动扶梯的设置标准根据总体国标内容进行,分期建设的扶梯预留位置。

自动扶梯基本参数:运行速度 0.65 m/s,倾斜角度 30°;设计最大通过能力不大于 7 300 人/h。自动扶梯穿过楼板处,沿洞口设置高度不小于 1 200 mm 的通透栏杆或透明栏板。

自动扶梯桁架下是三角形空间的,则可设计成封闭式房间。如站内扶梯桁架下是斜坡,而不是三角形空间的情况,这是为了节省站内空间。

出入口扶梯在桁架底部留有清扫维护通道,通道踏面至自动扶梯桁架底部垂直距离不少于 1.7 m,通道可设有供检修人员出入的人孔,人孔可选在与扶梯并列布置的步行楼梯中间平台处,人孔至扶梯桁架底设联络通道。若自动扶梯下部空间受限制,清扫维护通道可设置在两并列扶梯之间;单台扶梯配置时,通道配置在靠墙一侧或靠步行楼梯一侧步行梯级之下。通道宽不小于 600 mm,此时通道踏步至扶梯扶手带处水平外包板净空高度不小于 1.7 m。并且还要求自动扶梯倾斜部分桁架底部至地坑之间的垂直距离不少于 700 mm。

自动扶梯水平板上面不允许加装护栏,建筑专业自行考虑护栏的安装方式。

扶梯所在位置要避开变形缝,如确实无法避免,必须提前跟扶梯专业沟通,且向扶梯专业提供变形缝的位置、水平变形量和沉降变形量的范围。

紧急情况下,自动扶梯的运营模式为:车站内下行自动扶梯停止;上行的自动扶梯可继续向上运转;出入口的自动扶梯全部停止。因此各车站设计工点在验算紧急情况下车站是否满足事故疏散时间时,必须按上述的方式计算自动扶梯的通过能力,而不能笼统地假设所有扶梯均按上行来计算。

(3)扶梯提升高度的计算

自动扶梯的提升高度 H 是与扶梯上端部踏板相连接处装修后地面的绝对高程和与扶梯下端部踏板相连接处装修后地面的绝对高程之差。由于车站有坡度,因此自动扶梯的提升高度并不是层高。自动扶梯的提升高度 H 通过作图实际得出,现在提供计算公式作为参考。

当扶梯顺坡布置时:

$$H_2=[(L_{平上}+L_{平下})\times\sin\alpha+H_1]/[2\times\sin(30°-\alpha)] \quad (15\text{-}1)$$

$$L=(L_{平上}+L_{平下})+1.732\times H_2 \quad (15\text{-}2)$$

式中 H_1——车站层高;

H_2——扶梯的提升高度;

L——扶梯井道全长;

α——arctan(2/1 000),arctan(2/1 000)表示车站为 2‰的坡度;当不同坡度时,α 值不同;当坡度为零时,扶梯提升高度等于层高。

当扶梯逆坡布置时：

$$H_2=[H_1-(L_{平上}+L_{平下})\times\sin\alpha]/[2\times\sin(30^\circ+\alpha)] \tag{15-3}$$

$$L=(L_{平上}+L_{平下})+1.732\times H_2 \tag{15-4}$$

式中　H_1——车站层高；

H_2——扶梯的提升高度；

L——扶梯井道全长；

α——arctan(2/1 000)，arctan(2/1 000)表示车站为 2‰的坡度，当不同坡度时，α 值不同；当坡度为零时，扶梯提升高度等于层高。

当 $H\leqslant 15$ m 时，$(L_{平上}+L_{平下})=9\ 400$；

当 $H>15$ m 时，$(L_{平上}+L_{平下})=10\ 150$。

2. 电梯

(1)电梯系统构成

电梯根据驱动技术分为曳引驱动、强制驱动及液压驱动等多种驱动类型，基于安全性与节能效率，目前应用最为普遍的是曳引驱动电梯。电梯的结构包括四大空间和其对应的各个系统。电梯现场实物见图 15-2。

图 15-2　电梯

①机房

a. 曳引机：曳引机由电动机、制动联轴器、制动器、减速器、曳引轮、底座、光电码盘等零件组成，主要功能是拖动电梯的升降。

b. 曳引钢丝绳及端接装置：主要用于承受电梯的悬挂重量及反复拉伸。

c. 导向轮和反绳轮：主要用于将轿厢曳引到相应的曳引机或承重梁上。

d. 控制柜：用于控制接触器、继电器、电容等供电设备的数据控制。

e. 限速器：用于控制电梯速度的保护装置。

②井道及地坑

a. 导轨：对电梯轿厢进行定向地导向。

b. 导靴：配合导轨使用，让轿厢能够沿着导轨方向进行定向移动。

c. 缓冲器：当电梯突然失重时，能保护轿厢的掉落速度得到一定的缓冲。

d. 随行电缆：连接所有开关信号、机房控制柜、轿内按钮的连接装置。

③轿厢

a. 轿厢架:主要用于承重厢体。

b. 轿厢操作箱:含有操作盘、楼层显示器等设置,主要供乘客使用。

c. 安全铣:配合限速器一起限制电梯急速下降的速度。

d. 超载与称载装置:限制电梯内的超载。

④层站

a. 层门:供乘客方便地进出电梯。

b. 梯层显示器:显示楼层数。

c. 层站呼梯按钮:供乘客指示上下梯。

(2)电梯的基本内容

在车站付费区内,岛式站台至站厅层设置一部电梯,侧式站台每侧设置一部电梯,电梯选用无机房透明电梯。地下站有一个出入口设置一部垂直电梯。站内电梯井道可选用透明或不透明,并优先选用透明井道。

出地面电梯井道只采用不透明井道,厅门前设置候梯厅,其出地面造型及装修由建筑根据周边环境设计,通风孔处装修满足通风和防止雨水进入井道的要求。

车站站内电梯可选用载重 1 t 的透明电梯或不透明电梯,两种类型的电梯井道尺寸如下:①透明电梯井道 2 800 mm×2 400 mm(宽×深);②不透明电梯井道 2 500 mm×2 000 mm(宽×深);③不透明贯通电梯井道 2 530 mm×2 500 mm(宽×深)。

根据规范要求,载重 1 t 的电梯厅门离前方障碍物的距离(即候梯厅)不得小于 2.1 m。载重 1.35 t 的电梯厅门离前方障碍物的距离(即候梯厅)不得小于 2.8 m。

电梯井道要求密封,不能通过与电梯无关的电缆、水电管道,但可留有防灾、通风、维修等功能性的开孔。电梯底坑下面尽量不要设置在人们能到达的空间下面(即底坑不可悬空),如确有该种空间存在,必须进行封闭或提前与扶梯专业沟通。

根据规范要求,当电梯相邻两层门地坎间的距离大于 11 m 时,其间设置井道安全门,以确保相邻地坎间的距离不大于 11 m;土建专业预留井道安全门的安装空间,预留门洞尺寸为 2 000 mm(高)×450 mm(宽)。

出地面电梯布置与出入口结合,设置候梯厅,形式及风格由建筑总体统一考虑,考虑与周边环境协调一致。出地面电梯可根据与出入口结合形式选择载重 1.35 t 的贯通门电梯或 1 t 的非贯通门电梯方案。

出地面电梯的地面层厅门(此处指候梯厅门)的高程高于车站室外高程，避免雨水反灌，候梯厅与室外高差采用残疾人坡道连接。井道边缘装修层采用防水砂浆做包边处理，以避免水由装修层渗入电梯底坑。

电梯编号原则：电梯编号为 $H_a/b(N)$或(K_X)。

其中　H——电梯；

a——车站编号；

b——电梯的顺序号；

N——表示站内电梯；

K_X——K 为出入口电梯，X 为土建出入口编号(如 1 号出入口，则为 K_1)。

①对低压配电与照明专业的要求

电梯设有可靠电源，按二级负荷设计，为了保证电梯火灾时完成相关指令功能，要求火灾情况下供给电梯的电源不能断电。

每台电梯的供电电源：交流 380 V，三相四线制＋PE 线(即采用 TN-S 接地保护)，50 Hz。车站无机房电梯装机功率暂按 $P=15$ kW/台。

②动力照明专业需设电梯配电箱

a. 站内无机房电梯

动力照明专业将电源电缆引至每台电梯最高层井道层门处，并预留 10 m 的电缆。

b. 出地面无机房电梯

动力照明专业将电源电缆引至每台电梯站厅层井道层门天花吊顶处，并预留 10 m 的电缆。

③对给排水专业的要求

出入口的电梯基坑附近设置集水井，且集水井与基坑相连。

站台至站厅的电梯基坑设置排水设施，保证基坑不能积水。

3. 自动扶梯系统功能

轨道交通工程电扶梯系统是完成地面至站厅、站厅至站台和车站商场来往乘客的主要运送工具。自动扶梯安装在车站内和出入口，要求电扶梯安全、可靠，能在公共交通的环境条件和载荷条件下长期工作，是轨道交通系统的一个重要组成部分。

15.2　安全门/屏蔽门

安全门/屏蔽门是指在站台上以玻璃幕墙的方式包围单轨列车站台与列车

上落空间。列车到达时，再开启玻璃幕墙上电动门供乘客上下列车。

屏蔽门主要有两种类型，一类屏蔽门是全立面玻璃隔墙和活动门，沿车站站台边缘和站台两端头设置，把站台乘客候车区与列车进站停靠区域分隔开，属于全封闭型。另一类屏蔽门系统是一道上不封顶的玻璃隔墙和滑动门或不锈钢篱笆门，属于半封闭型。现场实物见图15-3。

图15-3　安全门/屏蔽门

1. 安全门/屏蔽门系统构成

(1)门体结构：安全门主要由门框结构、固定门、滑动门、广告灯箱门、司机门及端门等组成；屏蔽门主要由顶箱、门框结构、顶梁、立柱和滑动门、应急门、端门、固定门等部件组成。

(2)门机结构：主要分项包括驱动电机、减速装置、传动装置、导轨与滑动托板、行程开关及锁紧解锁装置等构成。

(3)电源系统：安全门/屏蔽门系统的供电电源为一级负荷。备用电源的容量能使安全门/屏蔽门控制在1 h内对每侧滑动门开/关操作5次。

(4)控制系统：主要分项包括中央接口盘(PSC)、就地控制盘(PSL)、门控系统(DCU)、通信介质及通信接口等构成。

安全门/屏蔽门控制系统有系统级控制、站台级控制和手动操作三级控制方式。三种控制方式中，手动操作优先级最高，系统级最低。此外，在车控室设有手动紧急控制模式。

安全门门体结构采用双层玻璃形式。每侧安全门长度约89 380 mm；屏蔽门长度约114 062 mm。每侧安全门活动门数量为12道；屏蔽门活动门数量为6道。活动门净高度，安全门：1 400 mm；屏蔽门：2 000 mm。活动门净开门宽度，安全门/屏蔽门：2 000 mm。门体总高度，安全门：1 500 mm；屏蔽门：3 600 mm。

活动门、应急门及司机门解锁后的人工开启力≤150 N。

2. 安全门/屏蔽门的基本内容

每座车站的每侧站台边缘设置屏蔽门，安全门/屏蔽门以有效站台中心线为中心向站台两边对称布置，屏蔽门纵向组合总长暂定为 114 140 mm(由于车辆暂未招标，屏蔽门总长度为暂定值，根据具体车型再提供)。

安全门/屏蔽门布置范围内及屏蔽门设备房内不可设置任何形式的横向变形缝。如确实无法避免，必须提前与屏蔽门专业沟通，并提供设置变形缝的位置和水平变形量和沉降变形量的范围，变形缝需避开滑动门位置。

标注安全门/屏蔽门起点里程、终点里程(小里程端为起点里程，大里程端为终点里程)，若屏蔽门长度范围内站台边缘存在限界加宽，可标注限界加宽点的里程。

安全门/屏蔽门门体与建筑物体(包括吊顶等金属物体)之间的距离不小于 50 mm。

3. 安全门/屏蔽门一般要求

端门单元由活动门及固定门组成，其总宽度为 2 500 mm，其中活动门开门净宽度不小于 1 100 mm，端门开启的范围内不能设其他设备或管线。端门与设备房外墙(端门构造柱)之间砌砖及 20 mm 间隙的绝缘密封由车站装修专业负责。端门位置设置有结构柱及顶梁，其中顶梁底部高程为 3 100 mm。

屏蔽门系统需设置站台顶梁，顶梁底部高程为 3 000 mm、宽为 250 mm，净高大于等于 350 mm。在顶梁内设有预埋件，预埋件的布置及结构暂时按要求进行设计，车辆资料稳定后再下发最终的布置图。

站台板采用预留孔洞的形式，以便屏蔽门门槛的安装，预留孔洞的布置及形式按要求进行设计，车辆资料稳定后再下发最终的布置图。

站台装修完成面与屏蔽门门槛面处于同一平面上，距离站台边缘和端门前部 1 500 mm 的范围内不能敷设盲导带，以保证屏蔽门应急门、端门可以顺利打开。

安全门/屏蔽门对车站顶梁及车站站台板的垂直负载按 4 000 N/m^2 设计，水平负载按 2 500 N/m^2，作用方式为集中力。

在安全门/屏蔽门起点、终点里程位置处设备房的布置可满足以下要求。

①若参数 A 大于 2 500 mm，则站台范围内设备房外墙装修完成面与站台边的距离 B 不小于 3 000 mm。

②如果不能保证 B 大于或等于 3 000 mm，需调整设备房的布置，使设备房不超出屏蔽门端门 2 500 mm，即参数 A 小于 2 500 mm。

③若参数 B 小于 3 000 mm，在安全门/屏蔽门应急门设置区域附近，预留净宽度不小于 2 000 mm 的横向通道，来作为应急疏散时的疏散通道，且保证参数 A 小于或等于 2 500 mm。

端门单元宽度全线统一按照 2 500 mm 的宽度进行设计，若设备墙体至站台边缘大于 2 500 mm，构造柱与端门单元之间的间隙由建筑装修专业封堵。

4. 安全门/屏蔽门系统功能

安全门系统和屏蔽门系统主要是为了行车、人身安全及地下站的通风、空调系统两方面的要求而设置。安全门为地面站及高架站使用，采用半高的玻璃门使站台和轨道隔离，保证行车的安全。屏蔽门为地下站采用，采用隧道和站台全封闭结构，当站台侧或轨道侧发生火灾时，屏蔽门可隔绝火势及浓烟由轨道侵入站台或由站台延烧至轨道，增加乘客的疏散时间。

15.3 自动售检票

自动售检票系统是融合计算机技术、信息收集和处理技术、机械制造于一体的自动化售票、检票系统，具有很强的智能化功能。该系统建设的主要目的是解决自动售票、检票，提供更为灵活的收费方式和票务管理手段。

1. 自动售检票系统构成

(1)自动售检票系统网络在规划上根据功能由低到高分为五个层面，见图 15-4。

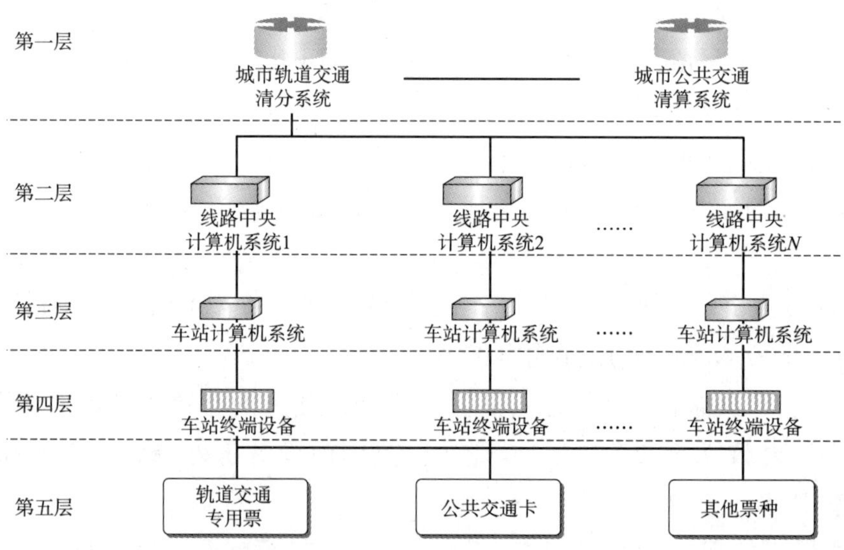

图 15-4 自动售检票系统功能分层

①第一层为轨道交通清分中心系统和其他行业收费清算中心系统组成的清分清算层。

②第二层为由线路中央计算机系统组成的中央层。

③第三层为由车站计算机系统组成的车站层。

④第四层为车站终端设备层。

⑤第五层是车票层。

(2)AFC 系统总体架构构成内容。车站 AFC 系统架构见图 15-5。

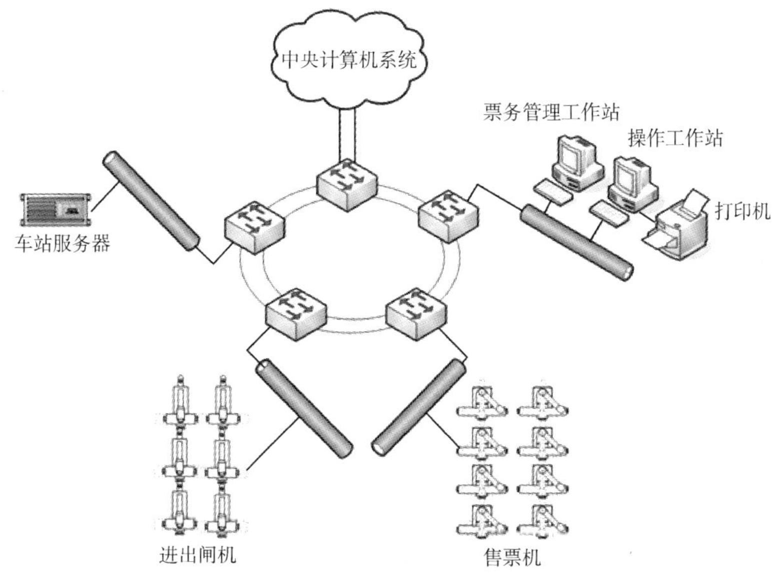

图 15-5　车站 AFC 系统架构图

①城市通卡收费系统清算中心系统

城市通卡收费系统清算中心系统的职责是负责其他行业收费卡的发行与管理、其他行业收费卡交易数据收集与资金清算、其他行业收费卡参数与黑名单管理等。

②轨道交通清分中心系统

轨道交通清分中心系统的职责是负责轨道交通专用车票的发行与管理，轨道交通交易数据的收集，轨道交通线路间的车票和票务清分、资金清算，轨道交通专用票黑名单管理和参数管理。轨道交通清分中心将其他行业收费卡交易数据转发到其他行业收费清算中心系统，并与其他行业收费清算中心对账，接受其资金结算。

③中央计算机系统

中央计算机系统是各线路的自动售检票系统的管理与控制中心，负责全线路的以下内容。

a. 权限管理：管理整个系统使用人员的权限。

b. 数据采集与存储：运营数据，交易数据卡初始化与库存管理。

c. 票务管理：管理票卡使用流程，制定票价策略，监督票卡使用，制定黑名单等。

d. 运营管理：运营注册，参数配置，设备维护调度、维修（维护中心）等。

e. 收益管理：账务统计、交易稽核和异常数据处理。

f. 运营分析：卡、客流、财务等方面的统计与分析。

g. 提供对外信息交换：如 ACC 或一卡通和银行。

h. 车票编码/分拣和与清分系统的资金结算。

④车站计算机系统

车站计算机系统是车站级控制层，负责车站级的内容如下。数据采集与存储：运营数据、交易数据。票务管理：售票员结算、卡与现金管理。运营监管：设备监控、设备管理等。设备维护：参与设备的日常维护。

⑤车站终端层

车站终端层由自动售票机、半自动售/补票机、进出站检票机等终端设备组成，分别完成售票、检票、验票和补票功能。可以独立工作，孤岛运营，并能处理特定的业务，与上级（中心、车站）进行数据交换。

⑥车票

乘客进站和出站的凭证，车票主要类型有单程票、其他行业收费卡及其他票卡，均采用非接触式 IC 卡。

2. 自动售检票系统功能

自动售检票系统，简称 AFC，是实现轨道交通售票、检票、计费、收费、统计、清分、管理等全过程的自动处理。采用非接触式 IC 卡作为电子车票信息存储、传递介质，实现封闭式的票务管理。自动检票系统见图 15-6。

图 15-6 自动检票系统

15.4　无障碍设施

跨座式单轨车站为了方便需要特别照顾的旅客的乘车需求，参照相关的规定，设置以下设施。

车站无障碍设施可采用垂直电梯、轮椅升降台、斜坡道、导盲带或其他措施。地面车站宜采用斜坡道，地下及高架车站宜采用垂直电梯或轮椅升降台。无障碍设施的配置参照残疾人设施的统一规定。

当从站厅至站台采用垂直电梯时，可设于付费区，以供老、弱、病、孕和管理人员兼用。检票处满足该人群通行尺寸和功能。当地面直达站台层设置电梯时，可采取特殊收费措施。

列车上设不少于一处的轮椅专用位。

位于站台层上的垂直电梯其门不宜正对轨道向，也不能侵入站台计算长度内的侧站台宽度内。

导盲带可采用埋入式或后贴式。站台导盲带铺设在侧站台内侧，同时其盲带中心至柱(墙)面距离不小于 450 mm。

车站公共厕所内设无障碍厕位。

第十六章　接 口 管 理

16.1　土建与设备的接口管理

1. 供电设备与土建接口关系

参考重庆某条线路的内容，接口方是车站土建，分别对应的八个接口项目和内容如下。

(1)基础槽钢预埋

技术要求：①土建方按设计要求进行设备孔洞及预埋件施工；②结构层钢筋混凝土浇筑完毕，满足混凝土养生期的要求，其结构强度满足设备动、静(包括运输)荷载的要求，设备房内的地面装修层未施工，设备房装修地面高程与设备基础槽钢表面一致。

(2)设备运输

技术要求：土建方预留设备运输路径及孔洞(需满足最大设备运输要求)，在设备上吊位置预埋承力吊钩并出具相关报告(需满足最重设备的承重要求)。

(3)设备安装

技术要求：①墙体结构除预留运输门洞外均已砌筑完毕；②墙体水泥砂浆抹面完成，并满足其养生期的要求；③墙体上的预留孔洞符合设计要求；④除非设计要求暂缓安装外，所有门窗安装完毕。

(4)接地体

技术要求：土建方在设备层及夹层预留接地引出点(每层至少两处)，接地电阻值达到设计要求。

(5)接地干线施工

技术要求：土建方在变电所设备房和夹层 1 m 以下范围砌筑实心砖墙。

(6)电缆桥架施工

技术要求：电缆桥支架安装前，土建方将电缆夹层内的积水排除干净。

(7)电缆孔洞封堵

技术要求：电缆孔 ϕ200 mm 及以上由土建施工承包商封堵。

2. 供电线路与土建接口关系

参考重庆某条线路内容，接口方为车站土建和PC梁预制、区间高架、检修通道分别对应的接口项目内容如下。

(1)PC梁预制对应接口项目

①绝缘子预埋件的技术要求：PC梁走行面梁端部尺寸为(850±2)mm；PC梁走行面梁中间尺寸为(850±4)mm。在PC梁上绝缘子安装部位的凹陷深度确保为(60±40)mm。上预埋管距走行面的距离为(525±5)mm；上下预埋管间距为(320±5)mm，其垂直误差为±3°以内；高速区段(试车线)两相邻绝缘子固定预埋管高度误差在1/1 000以内。

②车体接地板预埋件的技术要求：车体接地板的预埋管距PC梁凹面角处的距离为(42.5±2.5)mm。

③PC梁上预留孔洞(预留位置由设计提供)的技术要求：按设计内容预留车体接地电缆孔洞。预留孔洞必须按设计要求预留，不能有倾斜、堵塞、预留孔洞不到位等缺陷。预留馈线上网电缆孔洞，不得倾斜、堵塞。

(2)车站土建对应接口项目

①车体接地极的技术要求：位于车站两端站台板下部，预埋钢板两处，与接地网连通。

②车站设备房内隔离开关柜基础预埋钢板(预埋数量及位置由设计提供)的技术要求：按设计要求预埋预留钢板，供隔离开关柜基础的安装。

③车站站台板与电缆竖井内预埋钢板(预埋数量及位置由设计提供)的技术要求：按设计要求预留预埋钢板，提供给供电线路环网系统电缆支架的固定安装。

④车站环网电缆、馈线上网直流电缆通道预留孔洞(预埋孔洞位置由设计提供)的技术要求：按设计要求在环网电缆通道路径上需要预留孔洞的地方预留环网电缆孔洞。在馈线上网直流电缆通道路径上需要预留孔洞的地方预留直流电缆孔洞。预留孔洞必须按设计要求预留，不能有预留孔洞不到位等缺陷。

⑤电缆孔洞封堵的技术要求：电缆孔 ϕ200 mm及以上由土建施工承包商封堵。

(3)区间高架对应接口项目

区间避雷器上网电缆预留孔洞的技术要求：按设计要求在桥墩上预留避雷器电缆孔洞。预留孔洞必须按设计要求预留，不能有倾斜、堵塞、预留孔洞不到位等缺陷。

(4)检修通道对应接口项目

检修通道提供供电环网系统电缆通道的技术要求:检修通道角钢开孔,便于环网电缆固定卡子的安装。

3. 通信系统与土建接口关系

参考重庆某条线路的内容,接口方为车站土建,对应的接口项目内容如下。

(1)混凝土结构楼板、结构墙体

①土建专业负责内容

按照设计要求的尺寸和位置预留混凝土结构楼板、结构墙体通信专业所需孔洞,对不满足要求的孔洞进行整改。安装完成尺寸大于 200 mm×200 mm 孔洞的封堵。

②技术要求

按照通信施工图要求的尺寸和位置进行检查和复核,对有问题的向设计、监理提出书面报告,并核实土建专业整改情况。安装完成通信专业管线,完成尺寸小于 200 mm×200 mm 孔洞的封堵。

(2)房间分隔墙

①土建专业负责的内容

按照设计要求的尺寸和位置预留房间分隔墙通信专业所需孔洞,对不满足要求的孔洞进行整改。安装完成尺寸大于 200 mm×200 mm 孔洞的封堵。

②技术要求的内容

按照设计要求的尺寸和位置预留房间分隔墙通信专业所需孔洞,对不满足要求的孔洞进行整改。安装完成尺寸小于 200 mm×200 mm 孔洞的封堵。

(3)设备房

①土建专业负责的内容

提供各房间地面高程线(装修地面高程线,如 50 线等),提供进入房间的施工作业面。墙面摸灰前 2 天内通知通信专业进行隐蔽检查。配合通信专业作好成品保护。

②技术要求

对分隔墙进行剔凿,配合土建已完成分隔墙体成品保护。按照房间高程线安装通信各种插座盒、箱盒,并临时固定。配合土建专业进行隐蔽检查确认。做好通信专业管线安装完成后的成品保护。

(4)地面管线施工

①土建专业负责的内容

提供各地面高程线(装修地面高程线,如50线等),提供施工作业面。地面浇筑前2天内通知通信专业进行隐蔽检查,配合通信专业做好成品保护。

②技术要求

按照高程线要求安装通信各种插座盒、箱盒,并固定。配合土建专业进行隐蔽检查确认。做好通信专业地面管线安装完成后的成品保护。

③有岔站站台顶部技术要求

按照设计要求摄像机吊挂件、监视器吊挂件、有岔站发车钟吊挂件的预埋,每座车站设置两个监视器、八个摄像机,有岔站设置两个发车钟,在现场条件满足的情况下,有岔站的发车钟吊挂件尽可能安装在列车出站方向的站台顶部,摄像机吊挂件安装在相应的站台顶部,监视器吊挂件安装在列车司机门的正对面。土建单位提前两天通知列车出站方向站台顶部的浇筑时间。按照通信专业设计要求完成吊挂件处模板的开孔。

4. 信号系统与土建接口关系

参考重庆某条线路的内容,接口方为车站土建、区间土建和PC梁及对应的接口项目内容如下。

(1)PC梁

PC梁侧面的技术要求:按照设计图纸要求PC梁侧面预埋计轴设备预埋件。预埋件按照设计要求的位置和标准预埋,不可有堵塞、错位等问题。

(2)车站土建

①车站站台侧的技术要求

紧急停车按钮设备固定丝杆预埋,每座车站设置四个紧急停车按钮,根据设计要求分别装在车站站台侧。按照信号专业设计要求完成预埋件处浇筑模板的开孔。土建单位提前两天通知车站站台的浇筑时间。

②车站站台顶部的技术要求

按照设计要求发车计时器设备支架丝杆预埋,每座车站设置两个发车计时器,在现场条件满足的情况下尽可能安装在列车出站方向的站台顶部。土建单位提前两天通知列车出站方向站台顶部的浇筑时间,按照信号专业设计要求完成预埋件处浇筑模板的开孔。

③设备房的技术要求

预留信号机房电缆通道及电缆出入口。土建单位提供并明确标注机房地面高程线。信号设备房墙面浇筑完成,达到设计要求的设备安装条件。土建单位配合信号专业做好成品保护。

④接地体的技术要求

信号机房、车站区间设置综合接地极。

(3)区间土建

高架桥墩的技术要求:桥墩侧面及门型墩预留天线和信号机支架及支柱安装孔。土建单位提前通知桥墩的浇筑计划。

5. 综合接地系统与土建接口关系

参考重庆某条线路,接口方为车站土建对应的接口项目内容如下。

(1)车站土建

①人工接地网和自然接地体处的技术要求:项目承包商负责人工接地网施工和引上线施工指导,土建承包商负责自然接地体(结构钢筋焊接连接)和引上线施工。

②土建基坑处的技术要求:土建承包方负责基坑中接地体沟槽开挖,本项目承包方负责人工接地网施工连接,并按土建密实度要求完成沟槽的回填。

6. 环控通风系统与土建接口关系

参考重庆某条线路,接口方环控通风系统与车站土建,各设备用房、墙体等的技术要求如下。

①混凝土体预留预埋洞不能漏丢,预留处结构位置需预留好。

②接地钢筋接地板不能埋落。

③室外墙体管道、电缆预埋洞、梁上预埋洞不能埋落。

④设备房预埋洞、风管预留洞不埋落。

⑤风机、冷水机组、水泵、组合式空调器、组合式风阀安装基础预留预埋不能漏丢。

⑥冷水机房内排水沟及清洗池不能漏留。

⑦冷水机组、组合式空调器、隧道风机等大型设备进出通道,吊装孔洞须预留。

7. 给排水及消防系统与土建接口关系

参考重庆某条线路,接口方为给排水及消防系统与车站土建,各设备用房、气灭间、墙体等的技术要求如下。

①混凝土体预留预埋洞不能漏丢,该处结构位置需预留好。

②接地钢筋接地板不能埋落。

③室外墙体管道、电缆预埋洞、梁上预埋洞不能埋落。

④设备房预埋洞、消防泵及控制柜、潜污泵泵体安装基础预留预埋不能漏丢。

⑤车站潜污泵就地控制箱挂墙，墙体需采用实心砖。

⑥气灭间泄压孔位置预留好，孔洞预留方便线槽出入，设备挂墙处墙体用实心砖。

8. 低压配电系统与土建接口关系

参考重庆某条线路，接口方为车站土建，对应的接口项目内容如下。

①预埋孔洞的技术要求

混凝土体预留预埋孔洞管道不能错漏，结构位置需预留好。低压配电专业配合。

②接地的技术要求

钢筋接地板不能埋落。

③墙体管道的技术要求

墙体管道、电缆预留洞不能错漏。抹墙前通知低压配电专业进行隐蔽检查。

④设备房间的技术要求

设备用房预留孔洞、预埋管道不能错漏，设备安装基础槽钢预留预埋不能错漏，暗装配电箱、插座预留洞的尺寸要合适，需提供给低压配电专业地面高程，门窗要安装完毕，安装配电箱处不能用空心砖砌筑。

⑤公共区的技术要求

公共区预留预埋孔洞管道不能错漏，暗装配电箱、插座预留洞的尺寸要合适。

⑥封堵的技术要求

200 mm 以上的孔洞由土建专业负责；200 mm 以下的孔洞由低压配电专业负责。

9. 道岔系统与土建接口关系

参考重庆某条线路，接口方为土建道岔平台。土建道岔平台的技术要求如下。

土建需完成安装道岔平台的浇筑，再完成道岔桥及基坑的检修通道、安全栅栏的设置及电缆沟的施工。与道岔相邻轨道梁支座基础的设计及安装要求由土建设计总承包人提供，并向道岔承包人提供支座基础尺寸。需再完成所有排水沟、电缆沟的混凝土盖板。土建施工需确保道岔设置区及道岔桥、基坑无积水，道岔桥及基坑面有2‰的泄水坡度。

10. 电扶梯系统与土建接口关系

参考重庆某条线路、接口方为车站土建，对应的接口项目内容如下。

①扶梯的技术要求

预留扶梯安装时需要的吊装孔直径100 mm(或吊挂环采用直径30 mm的钢筋同时与建筑主钢筋焊接)，位置处于上下端部与扶梯长度中心交汇处。在扶梯的安装上端部要预埋直径70 mm的钢管。位置于上端部楼层面扶梯长度方向中心位置向下300 mm处。扶梯上下安装端部位置和中间支撑均为钢筋混凝土结构，预埋钢板组件。扶梯如有底坑时进行防水处理，室外型扶梯底坑时设置排水孔。

②电梯技术要求

土建专业按照图纸要求预留井道及相关预埋件，严格按照图纸要求控制井道尺寸。

11. 综合监控系统与土建接口关系

参考重庆某条线路，接口方为综合监控系统与车站土建，设备区机房、配电房隔墙，弱电间的隔墙，残疾人电梯井侧墙，车站站厅，供电信号控制室，环控电控室，出入通道门的技术要求如下。

设备机房、配电房隔墙采用实心砖，以方便各种壁挂箱的安装；在弱电间的隔墙预留孔洞，方便线槽出入。在残疾人电梯井侧墙预埋一根钢管，利于控制电缆的敷设；统筹安排各安装单位的材料堆放及加工场地。在供电信号控制室预留PSCADA控制柜的基础和安装槽钢；在左右端环控电控室预留BAS控制柜的基础和安装槽钢。在出入通道门及门框中预留ACS管线通道，提供各房间及地面高程线(装修完成面高程线)，墙面抹灰及地面浇筑前两天通知进行隐蔽检查。

12. 屏蔽门系统与土建接口关系

参考重庆某条线路，接口方为屏蔽门系统与车站土建，车站站台的技术要求如下。

进场前提交各站控制的三维坐标点，站台层基础安装站台边缘按设计要求浇灌完成并检验合格。站台层上部支撑梁H型钢梁按设计要求精调验收，PC梁按设计要求精调并检验合格。

13. 自动售检票系统与土建接口关系

参考重庆某条线路，接口方为自动售检票系统与车站土建，设备间、墙面等的技术要求如下。

墙面AP箱预留孔洞、墙面线槽预留尺寸规格须严格按照图纸进行预留，不要有移位。设备房间内AFC用穿墙孔洞、吊顶穿墙孔洞预留，提供设备房内找平层浇筑时间，有静电地板的房间地面需弹出网格线。

14. 设备系统与出入口通道接口关系

参考重庆某条线路，接口方为车站土建、设备专业，各专业进站管线由出入口人行天桥引入的技术要求：按设计要求，各专业协调安装管线。

16.2 设备与设备接口管理

1. 供电设备系统与其他系统间接口关系

参考重庆某条线路，接口方为环网系统、接触网系统、电力监控系统、低压配电系统，对应的接口位置内容如下。

(1)环网系统

变电所的35 kV进出线开关柜出线电缆端头和二次接口柜的端子排处的接口实施分工内容如下。

①变电所系统责任：变电所内电缆桥/支架制作及安装，负责开关柜35 kV电缆终端头的制作安装，预留保护电缆的接入条件。配合供电系统进行35 kV电缆敷设及试验，负责二次设备的联调。

②供电系统责任：负责35 kV环网电缆在所内的敷设。负责保护电缆在所内敷设及在接口柜内的制作安装，配合二次设备的联调。

(2)接触网系统

接触网隔离开关柜的一次接线端子的接口实施分工内容如下。

①变电所系统责任：从变电所至隔离开关柜的电缆敷设、连接。

②接触网系统责任：配合变电所系统的电缆敷设和连接工作。负责隔离开关柜的安装和隔离开关柜至接触网间的上网电缆的连接。

(3)电力监控系统

综合自动化系统各间隔层设备的通信接口端子排上的接口实施分工的接口实施分工内容如下。

①变电所系统责任：所内所有电缆桥/支架制作、安装，变电所综合自动化设备至所内其他设备间的电缆敷设及连接。配合变电所综合自动化设备的安装、调试以及联调，设备电缆孔洞封堵。

②电力监控系统责任：变电所综合自动化设备的安装和电缆连接，设备调试、联调。

(4)低压配电系统

①0.4 kV 开关柜馈出开关下桩头的接口实施分工内容

0.4 kV 开关柜馈线电缆及以下车站低压配电专业包(不含区间低压配电、区间排水泵房、降压变电所交直流屏的馈线电缆及以下部分)。变电所专业与车站低压配电专业协调保护配合。

②交流、直流屏馈出开关下桩头的接口实施分工内容

交流屏馈线电缆(电线)及变电所内照明、维修箱属车站低压配电专业。

③供电所、变电所系统安装电缆桥架、电缆支架分界的接口实施分工内容

变电所电缆夹层内的电缆桥架及电缆支架(含该部分电缆支架上的接地扁钢敷设)由变电所专业负责，车站低压配电专业电缆负责本专业电缆的敷设。

④接地预留钢板的接口实施分工

车站综合接地网、变电所设备层及电缆夹层的接地预留钢板由车站低压配电专业负责实施。变电所所内接地由变电所专业自行制作。

⑤降压变电所 0.4 kV 开关柜馈出开关下桩头的接口实施分工内容

0.4 kV 开关柜馈线电缆及以下区间低压配电专业设计。不含降压变电所交直流屏的馈线电缆及以下部分。变电所专业与区间低压配电专业协调保护配合。

2. 供电线路系统(环网)与其他系统接口关系

参考重庆某条线路，接口方为变电主所、变电所、低压配电系统，对应的接口位置内容如下。

(1)变电主所

110 kV 主变电站的 35 kV 出线开关柜出线电缆端头和光纤转换箱(或接口柜)端子排处的接口实施分工内容如下。

①主变电站系统责任：站内电缆桥/支架制作及安装，预留差动保护装置的接入条件。配合供电系统进行 35 kV 电缆敷设及试验，负责二次设备的联调。

②供电系统责任：负责站内 35 kV 环网电缆敷设、电缆终端头的制作及试验。负责光纤纵差保护电力的敷设及端子的制作，配合二次设备的联调。

(2)变电所

变电所的 35 kV 进出线开关柜出线电缆端头和二次接口柜的端子排处的

接口实施分工内容如下。

①变电所系统责任:变电所内电缆桥/支架制作及安装,负责开关柜 35 kV 电缆终端头的制作安装,预留接口柜内保护电缆的接入条件。配合供电系统进行 35 kV 电缆敷设及试验,负责二次设备的联调。

②供电系统责任:负责 35 kV 环网电缆在所内的敷设,保护电缆在所内敷设及在接口柜内的制作安装,配合二次设备的联调。

(3)低压配电系统

区间电缆桥架的接口实施分工内容:供电系统负责区间强电电缆桥架的制作安装,并预留区间低压配电电缆敷设位置区间,低压配电电缆由区间低压配电专业进行施工。

3. 供电线路(接触网)系统与其他系统间接口关系

参考重庆某条线路,接口方为变电所系统和电力监控系统,对应的接口位置内容如下。

(1)变电所系统

变电所系统的接口实施分工内容如下。

①接触网系统责任:负责隔离开关柜的安装和隔离开关柜至接触网间的上网电缆的连接,配合变电所系统的电缆敷设和连接工作。

②变电所系统责任:从变电所至隔离开关柜的电缆敷设、连接。

(2)电力监控系统

接触网隔离开关柜二次端子排的接口实施分工内容如下。

①接触网系统责任:配合电力监控系统接线。

②电力监控系统责任:负责控制信号盘到隔离开关柜的控制电缆的敷设及连接。

4. 通信系统与其他系统间接口关系

参考重庆某条线路,接口方为综合监控系统、信号系统、自动售检票系统、安全门系统、低压配电系统、电扶梯系统、道岔系统,对应的接口位置内容如下。

(1)综合监控系统

通信设备室 MDF 配线架的 NDF 端子外侧的接口实施分工内容:车站级综合监控通过通信传输信道与全线联网,与控制中心实现连接。

(2)信号系统

车站通信光纤配线架外侧接口实施分工内容:信号系统敷设光缆至通信配线架,利用通信区间光缆构成网络。

(3)自动售检票系统

在通信设备室 MDF 配线架 NDF 端子外线侧的接口实施分工内容:配线架以内由通信专业完成,以外由自动售检票系统完成。车站级 AFC 系统通过通信传输信道与全线联网。

(4)安全门系统

在通信设备室 MDF 配线架的 VDF 端子外线侧的接口实施分工内容:通信系统需提供时钟校对信号,接口连线由安全门系统负责。

(5)低压配电系统

①在通信设备室配电箱出线侧接线端子的接口实施分工内容:在车站/区间由低压配电系统为通信系统设备提供交流供电。

②电源(在综合电源室、公安通信机房等每路电源开关箱的开关下桩头处与各专业电源接口在综合电源室主机柜分路空开的出线端)的接口实施分工内容:两路三相五线制一级负荷电源和不带电源切换的配电箱开关下桩头,馈出配线通信系统负责实施。OA 办公信息系统每个信息点的电源插座由低压配电系统实施。

③接地(在综合电源室、公安通信室、通信设备室的等电位接地端子箱内)的接口实施分工内容:箱内接地端子以下由通信系统负责实施。

(6)电扶梯系统

电梯轿箱内的控制盘接线端子处的接口实施分工内容:垂直电梯专业在电梯轿箱内安装摄像机,在电梯控制箱提供视频(图像监视)接口,统一接入通信系统。

(7)道岔系统

道岔开关柜出线端的接口实施分工内容:道岔系统为通信区间道岔处摄像机提供电源,接口位置在道岔开关柜出线端。

5. 信号系统与其他系统间接口关系

参考重庆某条线路,接口方为综合监控系统、通信系统、低压配电系统、安全门系统、道岔系统,对应的接口位置内容如下。

(1)综合监控系统

车站控制室 IBP 盘二次端子排外侧,硬线接口的接口实施分工内容:无。

(2)通信系统

车站通信光纤配线架的接口实施分工内容:信号系统敷设光缆至通信配线架,利用通信区间光缆构成网络。

(3)低压配电系统

①电源(控制中心、车站、试车线、派班室等相应房间电源配电箱出线开关下桩头)的接口实施分工内容:控制中心、试车线等设备集中站两路三相交流电源开关箱(无切换)的下桩头以下馈出电缆由信号专业负责实施。设备非集中站、派班室等双电源自动切换箱内馈出回路开关下桩头以下馈出电缆由信号专业负责实施。配电箱至静电地板下的引下管由动照专业完成(所有车站使用两根直径 50 mm 的钢管)。

②接地(控制中心、各车站、试车线、派班室等相应设备房间接地端子箱内)的接口实施分工内容:接地端子箱内接地端子以下的接地线由信号专业负责实施。接地箱至静电地板下的引下管由动照专业完成(所有车站使用两根直径 50 mm 的钢管)。

(4)安全门系统

车站安全门设备房主控机(PSC)的端子排处的接口实施分工内容:硬线接口。

(5)道岔系统

道岔手动控制柜的接收/发送端子的接口实施分工内容:道岔的转动信号由信号系统提供,道岔提供与实际相符的位置表示及故障信号等必要的接口信息,其接口分界在手动控制柜的外线端子,电路接口采用继电器接口。

信号承包商负责敷设道岔控制信号电缆到道岔手动控制盘接收/发送端子。道岔现场操纵的授权管理由信号操作台办理。道岔控制电路与信号包接口相适应,交流电源电压可变。

6. 综合监控系统与其他系统间接口关系

参考重庆某条线路接口系统分别为综合监控系统(ISCS)、电力监控系统(PSCADA)、环境与设备监控系统(BAS)、火灾报警系统(FAS)、门禁系统(ACS),对应的接口位置内容如下。

(1)综合监控系统(ISCS)与其他系统间接口关系

①电力监控系统(PSCADA)对应的接口位置在 PSCADA 接口设备处,采用 100 Mbps 以太网接口,4 芯多模光缆的规格类型。

②环境与设备监控系统(BAS)对应的接口位置在车控室冗余 PLC 通信口处和车站控制室 IBP 盘二次端子排外侧,采用 100 Mbps 以太网接口和硬线接口的规格类型。在 ISCS 系统出现故障的情况下,IBP 盘具有最高优先级,可以对 BAS 系统控制的相关设备进行紧急控制。

③火灾报警系统(FAS)对应的接口位置在火灾报警控制器通信口处和车站控制室IBP盘二次端子排外侧,采用RS485和硬线接口的规格类型。在ISCS系统出现故障的情况下,IBP盘具有最高优先级,可以对FAS系统控制的相关设备(如排烟风机、正压送风机、消防泵、AFC闸机等)进行紧急控制。

④门禁系统(ACS)对应的接口位置在ACS交换机/控制器通信口处,采用100 Mbps以太网接口/RS422的规格类型。

⑤通信系统对应的接口位置在通信系统配线架外侧,采用100 Mbps以太网接口的规格类型。

⑥安全门系统对应的接口位置在ISCS前端处理器通信口处和车站控制室IBP盘二次端子排外侧,采用RS485和硬线接口的规格类型。在火灾或紧急情况下通过IBP盘开门、关门操作,接口连线由安全门系统负责。

⑦自动售检票系统对应的接口位置在ISCS前端处理器通信口处和车站控制室IBP盘二次端子排外侧,采用RS422和硬线接口的规格类型。接口实施分工由AFC系统提出接口需求,综合监控系统在各座车站IBP盘上提供AFC系统一个按钮和两个指示灯(红色、绿色各一个),AFC系统完成控制线缆的购置、安装和敷设。

⑧信号系统对应的接口位置在车站控制室IBP盘二次端子排外侧,采用硬线接口的规格类型。

(2)电力监控系统(PSCADA)与其他系统间接口关系

接口系统为供电设备系统对应的接口位置和接口规格类型内容如下:

①1 500 V保护测控装置对应以太网接口;

②综合测控单元对应以太网接口;

③400 V测控保护单元对应以太网接口;

④动力变温控器对应RS485;

⑤交直流屏对应RS485;

⑥整流变温控器对应RS485;

⑦室外隔离开关测控单元对应RS485;

⑧400 V智能表对应RS485;

⑨再生制动装置对应以太网接口;

⑩西门子保护(35 kV保护测控单元)对应以太网接口。

(3)环境与设备监控系统(BAS)与其他系统间接口关系

①接口系统是综合监控系统(ISCS),分别对应三个接口位置的内容见图16-1。

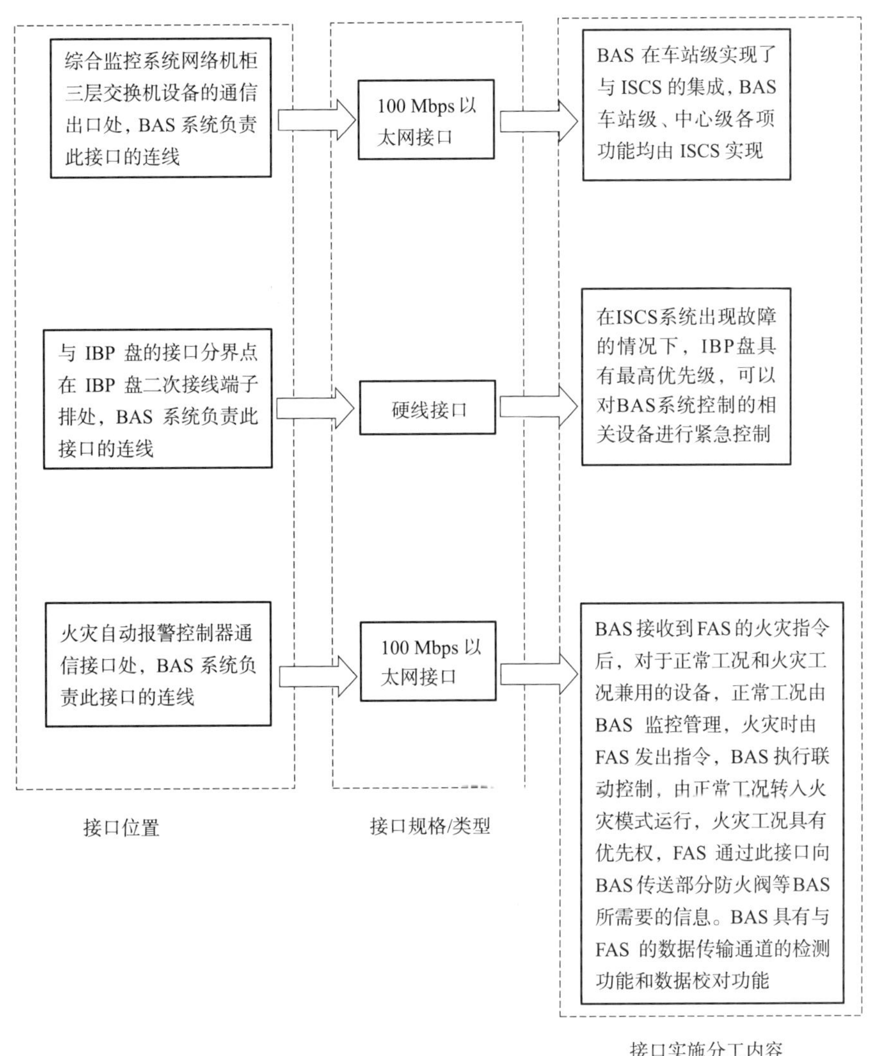

图 16-1　综合监控系统(ISCS)

②接口系统是环控通风系统,分别对应七个接口位置的内容见图 16-2。

③接口系统是给排水及消防系统对应的接口位置在污水/废水/雨水泵设备控制柜/箱通信接口端子排外侧,BAS 系统负责此接口的连线处,采用标准 Modbus RTU 协议的 RS485 接口。BAS 采集并在工作站上显示水泵设备的开泵水位、停泵水位、高报警水位、低报警水位、手动/自动转换开关位置信号、水泵开启状态、水泵停止状态、故障报警,以及水管压力等信号。

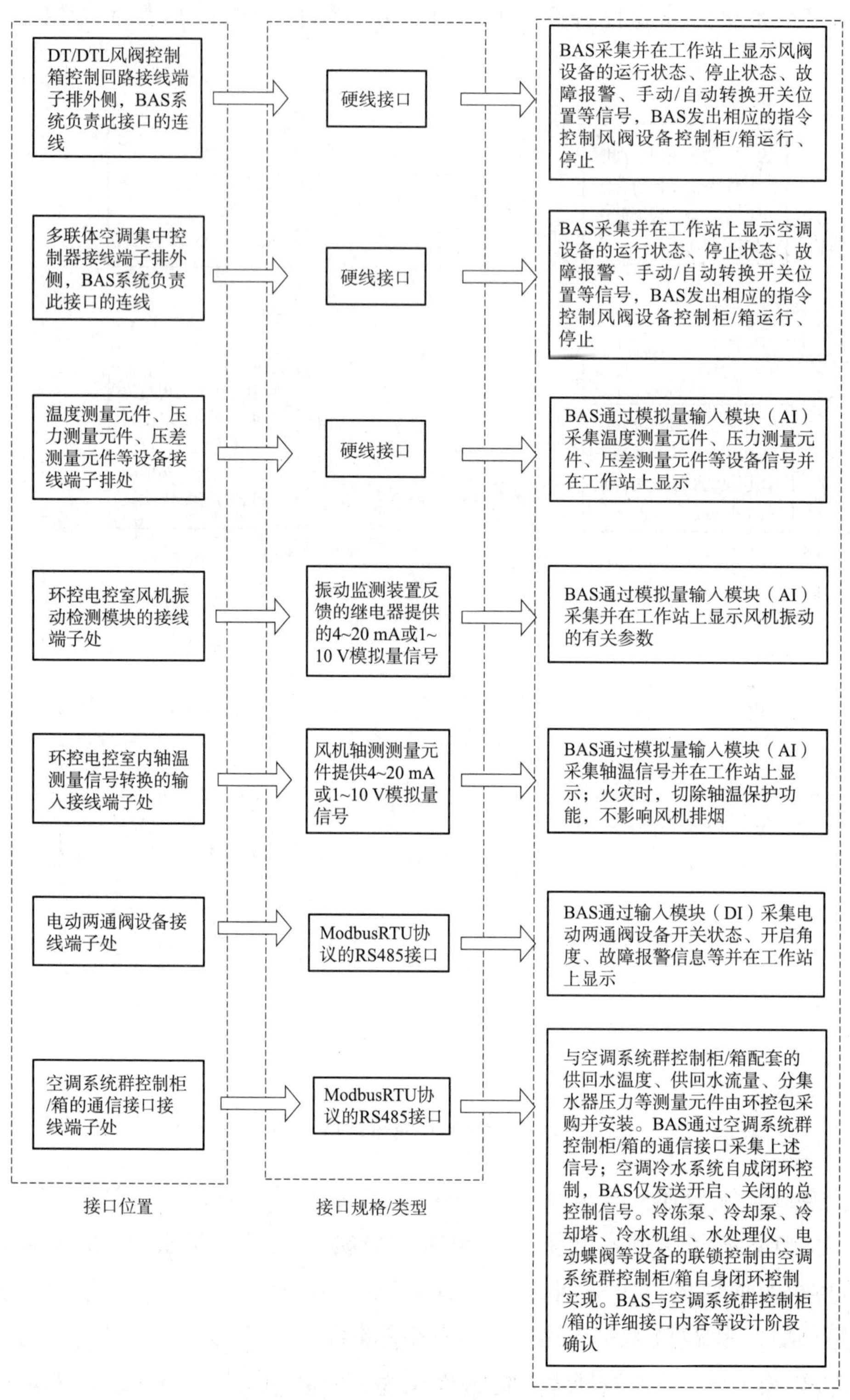
DT/DTL风阀控制箱控制回路接线端子排外侧，BAS系统负责此接口的连线
硬线接口
BAS采集并在工作站上显示风阀设备的运行状态、停止状态、故障报警、手动/自动转换开关位置等信号，BAS发出相应的指令控制风阀设备控制柜/箱运行、停止
多联体空调集中控制器接线端子排外侧，BAS系统负责此接口的连线
硬线接口
BAS采集并在工作站上显示空调设备的运行状态、停止状态、故障报警、手动/自动转换开关位置等信号，BAS发出相应的指令控制风阀设备控制柜/箱运行、停止
温度测量元件、压力测量元件、压差测量元件等设备接线端子排处
硬线接口
BAS通过模拟量输入模块（AI）采集温度测量元件、压力测量元件、压差测量元件等设备信号并在工作站上显示
环控电控室风机振动检测模块的接线端子处
振动监测装置反馈的继电器提供的4~20 mA或1~10 V模拟量信号
BAS通过模拟量输入模块（AI）采集并在工作站上显示风机振动的有关参数
环控电控室内轴温测量信号转换的输入接线端子处
风机轴测测量元件提供4~20 mA或1~10 V模拟量信号
BAS通过模拟量输入模块（AI）采集轴温信号并在工作站上显示；火灾时，切除轴温保护功能，不影响风机排烟
电动两通阀设备接线端子处
ModbusRTU协议的RS485接口
BAS通过输入模块（DI）采集电动两通阀设备开关状态、开启角度、故障报警信息等并在工作站上显示
空调系统群控制柜/箱的通信接口接线端子处
ModbusRTU协议的RS485接口
与空调系统群控制柜/箱配套的供回水温度、供回水流量、分集水器压力等测量元件由环控包采购并安装。BAS通过空调系统群控制柜/箱的通信接口采集上述信号；空调冷水系统自成闭环控制，BAS仅发送开启、关闭的总控制信号。冷冻泵、冷却泵、冷却塔、冷水机组、水处理仪、电动蝶阀等设备的联锁控制由空调系统群控制柜/箱自身闭环控制实现。BAS与空调系统群控制柜/箱的详细接口内容等设计阶段确认
接口位置
接口规格/类型
接口实施分工内容

图 16-2　环控通风系统

④接口系统是低压配电系统,分别对应八个接口位置的内容见图16-3。

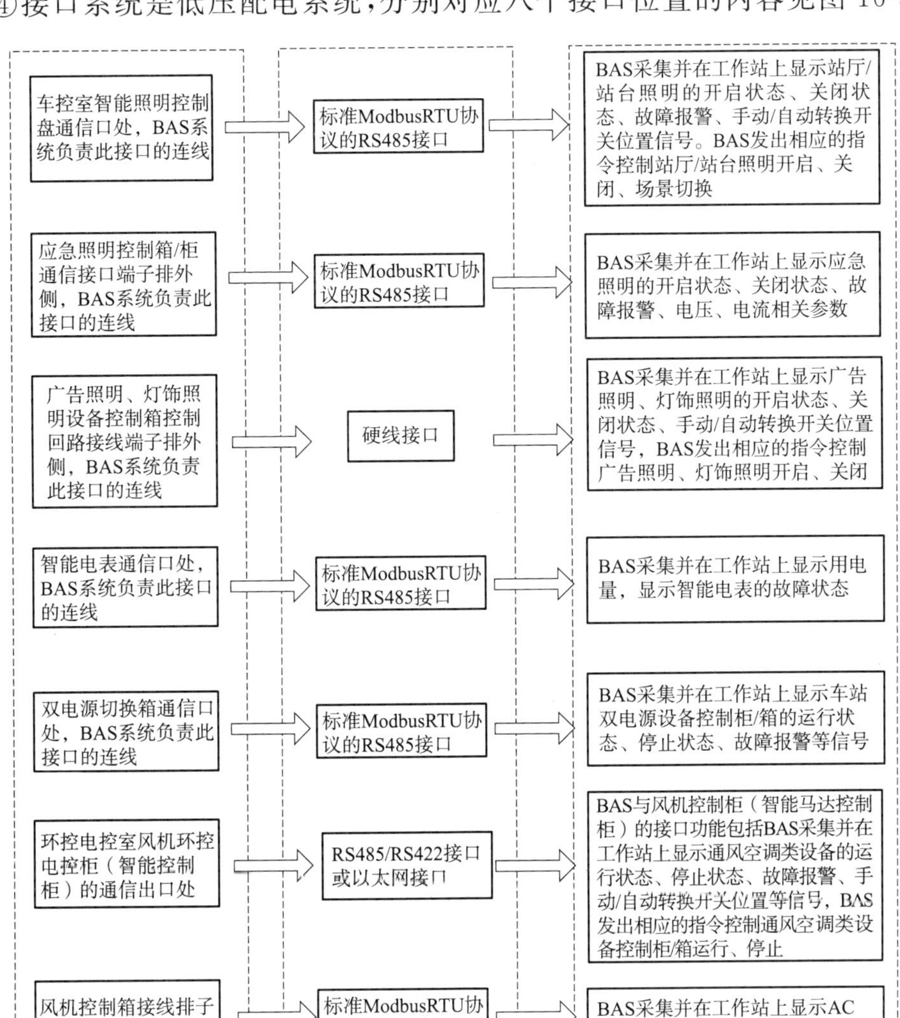

图16-3 低压配电系统

低压配电系统的阀门控制柜的接口分界在环控电控室阀门控制柜的通信出口处。

⑤接口系统是电、扶梯系统,对应的接口位置在电梯/扶梯顶部/上基坑控制箱通信接口处,BAS系统负责此接口的连线处,采用标准ModbusRTU协议的RS485接口。BAS采集并在工作站上显示电梯、自动扶梯的上行状态、下行状态、停止状态、故障报警、维修状态、急停状态、工变频状态等。

(4)火灾报警系统(FAS)与其他系统间接口的关系

①接口系统是综合监控系统(ISCS),分别对应三个接口位置的内容如下。

a. 接口位置与 ISCS 系统在控制中心、车站互连,接口分界点在控制中心、车站综合监控系统网络机柜通信出口处,连线接口配置及连线由 FAS 设计,接口开发由 ISCS 完成。采用 RS485 或 RS232 规格/类型的接口。

提供 ISCS 接收车站级 FAS 的报警信号及火灾模式信息,通过车站环境与设备监控系统(BAS)进行对应模式的火灾联动。火灾时,ISCS 通过闭路电视监视系统、广播系统、乘客信息系统对乘客进行安全疏导,ISCS 联动门禁系统(ACS)、屏蔽门系统(PSD)进行相应的操作,便于人员尽快逃生。ISCS 接收中心级 FAS 的报警信号及区间火灾模式信号,对相关的车站下发区间火灾联动模式指令。FAS 具有与 ISCS 的数据传输通道的检测功能和数据校对功能。

b. 接口位置在 IBP 盘与 FAS 的接口分界点在 IBP 盘二次接线端子排处,FAS 系统负责接线,采用硬线接口。提供在 ISCS 系统出现故障的情况下,IBP 盘具有最高优先级,可以对 FAS 系统控制的相关设备(如排烟风机、正压送风机、消防泵、AFC 闸机等)进行紧急控制的接口内容。

c. 接口位置在车站级火灾自动报警控制器通信接口处,车站级 BAS 系统负责接线,采用 RS422 或 RS485 的接口。提供 BAS 接收到 FAS 的火灾指令后,对于正常工况和火灾工况兼用的设备(如共用风机、电扶梯等),正常工况由 BAS 监控管理,火灾时由 FAS 发出指令,BAS 执行联动控制,由正常工况转入火灾模式运行,火灾工况具有优先权。FAS 通过此接口向 BAS 传送部分 DC 24 V 防火阀等 BAS 所需要的信息。FAS 具有与 BAS 的数据传输通道的检测功能和数据校对功能。

②接口系统是环控通风系统,分别对应三个接口位置的内容如下。

a. 接口位置在正压送风机/排烟风机的控制柜箱接线端子排外侧,FAS 系统负责接线,采用硬线接口。提供 FAS 采集并在工作站上显示风机设备的运行信号、停止信号、故障信号、手动/自动转换开关位置信号。FAS 发出相应的指令控制风机运行或停止。手动直接控制(IBP 控制)完成对风机的运行和停止,并采集风机的运行信号和停止信号,其余信号不采集接口内容。

b. 接口位置在正压送风机/排烟风机风阀控制箱接线端子排外侧,FAS 系统负责接线,采用硬线接口。提供 FAS 采集并在工作站上显示风阀设备的开启信号、关闭信号、故障信号、手动/自动转换开关位置信号。FAS 发出相应的指令控制风阀开启或关闭的接口内容。

c. 接口位置在防火阀设备接线端子处,FAS 系统负责接线,采用硬线接口。提供FAS采集并在工作站上显示防火阀设备的开启信号、关闭信号的接口内容。

③接口系统是给排水及消防系统，分别对应四个接口位置的内容如下。

a. 接口位置在消防水泵控制柜/箱控制回路接线端子排外侧，FAS系统负责接线，采用硬线接口。提供FAS采集并在工作站上显示主、备消防泵的运行信号、停止信号、故障信号、手动/自动转换开关位置信号、自动巡检信号、吸水管压力信号、扬水管压力信号等。FAS发出相应的指令控制主、备泵开启或停止的接口内容。

b. 接口位置在消火栓箱起泵按钮接线口处，FAS系统负责接线，采用硬线接口。提供FAS采集并在工作站上显示起泵按钮正常信号、报警信号、起泵反馈信号的接口内容。

c. 接口位置在消防水管电动蝶阀电控箱的接线端子排处，采用硬线接口。采用FAS提供电流不大于DC 24 V/1 A的有源脉冲信号作为控制信号，接收消防水管电动蝶阀电控箱提供的不带电、不接地的常开触点作为状态反馈信号，每组触点之间相互独立不允许采用共用端子。FAS通过输出模块控制电动蝶阀开启或关闭，并通过输入模块采集电动蝶阀的开启状态，关闭状态、手动/自动位置信号、故障报警信号的接口内容。

d. 接口位置在喷淋泵配套设备控制箱接线端子排处，采用硬线接口。采用FAS提供电流不大于DC 24 V/1 A的有源脉冲信号作为控制信号，接收消防水管电动蝶阀电控箱提供的不带电、不接地的常开触点作为状态反馈信号，每组触点之间相互独立不允许采用共用端子。FAS自动控制(输入输出模块控制)采集并在工作站上显示喷淋泵配套设备的运行信号、停止信号、故障信号、手动/自动转换开关位置信号等FAS自动控制(输入输出模块控制)发出相应的指令控制喷淋泵配套设备运行停止的接口内容。

④接口系统是低压配电系统，分别对应两个接口位置的内容如下。

a. 接口位置在双电源切换箱的馈出开关下口，低压配电负责双电源切换箱上端进线接线，采用双电源切换箱的开关须不带漏电保护装置的规格/类型。提供低压配电按FAS提出回路数量及容量，提供两路电源给FAS系统，可以自动切换的接口内容。

b. 接口位置在双应急照明控制箱/柜的硬接线端子处，采用硬线接口。发生火灾时，FAS发出相关指令控制应急照明总开关接通，并采集反馈信号的接口内容。

⑤接口系统是通信系统，对应接口位置的内容如下：接口位置在通信设备室内配线架处，接口连线由 FAS 系统设计，提供低车站级 FAS 系统通过通信传输信道与全线联网的接口内容。

⑥接口系统是自动售检票系统，对应接口位置的内容如下：接口位置是 AFC 紧急控制盒（IBP 盘内），手动打开闸机按钮由 AFC 系统完成，控制线由 FAS 系统完成，采用硬线接口。发生火灾时，直接打开 AFC 闸机的接口内容。

⑦接口系统是供电设备系统，对应接口位置的内容如下：接口位置在专业切除非消防电源装置接线端子处，采用 FAS 提供电流不大于 DC 24 V/0.5 A 的有源脉冲信号作为控制信号的规格/类型。发生火灾时，FAS 通过输出模块提供给非消防电源切除装置的接口内容。

(5)门禁系统（ACS）与其他系统间接口关系

①接口系统是综合监控系统（ISCS），分别对应三个接口位置的内容如下。

a. 接口位置在 ACS 交换机/控制器通信口处，采用 100 Mbps 以太网接口/RS422 接口。

b. 接口位置在车站控制室 IBP 盘二次端子排外侧，采用硬线接口。提供在火灾或紧急情况下通过 IBP 盘开门、关门操作，接口连线由 ASC 系统负责的接口内容。

c. 接口位置是设备供电、接地。提供 ISCS 的 UPS 配电箱为车站 ACS 系统设备提供电源，并为 ACS 系统提供接地端子的接口内容。

②接口系统是自动售检票系统对应接口位置的内容如下。

接口位置是票卡。门禁系统向 AFC 系统提供门禁卡运用需求，AFC 系统按门禁系统需求在员工票上预留扇区。并提供员工票，门禁系统对员工票进行二次编码。

7. 低压配电系统与其他系统间接口关系

参考重庆某条线路，接口方为供电设备系统、综合监控系统（ISCS）、环控通风系统、给排水及消防系统、通信系统、信号系统、自动售检票系统、电梯扶梯系统、安全门系统、道岔系统，对应的接口位置内容如下。

(1)接口系统是供电设备系统，对应五个接口位置的内容

①接口位置在降压所的 0.4 kV 开关柜馈出开关下桩头。0.4 kV 开关柜馈出开关下桩头馈线电缆以下由低压配电专业负责实施。

②接口位置是变电所内配线：所内交流屏馈出低压配电开关下桩头。交流屏馈出开关下桩头馈线电缆及变电所内照明、维修箱等由低压配电专业负责

实施。

③接口位置是接地:接地预留钢板及接地端子箱。变电所内变配电设备接地、接地扁钢及接地端子箱至供电设备的接地线由供电设备专业负责实施,变电所内的接地端子箱由低压配电专业提供。

④接口位置在与供电、变电所安装电缆桥架、电缆支架的分界处。电缆夹层内的电缆桥架及支架,站台板下电缆通道内变电所投影范围内的电缆桥架及电缆支架由供电线路专业负责实施。车站站台板下轨道侧的电缆桥架、支架,区间电缆桥架、支架由供电线路专业负责实施。

车站站厅层、站台层、站台板下电缆通道内及电缆竖井内的电缆桥架、电缆支架、电缆支架上的接地扁钢由低压配电专业负责实施。

⑤接口位置是接地:在接地预留钢板及接地端子箱。电缆桥架或支架上的接地扁钢,接地端子箱至供电设备的接地线由供电线路专业负责。车站 PC 梁上的车体接地板及接地线安装由供电线路专业负责,电缆夹层的接地端子箱由低压配电专业负责提供。

(2)接口系统是供电设备系统,对应 17 个接口位置的内容

①接口位置是接地:综合监控设备室接地端子箱内的接地端子排处。低压配电专业负责安装接地端子箱和预埋接地端子箱的出线管。综合监控专业负责从接地端子至综合监控设备的接地线。

②接口位置在车控室综合监控 IBP 盘的二次端子排处。低压配电专业(改为综合监控专业)负责从综合监控 IBP 盘二次端子排至应急照明控制箱的接线。

③接口位置在环控电控柜专用排烟风机直接启动控制器的二次端子排处。综合监控专业负责从直接启动控制器的二次端子排至综合监控设备的接线。

④接口位置在车站主变电所/降压所/牵引所风机控制箱箱内的接线端子排处。BAS 系统负责从风机控制箱内接线端子排至 BAS 监控设备的接线。

⑤接口位置在风机控制箱控制回路接线端子排外侧。BAS 系统负责从风机控制箱内接线端子排至 BAS 监控设备的接线。

⑥接口位置在风阀控制箱控制回路接线端子排外侧。低压配电系统负责硬联锁。BAS 系统负责软联锁,BAS 系统负责从风机控制箱内接线端子排至 BAS 监控设备的接线。

⑦接口位置在分体空调控制箱控制回路接线端子排外侧。BAS 系统负责从分体空调控制箱内接线端子排至 BAS 监控设备的接线。

⑧接口位置在车控室公共区照明智能控制箱内通信接口处。BAS系统负责从照明智能控制箱内的通信接口至BAS监控设备的接线。

⑨接口位置在照明配电室应急照明电源柜内的通信接口处。BAS系统负责从应急照明电源柜内的通信接口至BAS监控设备的接线。

⑩接口位置在广告照明、灯饰照明控制箱内的接线端子排处。BAS系统负责从配电箱内接线端子排至BAS监控设备的接线。

⑪接口位置在照明配电室内智能电度表通信接口处。BAS系统负责从智能电度表通信接口至BAS监控设备的接线。

⑫接口位置在双电源切换箱内的通信接口处。低压配电系统负责预埋双电源箱的监控出线管。BAS系统负责从双电源切换箱内的通信接口至BAS监控设备的接线。

⑬接口位置在车站EPS应急电源柜(箱)的接线端子排处。FAS系统负责从EPS应急电源柜(箱)的接线端子排至FAS监控设备的接线。

⑭接口位置在专用防排烟风机控制接线端子排处。FAS系统负责从风机控制箱内接线端子排至BAS监控设备的接线。

⑮接口位置在车控室正压送风机控制箱接线端子外侧。FAS系统负责从风机控制箱内接线端子排至BAS监控设备的接线。

⑯接口位置在正压送风机/专用排烟风机风阀控制箱接线端子外侧。低压配电系统负责硬联锁。FAS系统负责软联锁,FAS系统负责从风阀控制箱内接线端子排至FAS监控设备的接线。

⑰接口位置在FAS设备机房接地端子箱内处。低压配电系统负责安装接地端子箱和预埋接地端子箱的出线管,FAS系统负责从接地端子至FAS监控设备的接地线。

(3)接口系统是环控通风系统,对应三个接口位置的内容

①接口位置在车站送/排/排烟风机接线端子处。低压配电系统负责风机控制箱至风机的电源线连接。

②接口位置在风阀执行器接线端子处。低压配电系统负责风阀控制箱至风阀的电源线连接,低压配电系统负责风阀控制箱至风阀执行器控制箱连接。

③接口位置由分体空调控制箱控制。低压配电系统负责提供空调专用插座。

(4)接口系统是给排水及消防系统,对应两个接口位置的内容

①接口位置与各类水泵房设备:在水泵自带控制柜(箱)进线开关上桩头及

控制柜(箱)二次接线端子处。低压配电专业负责配线至各类水泵设备自带水泵控制柜(箱)进线开关上桩头。出线部分由给排水专业负责实施。消防泵控制柜至消防控制室按钮箱的控制电缆、消火栓箱启动按钮至消防泵控制柜控制电缆由 FAS 系统负责。

②接口位置是接地:水泵房等电位接地端子箱处。接地端子箱内接地端子以下由给排水专业负责实施。

(5)接口系统是通信系统,对应两个接口位置的内容

①接口位置在公安通信双电源切换箱馈出端。双电源切换配电箱馈出开关下桩头以下配线电缆由通信系统负责实施。

②接口位置在与通信系统的接地时:在综合电源室、公安通信室、公共移动引入机房的等电位接地端子箱内。箱内接地端子以下由通信专业负责实施。

(6)接口系统是信号系统,对应两个接口位置的内容

①接口位置在电源:控制中心、车站、试车线、派班室等相应房间电源配电箱出线开关下的桩头处。控制中心、试车线等设备集中站两路三相交流电源开关箱(无切换)的下桩头以下馈出电缆由信号专业负责实施。设备非集中站、派班室等双电源自动切换箱内馈出回路开关下桩头以下馈出电缆由信号专业负责实施。

②接口位置在接地:控制中心、各车站、试车线、派班室等相应设备房间接地端子箱内。接地端子箱内接地端子以下的接地线由信号专业负责实施。

(7)接口系统是自动售检票系统,对应两个接口位置的内容

①接口位置在整合电源(通信、AFC、综合监控)接口在双电源切换箱馈出端。双电源切换配电箱馈出开关下桩头以下配线电缆由其他弱电系统负责实施。

②接口位置在 AFC 机房接地端子箱处。接地端子箱内接地端子以下由 AFC 专业负责实施。

(8)接口系统是电梯扶梯系统,对应两个接口位置的内容

①接口位置在与自动扶梯、垂直电梯系统的接口在电梯自带控制箱进线开关上的桩头处。低压配电专业负责配电至垂直电梯、扶梯自带控制箱的进线开关上桩头。垂直电梯井道内的照明及插座由电、扶梯专业负责实施。

②接口位置在上端桁架内或三角房内等电位接地端子处。接地端子以下由电、扶梯专业负责实施。

(9)接口系统是安全门系统,对应两个接口位置的内容

①接口位置在双电源箱馈线开关下桩头和广告照明配电箱馈线开关下桩头。双电源切换配电箱馈出开关下桩头以下配线电缆由屏蔽门/安全门专业负责实施。广告照明配电箱馈出开关下桩头以下配线电缆至屏蔽门/安全门广告照明灯箱由屏蔽门/安全门专业负责实施。

②接口位置是接地:控制室接地端子箱内接地端子以下由屏蔽门及安全门专业负责实施。

(10)接口系统是道岔系统,对应两个接口位置的内容

①接口位置在道岔平台自带道岔控制柜进线开关上的桩头处。配电至道岔平台自带道岔控制柜进线开关上桩头由低压配电专业负责实施。

②接口位置在道岔平台接地端子箱内接地端子处。接地端子箱内接地端子以下由道岔专业负责实施。

8. 安全门系统与其他系统间接口关系

参考重庆某条线路,接口方为信号系统、综合监控系统(ISCS)、通信系统、低压配电系统,分别对应的接口位置内容如下。

(1)信号系统

接口位置在车站安全门设备房主控机(PSC)的端子排处。采用硬线接口,接口实施分工如下。

功能要求:信号系统为安全门系统提供屏蔽门开、关控制信号、列车进站指示装置控制信号;安全门系统向信号系统提供门状态信息。安全门系统要为每侧站台提供一组与信号系统连接的接口,安全门承包商负责敷设安全门设备房至信号设备室接线盘的电缆与部分桥架或线槽。

分界点:在安全门设备房的 PSC 端子排。连结方式:硬线连结。接口的物理连接采用继电器方式(开关量),并采用接点方式与信号系统接口。继电器触点信号按四线双切回路方式敷设线缆。

门状态信息内容:ASD/EED/TOD 完全打开;ASD/EED/TOD 完全关闭;ASD/EED/TOD 互锁解除。

接线端子到信号设备室的配线由信号系统承包商完成。

(2)综合监控系统(ISCS)

①接口位置在综合监控设备室网络机柜通信端子排处。采用 10/100 M 以太网接口,接口实施分工如下。

监视:安全门系统将以下信息提供给 ISCS 系统,包括车站内安全门的状态;单个安全门故障;安全门系统故障;UPS 电源故障信息。工作站界面可以

精确显示每个安全门在站台的位置。

控制:ISCS系统不对安全门进行控制。

②接口位置在车控室IBP盘接口端子排处,采用硬线接口。在火灾或紧急情况下通过IBP盘开门、关门操作,接口连线由安全门系统负责。

(3)通信系统

接口位置在车站安全门设备房主控机(PSC)的端子排处,采用RS422接口。通信系统需提供时钟校对信号,接口连线由安全门系统负责。

(4)低压配电系统

接口位置在双电源箱馈线开关下端头和广告照明配电箱馈线开关下端头接地及控制室接地的端子箱处。接口实施分工内容有:双电源切换配电箱馈出开关下端头以下配线电缆由安全门专业负责实施。广告照明配电箱馈出开关下端头以下配线电缆至安全门广告照明灯箱由安全门专业负责实施。接地端子以上低压配电系统负责实施。

9. 自动售检票系统与其他系统间接口关系

参考重庆某条线路,接口方为综合监控系统(ISCS)、通信系统、低压配电系统、环控通风系统,分别对应的接口位置内容如下。

(1)综合监控系统(ISCS)

①接口位置在综合监控系统车站设备端子排外侧。综合监控系统提出接口需求。AFC系统完成信息线缆的购置、安装和敷设。

②接口位置是车站控制室IBP盘,采用硬线接口。AFC系统提出接口需求,综合监控系统在各座车站IBP盘上提供AFC系统1个按钮和2个指示灯(红色、绿色各一个)。AFC系统完成控制线缆的购置、安装和敷设。

③接口位置在各车站AFC紧急按钮控制盒外侧,采用硬线接口。AFC系统提出接口需求,提供紧急按钮控制盒。FAS系统完成紧急按钮线缆的购置、安装和敷设。

④接口位置是票卡,门禁系统向AFC系统提供门禁卡运用需求。AFC系统按门禁系统需求在员工票上预留扇区;并提供员工票,门禁系统对员工票进行二次编码。

(2)通信系统

①接口位置在通信设备室传输设备配线架外线侧,采用10/100 M以太网接口。车站级AFC系统通过通信传输信道与全线联网。AFC系统提供本系统传输所需的传输通道带宽、接口类型及通信协议的要求。通信系统按AFC

的要求提供接口端子；AFC专业完成配线电缆的购置、安装和敷设。

②接口位置在车站综合电源室配电箱出线端。AFC系统提供本系统电源子系统接口需求。通信根据AFC系统用电需求，在配电柜内为AFC系统提供回路。AFC系统完成配电电缆及电源配电箱的购置、安装和敷设。

③接口位置是（音频、视频系统）AFC设备及用房。AFC系统提供公务电话需求，票亭、车站票务室和站厅终端设备的视频需求。通信专业按AFC专业需求提供公务电话，票亭、车站票务室和站厅终端设备的视频设施。

（3）低压配电系统

①接口位置在AFC设备用房及公共区（车站）。AFC系统提供AFC系统各设备用房的照明、电源插座需求。低压配电系统按AFC系统要求进行各相关设备用房照明、电源插座设计。AFC系统提供施工用电需求；低压配电系统根据AFC系统调试计划及时提供接口位置及接口标准。

②接口位置在AFC接地端子箱（车站）处。AFC系统提供接地端子需求；低压配电系统负责提供接地端子箱及引入电缆；AFC系统完成接地线缆与接地端子箱的连接。

（4）环控通风系统

接口位置在各车站售票亭及用房处。AFC系统提供接口需求，通风空调专业按AFC系统设备所需的环境温度、湿度等要求提供通风空调。

10. 电扶梯系统与其他系统间接口关系

参考重庆某条线路，接口方为综合监控系统（ISCS）、通信系统、低压配电系统、给排水及消防系统，分别对应的接口位置内容如下。

（1）环境与设备监控系统（BAS）

接口位置在电梯、自动扶梯自带控制箱进线开关上的桩头，采用RS485接口。接口实施分工的内容如下。

电扶梯提供相应的电缆，并负责与BAS终端盒的连接。向BAS系统提供扶梯运行及故障状态信号、各类报表数据、就地紧急停止信号。

BAS系统提供到扶梯控制柜的终端盒。接收扶梯运行及故障信号，并在VDU上显示，并可提供声光报警信号；接收、处理、显示扶梯的各类报表数据；接收、显示“就地紧急停止”信号，并提供声光报警。

与BAS系统的接口采用通信接口，电扶梯专业开放通信规约协议由BAS系统负责。

（2）通信系统

①接口位置在电梯控制箱时,根据电梯专业需求提供设置摄像机和电话的接口。并提供摄像机和电话的参数要求。负责电梯控制箱至通信设备室的电缆设计、购置和敷设。电梯专业提供摄像机和电话设备;提供终端设备到电梯控制箱之间的线缆,并完成设备电缆敷设和设备安装。

②接口位置在车站控制室时,在残疾人电梯、专用(特殊通道)旁设置呼叫按钮。电梯专业提供呼叫按钮,通信专业负责呼叫按钮安装及到车站控制室的电缆敷设。

(3)低压配电系统

接口位置是电梯、自动扶梯自带控制箱进线开关上桩头。电梯双电源配电箱或单电源配电箱、进线电缆、电源配电箱至厂方自带控制箱电缆(电线)的电源配线属车站低压配电系统。电梯井道及扶梯维修通道内照明及插座、垂直电梯、自动扶梯控制箱属电扶梯设备系统。

(4)给排水及消防系统

接口位置在扶梯下基坑排水口处。自动扶梯排水由给排水系统接管道,原则上采用重力式排放。没有条件重力式排放的自动扶梯在设备基坑积水坑的积水,由给排水系统配自动泵抽排。电梯设备基坑排水由给排水系统接管道,原则上采用重力式排放,困难地段由给排水系统配自动泵抽排。

11. 道岔系统与其他专业间接口关系

参考重庆某条线路,接口方为供电线路系统、低压配电系统、给排水及消防系统、通信系统,分别对应的接口位置内容如下。

(1)供电线路系统

接口位置在道岔梁处。接口实施分工的内容有:牵引供电线路专业安装接触轨时不影响道岔的线形和限界及转辙。承包方为牵引供电线路绝缘子准备安装支座时,并确认绝缘子技术规格满足相关标准。牵引供电线路包括负责各道岔区检修时的牵引供电断电设施的设计,并负责实施安装调试。牵引供电线路承包商对所提供的牵引供电电缆通过道岔时采用必要的防护措施,使其不影响道岔控制信号和安全运行。供电线路承包商方进行接触轨施工测量及安装。

(2)低压配电系统

接口位置在道岔区。接口实施分工的内容如下。

道岔供电采用一级负荷,低压配电承包商为各道岔提供AC 380 V/AC 220 V双电源,其接口分界在双电源自动切换箱,双电源自动切换箱由低压配电承包商提供并安装。低压配电专业提供的双电源切换箱与道岔接线的接线端子符合道岔接线要求。低压配电承包商负责提供并满足各道岔区的检修照明条件和要求(照度达到 50～100 lx)和提供道岔区供维修使用的电源设施、照明设施。

低压配电系统的承包人负责提供对道岔设备的接地,接地点是道岔配电盘内的接地端子。设计联络会时,与工厂的技术人员协商。双电源自动切换箱至道岔其他控制柜和道岔之间的配电线路由卖方负责。

(3)给排水与消防系统

接口位置在道岔基坑处。接口实施分工的内容有:地面道岔基坑设管道重力排放,给排水承包商完成施工安装。给排水专业提供道岔维修和清洁所需的水源。

(4)通信系统

接口位置在电话柜(箱体)处。接口实施分工的内容有:通信承包商提供三号线正线各道岔区的电话及配置电话电缆至以上道岔区的电话柜,并安装道岔区及道岔视频监视设备。

(5)信号系统

接口位置在道岔手动控制柜的接收/发送端子处。接口实施分工的内容如下:道岔的转动信号由信号系统提供,道岔提供与实际相符的位置表示及故障信号等必要的接口信息,其接口分界在手动控制柜的外线端子,电路接口采用继电器接口。

信号承包商方确认敷设在道岔肩部区域的部件设计和安装,包括根据相关标准由道岔承包商提供并安装的信号 TD 环线凹槽、固定扣环、防护管、道岔梁固定端环线引下防护管、活动端短络管等。

信号承包商负责敷设道岔控制信号电缆到道岔手动控制盘接收/发送端子。

道岔现场操纵的授权管理由信号操作台办理。道岔控制电路与信号包接口相适应。道岔控制电路的交流电源电压可变。

第十七章　综合联调

1. 联调的目的

(1)实现系统功能整体目标

城市轨道交通系统由多个子系统构成,各系统间有很强的关联性,通过综合联调验证所有系统之间联动关系的实时性、完整性。实现系统全功能目标。

(2)调整系统接口参数

通过联调确保硬件和软件接口正确,各项参数匹配优化,验证所有系统之间的接口和通信规约的一致性,从而实现大系统整体性能的最优。

(3)验证系统非正常情况下的运行状态

在正常模式下系统各项功能实现的基础上,测试各种后备模式、非正常工况下的设备运行,并验证各系统之间非正常模式的联动,落实故障导向安全的技术措施。

(4)验证设备是否符合合同要求的各项性能指标

通过联调验证设备是否符合合同要求的各项性能指标,检验系统功能、架构、操作方法/方式等是否满足设计要求和运营管理模式要求;及时发现、排除和论证在系统规划、设计、制造、安装等环节存在的隐患和不足。

(5)提高系统整体运行的稳定性和可靠度

通过联调确认系统是否具有高可靠性、可维修性和安全性,验证系统的技术成熟度和技术可靠度,是否满足国家规范和设计要求。

(6)培养设备操作、维修人员技能

运营操作、维修人员全程参与联调工作,培养行调、电调、环调的联合协调作用,同时达到提前发现运行筹备过程中的薄弱环节,提前检验现有的规章制度是否可行,为试运行和运营综合演练做好各项准备工作。

联调是轨道交通建设的关键一环。在有限时间内组织所有专业和系统的总包单位、分包单位、施工单位、业主各部门,加强协调管理,综合利用线路条件,完成全线(包括正线、控制中心、车辆段、停车场)各专业、各系统间的系统联调,并及时解决不满足运营安全要求的问题,安全有序的组织施工调试,满足单轨建设工期要求。

2. 联调的阶段和任务

联调分为三个阶段，分别是联调准备阶段、实施阶段、完善阶段，见图 17-1。

<table>
<tr><th colspan="3">阶段</th><th>任务</th></tr>
<tr><td rowspan="5">系统总联调</td><td colspan="2">准备阶段</td><td>系统集成阶段</td></tr>
<tr><td rowspan="3">实施阶段</td><td rowspan="2">实施阶段一</td><td>多系统联调(简称“联调”)</td></tr>
<tr><td>全线总联调(简称“总联调”)</td></tr>
<tr><td>实施阶段二</td><td>运营演练</td></tr>
<tr><td colspan="2">完善阶段</td><td>试运行(及试运营开通前评估)</td></tr>
<tr><td colspan="4">载客商业试运营</td></tr>
</table>

图 17-1　联调的阶段与任务

(1)准备阶段。相关系统的系统集成和单体调试，此阶段联调介入，汇集各系统的系统接口技术文件，调查现场实施情况、制定具有针对性的联调实施计划和方案。

(2)实施阶段。各系统单体调试完成满足联调条件后，根据联调计划组织相关方开展的点对点、端对端及系统验证等联调工作。

(3)完善阶段。联调主要调试内容已基本完成，相关模式验证已做，全线进入试运行期间各系统通过不断磨合，验证联调结果，对试运行过程中出现的系统个别问题给予完善，使单轨各系统功能完善，运行稳定可靠。

3. 联调的内容

依据各系统之间的相关程度与接口复杂程度，在系统联调时，可划分为“电动客车运行相关系统”和“运营服务相关系统”两部分。

在联调过程中，地铁列车的运行是核心，各子系统均应在列车运行状态下动态调整。对它们来说，满足系统目标的要求主要体现在满足列车运行的要求上。

联调按组织的过程分类主要包括：限界检查及冷滑试验、热滑试验、牵引供电试验、列车运行相关系统联调、运营服务相关系统联调、消防应急系统联调六大类。

(1)限界检查及冷滑试验

限界检查是利用符合限界检测精度要求的专业限界检测设备对全线的行车周界进行的检测，测量检查各系统设备、设施是否满足限界设计要求，正线车站及区间的土建结构是否满足限界要求，为车辆上线试验做准备，防止线路上各种设备和设施侵限而对上线列车造成损伤。

冷滑试验是在接触网不带电情况下，采用专用冷滑车辆在线路运行，检验接触网与轨道、车辆之间的物理配合关系，确保列车带电后的自主运行安全可靠。

(2)热滑试验

热滑是在接触网送电的情况下，电动客车利用自身牵引系统按不同运行速度进行牵引试验，主要检测弓网之间的匹配，列车牵引与供电系统之间的匹配，供电系统的参数波动对列车牵引的影响，列车加速、惰行、减速、再生制动对供电系统的影响，紧急状态下列车和供电系统的防护功能，观察是否存在打火、拉弧、击穿等情况，对热滑试验中发现的问题及时分析和处理。

(3)列车牵引供电试验

列车牵引供电试验主要验证供电系统能否安全、稳定、可靠地为电动客车提供牵引电力，包括供电系统负荷测试、故障测试、短路测试、耐压测试、电磁干扰测试等，验证整定值的准确性，试验单边供电、双边供电、越区供电等模式运行情况，为列车运行相关系统联调做好准备。

(4)列车运行相关系统联调

列车运行相关系统联调主要是车辆与轨道、牵引供电、通信、信号、站台门设备系统之间的联调，在设备系统正常工作状态下进行必要的重复试验，并进行故障恢复试验。

车辆主要进行牵引性能、制动性能、控制系统、诊断系统等相关试验，进一步调试和检验轮轨动力学性能，侧重车辆与轨道的整体匹配。

车辆与信号系统的联调主要是 ATS、ATP、ATO 系统的调试，验证车载信号与地面设备的信息传输，试验信号系统对列车的行车控制。

车辆与通信系统的联调主要是乘客信息系统和无线通信。

车辆与站台门系统联调主要是列车到站后可实现自动、手动开关站台门，保证旅客乘降安全，在非正常和紧急情况下能够尽快疏散旅客。

(5)运营服务相关系统联调

运营服务相关系统联调主要是自动售检票系统、环控系统、综合监控系统、出入口导向标识和其他车站机电设备系统(如给排水、电扶梯、车站广播、电视监控、旅客资讯、门禁等)的联调，测试控制中心、车站、现场三级自动与手动控制模式，验证系统的遥信、遥测、遥控、遥调功能，确保安全性、一致性和稳定性。

(6)消防应急系统联调

消防应急系统联调主要是测试与消防相关的FAS系统及相关联设备的联动运行,包括火灾报警、气体灭火、消防切非、车站与区间风机联动、闸机运行模式变更等,验证在正常及非正常工况下消防应急设备系统的运行及模式转换。

4. 联调前提条件

(1)总体条件

各系统及其接口已按施工设计图纸或设计变更通知单完工。车站级、中心级各专业单系统安装调试完毕,设备品质达标,单系统功能满足规格要求,出具调试报告,并经审查核批。

完成《综合联调实施方案》的编制,并报批。安全防范技术措施已落实到位,并制定了防范用的应急预案。运营单位的相关规章制度已建立,以便通过联调进行检验。

确定参与联调的人员,并建立合理的组织分工。其中,《综合联调实施方案》包括并不限于以下文件。

①各项试验规程。

②联调实施细则。

③联调记录表格和报表。

④联调进度控制计划。

⑤质量控制计划。

⑥风险及安全评估计划。

⑦接口关系表管理及缺口分析计划。

⑧技术文件交付计划。

(2)列车运行相关系统条件

设备正式电源已投入,设备用房的温度、湿度满足设备工作需求。

单轨线路安装、静调完成,轨行区冲洗完成,限界检测完成满足行车条件。

单轨道岔系统安装调试完成,与信号系统的接口调试完成。

供电系统系统调试完成,接触网精调和冷滑完成。

站台门安装及单调完成。

通信系统专用无线通信、调度台、电话等通信条件已具备。

信号系统设备安装及调试完成,联锁系统调试完成并获得安全认证,中心及车站设备表示功能调试完毕。

全线线路标识齐全,按要求设置安全标志、疏散标志、信号标志、停车标志等。

完成电客车静调(包括静调电源设备、作业平台、限界门等)、动调试验,具备上线条件。

(3)运营服务相关系统条件

综合监控系统设备安装及程序部署、组网已完成,具备对末端设备远程控制能力。

FAS系统安装及调试完成,具备基本消防条件。

各种风机、风阀等被控单元安装单调完成,具备联动条件。

防火卷帘门、水泵、电扶梯等终端设备单体调试。

PIS、AFC、广播、照明等系统设备安装单调完成。

5. 联调组织机构

(1)组织模式

系统联调阶段的工作性质属于建设行为,一般由建设单位负责。

系统联调是对系统功能的验证,作为运营部门从准备接管角度应该早期介入,全过程参与,与建设部门共同担当验证主体,可简化运营接管手续。

系统联调需要搭建行车指挥、设备保障、施工协调、车站管理的指挥平台,运营部门的介入,即可充分利用运营技术和管理资源,又便于运营部门组织操作演练。

(2)组织机构

①为加强对联调期间行车调度工作的管理,设立中心调度室。中心调度室下设行车调度组、电力调度组、计划调度组、随车调度组、车场调度组、环控调度组。

组织机构见图17-2。

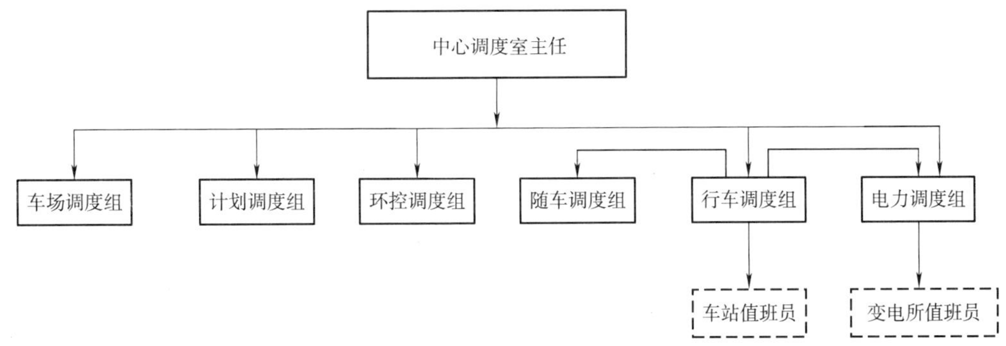

图17-2 中心调度组织机构

②为了保证动车调试安全、顺利进行，设立动车调试室来负责、管理动车调试工作，保证线路安全，为动车调试创造一个良好的环境。图 17-3 为动车调试组织机构图。

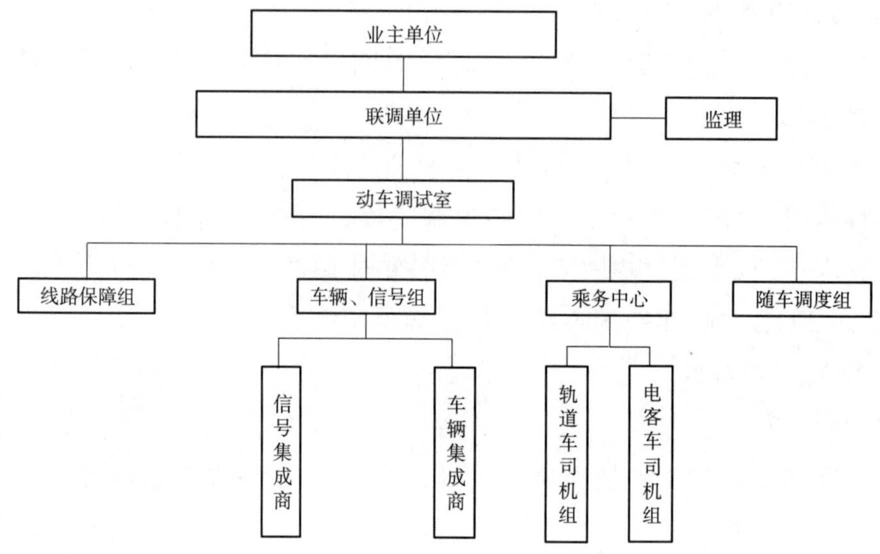

图 17-3　动车调试组织机构

③综合调试小组：BAS/FAS 调试小组、ISCS 调试小组、PSCADA/ACS 小组、通信专业调试小组。

综合调试组织机构见图 17-4。

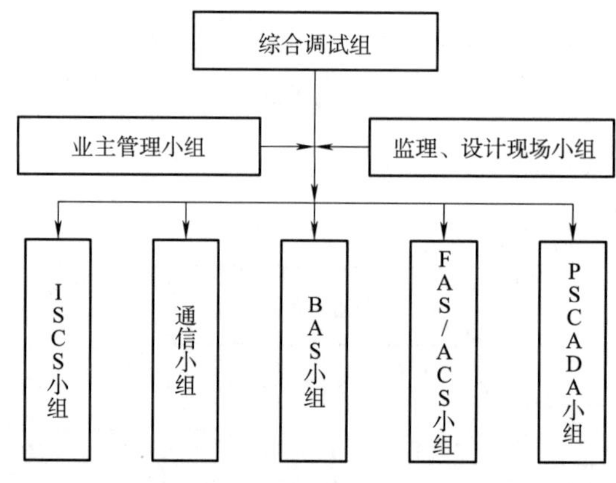

图 17-4　综合调试组织机构

6. 联调的调试管理项目

(1)负责正线及车辆段“三权移交”后轨行区施工调试调度管理、动车调试、清洁保障服务等工作。

(2)负责组织、协调完成工程范围内调试列车的限界检测、热滑工作。

(3)负责提供联合调试期间所需的安全保卫,负责行车调度、电力调度、环控调度、车场调度,与已开通运营区段贯通调试的组织与管理工作。

(4)负责联合调试期间所有专运任务的组织保障工作。

(5)负责车站及区间综合调试,包括 PSCADA、BAS、FAS、通信、AFC、PSD 等接口调试工作。

7. 联调的安全管理

联调期间,各参试单位遵从《联调轨行区管理办法》《停送电管理办法》等管理要求,落实联调计划和服从联调指挥部的统一调度,联调前做到"大纲、计划、预案"三确认。严格按"联调标准化管理规程"卡控管理,坚持"效率服从安全"原则,对于占用线路作业坚持"行车不施工、施工不行车"的原则,坚持"无电当有电"的原则。

严禁无计划行车或越级指挥行车,动车前必须确认所有相关设备系统状态、施工清场和限界检查,并严格控制试验列车添乘证,按限定速度行车。对于开放区段、作业通道、站区段场等关键处所必须安排保卫人员做好巡控。

第十八章　工 程 建 设

18.1　概　　述

1. 建设阶段划分

轨道交通是百年大计，对城市和城市经济都有着深远影响，一次性投资大，运行费用高，社会效益好而自身经济效益差。

轨道交通的建设涉及决策、设计、施工、验收试运营、正式运营等各个方面，各阶段划分见图 18-1。而能否决定一个城市开展轨道交通建设的前提就是线网规划、建设规划和可行性研究。

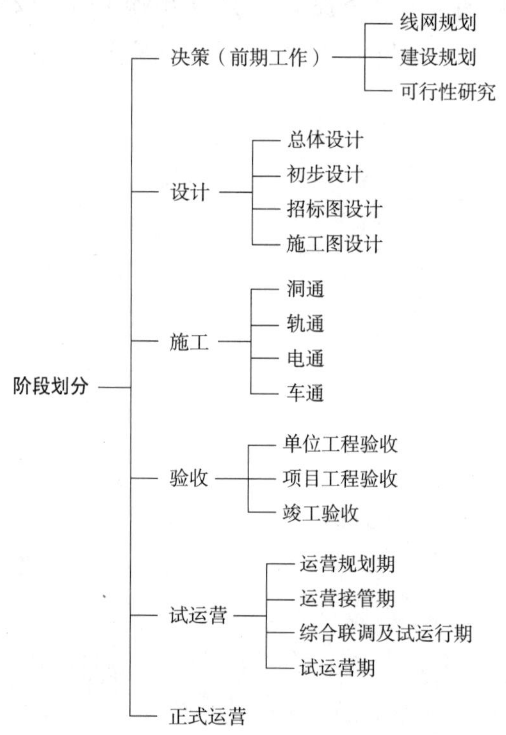

图 18-1　工程建设阶段划分图

线网规划是一个城市在有意向做轨道交通时，首要要做的事情，有了线网规划方案，得到市政府的同意才有可能做接下来的工作。线网规划是指导城市轨道交通近期建设和长远发展的重要依据，是城市综合交通体系规划的组成部分，是城市总体规划的专项规划。

建设规划编制的主要目的是为了在一轮的建设过程中，明确远期目标和近期建设任务，以轨道交通线网规划和控制性详细规划为基础，提出近期建设方案，是轨道交通项目实施的总依据。以及相应的资金筹措方案，控制好轨道交通建设的节奏，依据城市的发展和财力情况量力而行，有序发展。

在做建设规划的同时或之后，业主单位为了把握线路整体情况，一般会委托设计院来做线路的预可行性研究报告，主要是研究线路的路由方案、车站的布置、车辆段的选址（与规划院配合）等工作，以及线路的一些重难点工程的初步研究及工程投资，给出推荐的整体方案供业主单位参考。

工可即工程可行性研究报告，在建设规划由国务院审批下来后，每条线路就可以开展工可研究了。工可阶段承上启下，是线路前期工作的最后一环，也是设计阶段开始的依据。

轨道交通可行性研究报告获批后即进入设计、施工阶段。跨座式单轨交通工程有着其独特的施工特点，施工特点可以用“轨通”“电通”“车通”来表示施工完成情况的里程碑。

2. 跨座式单轨交通工程施工的里程碑节点

（1）轨通

“轨通”的意义在于将车站和区间土建工程各工点串起来，单轨车辆可以连续在轨道上通行，也是接触网、信号等系统的设备材料运输、安装工程的基础条件，为下一步“电通”做好充足的准备。

跨座式单轨施工首要里程碑节点“轨通”的实现，需要轨道梁桥系统上部及下部结构施工完成，PC 轨道梁、道岔架设线调完成。

跨座式轨道梁桥上部结构用于直接支承并引导跨座式单轨列车行走的梁体结构及其支座，包括轨道梁、道岔梁及支座。下部结构用于支承轨道梁、检修通道、道岔梁等下部支承结构体系。通常以轨道梁底、轨道梁或道岔梁支座底面为分界面，其下为轨道梁桥的下部结构。

在施工生产中必须要根据总工期安排倒排出“轨通”时间，由于预制的 PC 轨道梁数量多，道岔设备生产周期长，一定要严格控制 PC 轨道梁的预制及道岔的生产时间，保证 PC 轨道梁、道岔按既定时间节点架设、线调完成。

（2）电通

“电通”的意义在于为车站、区间的设备调试提供电源及照明，为设备的单体调试和系统调试创造供电条件。当施工线路主变电所、车站牵引所、降压所供电设备安装、调试完成，车站及区间环网电缆敷设完成，变电所设备完成规范要求和相关试验，经检验达到受电条件后，环网电源由市政电网引入供电主变电所，再由主变电所向各牵引所、降压所送电，各车站及区间实现“电通”。

(3)车通

“车通”意义在于实现车辆上线，启动系统联合调试，为试运行创造条件。

“轨通”“电通”达到条件后，接触网、通信、信号等行车相关系统安装、调试完成，限界检查工作完成，确认列车上线安全条件，启动系统联调。

在列车运行有关的系统联调开始前，必须完成行车相关区段轨道系统、供电系统验收、冷滑试验和热滑试验。试验合格后方可进行与列车有关的系统联调。

18.2　跨座式单轨工程建设特点

1. 轨道梁预制

重庆制式轨道梁呈工字形，宽 850 mm，高 1 500 mm，顶面和侧面两面均为车辆行驶面（顶面为承重面和走行面，上侧面为导向面，下侧面为稳定面），梁腰两侧为供电轨，梁底悬挂电缆桥架，敷设供电、通信电缆。在跨座式单轨交通中，轨道梁不仅是承重的桥梁结构，支承和约束车辆行驶的轨道，同时还是牵引电网、信号系统等的载体，承担多种作用。且轨道梁上的预埋件种类、数量繁多，定位精度要求高，既要满足结构要求，又要满足精度要求，因而轨道梁采用预应力混凝土轨道梁（PC 轨道梁），并采用预制架设的设计及施工方法。

(1)模板设计

PC 轨道梁模板（图 18-2）根据 PC 梁截面形式、长度等综合设计而成，由侧模总成、千斤顶总成、中模总成、底模台车总成、线模总成、端模总成和钢结构组成。

模板采用双侧 60 根带有标尺的高强度螺旋拉杆组成的千斤顶总成单点调节模板，拉杆每 2 根为一组按照参数分部为 15 个点，每个拉杆可独立调节，以实现 PC 轨道梁横向方向的曲线要求；竖曲线方向采用可调节的线模总成调至设计的预留反拱值以满足竖向方向的曲线要求。

(2)PC 轨道梁施工

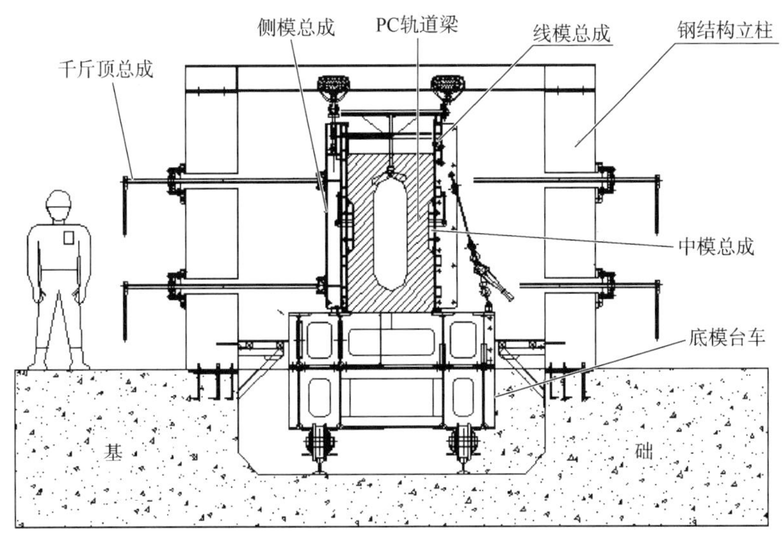

图 18-2 PC 轨道梁模板

①施工工艺流程(图 18-3)

②原材料检验

PC 轨道梁使用年限长,为达到混凝土高性能、高耐久性的要求,混凝土试配时可选用优质的水泥、性能优良的矿粉、粉煤灰等掺合材料,或者选用复配形式的复合型胶凝材料。所有原材料必须有合格证明书和检测报告,不合格者不得使用。

③施工工艺

a. 施工准备

施工前要求把好原材料的进场检验关,特别是混凝土原材料要选用优质的水泥、性能优良的矿粉、粉煤灰等掺合材料,或者选用复配形式的复合型胶凝材料,尽量减少胶凝材料中水泥的用量以达到 PC 轨道梁使用年限长、混凝土高性能、高耐久性的要求。

b. 底模台车放线

ⓐ按照工法指导书和设计图纸的要求,在台车上作出梁体中心线、梁体底面边线、梁体端边线、支座中心位置和预埋件位置,台车放线尺寸允许误差应符合表 18-1 的规定。

ⓑ采用经纬仪、钢卷尺、直角尺配合放线,中心线施放应按先纵线后横向,并有梁长度(跨度)中心向两端的分线顺序进行。

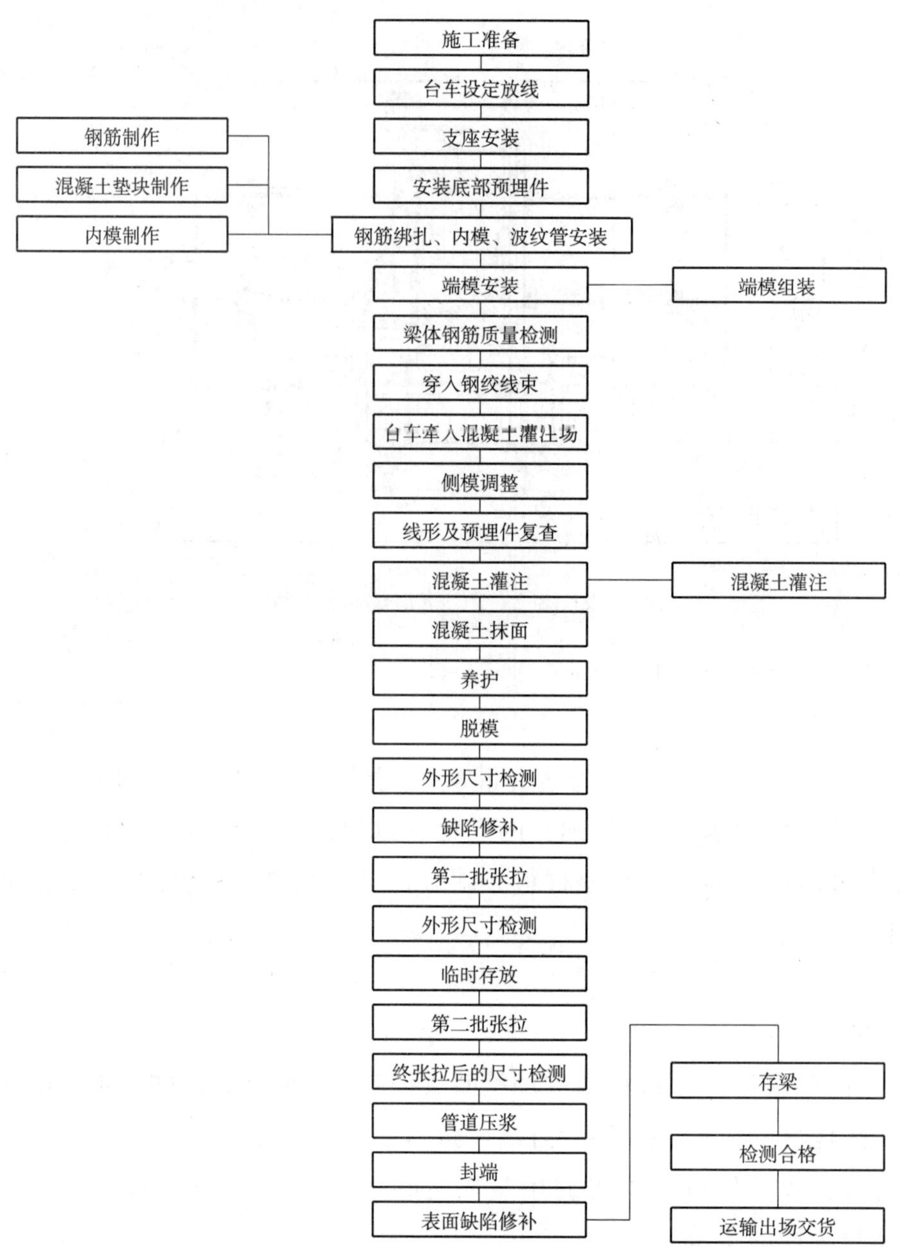

图 18-3　PC 轨道梁预制施工工艺流程图

表 18-1　底模台车放线技术标准

序号	检验项目	标准	检测工具	检查频次
1	全长	±2 mm	钢卷尺　拉力器	全检
2	跨度	±2 mm	钢卷尺　拉力器	全检
3	梁宽	±1 mm	钢卷尺	抽检两端、$L/4$、$L/2$、$3L/4$ 共 5 处
4	预埋件	±2 mm	钢卷尺 拉力器　钢直尺	全检

c. 支座安装

铸钢拉力支座分为固定和活动支座两种，有直线形和曲线形。支座是 PC 轨道梁与墩柱连接在一起的构配件，承担着传递竖向力、横向力和扭转力，以及防止梁倾覆，安装时调整线形和设置超高的作用，因此支座安装是关键工序。支座结构见图 18-4，安装技术标准见表 18-2。

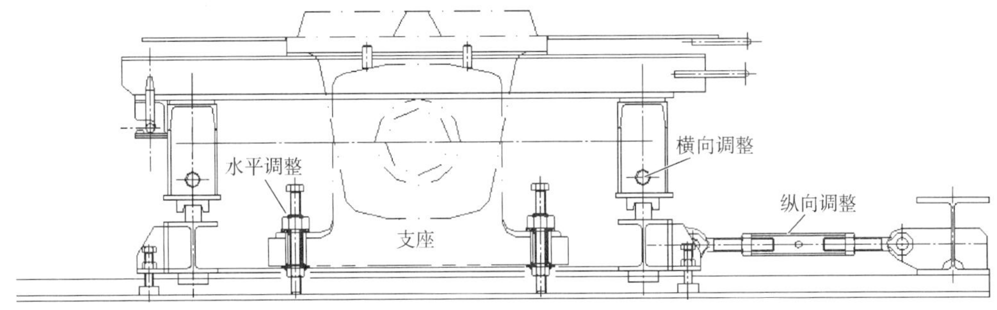

图 18-4 支座结构

表 18-2 支座安装技术标准

序号	检验项目	标准	检测工具
1	支座纵横向中心线偏差	±1 mm	钢直尺、游标卡尺
2	支座纵向中心线与梁体中心线偏差	±1 mm	钢直尺
3	支座顶面与台车面高差	±1 mm	水平尺、塞尺
4	两支座中心距与设计值偏差	±2 mm	钢卷尺、拉力器
5	接缝处密封良好，无漏浆可能	良好	—

d. 钢筋加工

钢筋加工包括：钢筋对焊、钢筋下料、钢筋弯曲成型、箍筋焊接、预应力管道定位网片制作。钢筋加工现场见图 18-5，技术标准见表 18-3。

图 18-5 钢筋加工现场

表 18-3 钢筋制作技术标准

序号	检验项目	标准	检查频次
1	冷弯及抗拉试验	合格	每 200 个接头制作冷弯、抗拉试件各一组
2	接头偏心(轴线偏移)	≤0.1d 且≤2 mm (d 为钢筋直径)	抽检 10%
3	接头弯折(轴线夹角)	≤4°	抽检 10%
4	接头表面裂纹	无	全检
5	钢筋在焊接机夹口无烧伤	良好	全检
6	钢筋下料	±10 mm(≥5 m)	抽检 10%
		±5 mm(<5 m)	
7	钢筋成型尺寸误差	±5 mm	抽检 10%
8	成型后钢筋外观无锈蚀、裂纹等	良好	全检

e. 内模制作

PC 轨道梁设计了内空腔,以达到减低梁重、降低成本的目的。在钢筋预编扎之前应放入一次性内模,以满足设计要求。内模实物见图 18-6,技术标准见表 18-4。

图 18-6 内模实物

表 18-4 内模制作技术标准

序号	检验项目	标准(mm)	检查频次
1	全长	±10	每节内模测上、下两边
2	宽	−5～0	每节内模检查两端及中心共 3 处
3	高	−10～0	每节内模两端
4	曲线矢高	±3/节	每节内模

f. 钢筋绑扎

PC 轨道梁钢筋绑扎在底模台车上进行。现场实物见图 18-7，技术标准见表 18-5。

图 18-7　PC 轨道梁钢筋实物

表 18-5　钢筋编扎技术标准

序号	检验项目	标准(mm)
1	波纹管顺直，且与任何方向的偏差	≤5
2	钢筋与设计位置偏差	≤10
3	钢筋混凝土保护层与设计偏差	±5
4	钢筋搭接长度	≥30*d*(*d* 为钢筋直径)
5	钢筋搭接绑扎或段焊	不少于 3 处，双结绑扎，段焊牢固
6	混凝土垫块间距	500～800
7	内模安装位置偏差	任何方向≤10
8	钢筋绑扎或点焊点牢固	良好

g. 预埋件的安装

PC 轨道梁预埋件种类分为：指形板座、电缆桥架、绝缘子固定预埋管、车体接地固定预埋管、车体接地电缆保护管、避雷器电缆保护管、电缆保护管及信号系统预埋件。

PC 轨道梁预埋件安装种类、数量应齐全，埋置位置应准确，管道应通畅。

h. 端模安装

由于 PC 轨道梁的弯曲弧形会随线路的曲线半径不同而产生变化，所以端模在底模台车上的相对位置也会发生变化。通过 4 个对称布置的双扣螺杆可将端模在底模台车上精确定位，满足 PC 轨道梁精度的要求。端模结构见图

18-8，技术标准见表 18-6。

i. 侧模调整

可调侧模是 PC 轨道梁生产的关键技术。侧模技术采用国外先进技术，每扇侧模通过 15 组(30 根)高强螺旋拉杆的单点调节，能有效地调整平面曲线、竖曲线，满足不同梁长、不同线形的需要，以达到批量生产 PC 轨道梁的目的。同时也能提高 PC 轨道梁的精度。侧模和千斤顶见图 18-9 和图 18-10，技术标准见表 18-7。

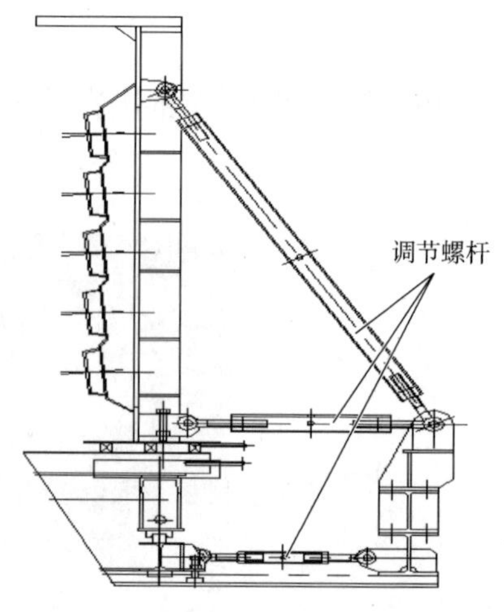

图 18-8　端模结构

表 18-6　端模安装技术标准

序号	检验项目	标准
1	梁长(顶部测两组值，底部测两组值，取平均值)	±5 mm
2	端模倾角、转角与梁体中心线夹角误差	±2/1 000 rad
3	端模预埋件应紧贴密合，且垂直于端模	无间隙

图 18-9　侧模

图 18-10　千斤顶

表 18-7　模型安装技术标准

序号	检验项目	标准
1	梁长(顶部两个值、底部两个值)	±5 mm
2	跨端模倾角、转角与梁体中心线夹角误差	±2/1 000 rad

续上表

序号	检验项目	标准
3	端模预埋件应紧贴密合，且垂直于端模	良好
4	跨中处线形板台面与台车面高差	1 500±3 mm
5	各设计位置预留反拱值与设计值偏差	±3 mm
6	各节中模两端至相应线形板台面距离	415±3 mm
7	各中模接缝处密封良好，无漏浆可能	良好

j. 混凝土施工

混凝土供应方式分为商品混凝土和现场搅拌混凝土，两种混凝土供应都必须进行试验室配合比设计并应通过试配确定施工配合比。

混凝土浇筑前，应对侧模各项数据进行检查复核，检查合格后方可进行混凝土浇筑；混凝土浇筑应连续、一次成型、振捣密实，应从梁体一端开始向另一端浇筑，并应沿梁长方向斜向分段、水平分层进行，分层厚度不应大于 300 mm，先后两层混凝土的浇筑间隔时间不得超过初凝时间。混凝土浇筑现场见图 18-11。

k. 混凝土抹面

当已浇筑段振实后达到模板线形台面时，应及时跟进抹面。当混凝土表面接近初凝时，用专用洁净毛刷在梁体顶面横向轻刷，使混凝土表面形成均匀的细长纹路，以达到设计的粗糙度。现场见图 18-12。

图 18-11 混凝土浇筑现场

图 18-12 精确抹面

l. 混凝土养护

根据 PC 轨道梁生产工艺，PC 轨道梁的养护可以分为蒸汽养护和自然养护两种。

ⓐ蒸汽养护：采用蒸汽养护时，应分为静停、升温、恒温、降温四个阶段。要求严格控制升、降温速度及恒温温度：升温速度不得超过每小时 15℃；恒温应控制在(50±5)℃，昼夜环境平均温度 5℃以下时不少于 8 h、昼夜环境平均温度5～15℃时不少于 6 h、昼夜环境平均温度 15～25℃时不少于 4 h、昼夜环境平均温度 25℃以上时不少于 3 h；降温速度不超过 10℃；脱模时，梁体表面温度与环境温度不宜超过 15℃。在施工中采用电发生器或锅炉产生蒸汽来进行养护，在蒸养窑中设置蒸汽管道，通过两端供汽，调节管道中的供汽量，保证蒸养窑内温度的均匀性，控制养护温度及升、降温速度，在养护人员的严密监控下实现蒸汽养护。为加快侧模和底模台车的周转率，梁体会分别在初期养护窑和二次初期养护窑两次蒸养。

ⓑ自然养护：自然养护时，洒水次数应能使混凝土表面保持充分潮湿为度。养护时间不少于 14 d；冬期养护应采取保温措施，当环境温度低于 5℃时，不得对混凝土洒水；30℃以上天气逐段覆盖并洒水养护。

m. 脱模

脱侧模时，梁体混凝土强度应≥50％设计强度，且梁体混凝土表面温度与环境温度差不宜大于 15℃。脱底模时，梁体混凝土强度应≥75％设计强度。

脱模后应及时对 PC 轨道梁外观尺寸进行检测并做好记录。检测项目有梁长、跨度、梁高、梁体端面倾斜角、工作面线形、预埋件位置等。

n. 预应力张拉

预应力张拉作为 PC 轨道梁的关键工序，对混凝土制品的质量有直接影响。预应力张拉设备应经国家技术监督部门认证，并满足本预应力系统张拉的需要；张拉千斤顶的摩阻系数不应大于 1.05，油压表精度不得低于 0.4 级；张拉用千斤顶及液压表校正后有效使用期限不应超过一个月，使用有效期限超过一个月或张拉超过 200 束，以及在使用过程中出现不正常现象时，均应重新校验；预应力钢绞线采用标准型 ϕ15.2 mm 低松弛预应力钢绞线，标准强度 1 860 MPa、弹性模量 1.95×10^5 MPa。为确保预应力张拉质量，预应力张拉采用数字化张拉设备。

梁体预应力施工分二期进行，在梁体混凝土强度达到 75％设计强度及相应的弹性模量后进行第一批张拉；在梁体混凝土强度达到 100％设计强度及相应的弹性模量后，且混凝土龄期 14 d 后可进行第二批张拉。预应力张拉现场见图 18-13。

图 18-13 预应力张拉现场

o. 管道压浆、封锚及封端

ⓐ管道压浆

压浆采用真空辅助压浆法，且应在第二批张拉后及时进行，最迟不超过 24 h；压浆顺序应根据管道分布情况，自下而上逐根进行；管道内水泥浆应压实压满。

压浆作业宜在环境温度≥5℃的条件下进行，否则应采取保温措施或按冬期施工方法办理。在气温高的环境，应避开高温时间作业。压浆现场见图 18-14 。

图 18-14 管道压浆

ⓑ封锚

封锚割丝采用机械法割丝，在距锚塞 25～35 mm 处切去多余钢绞线线头；锚具、外露钢绞线应采用防腐蚀的封锚措施，封锚的材料和工艺应满足有耐久性性能的要求。

ⓒ封端

压浆与封锚完成后，应进行梁体封端施工；放入固定封端钢筋并安装封端模型，封端混凝土不应低于 C45，且应采用不收缩水逆配量；拆模后封端混凝土浇水养护期不应少于 10 d；封端混凝土应与梁体结合密实、外观平整，不得出现裂缝、掉角、蜂窝等缺陷。现场封端见图 18-15。

图 18-15　封端

p. 表面修饰

对梁体长度小于 100 mm、宽度小于 50 mm、深度小于 10 mm 的缺陷，在脱模后用同色砂浆修补，修补前凿毛并清洗干净；修补后使用专用工具将表面打磨平整。修补表面有气泡的缺陷时，先敲除气泡周围的混凝土壳，修补后使用专用工具将表面打磨平整。

q. 梁体的标识、吊装、存放

ⓐ标志

PC 轨道梁在脱模后应进行挂牌标志，在 PC 轨道梁出场前在梁端头进行喷漆标志。

ⓑ吊装

第一批张拉后，才允许将 PC 轨道梁吊离底模台车，吊装时，采用两台 40 t 龙门吊配套专用的吊具，严格按施工图规定的吊点进行吊装。

ⓒ存放

终张拉、配套完毕的 PC 轨道梁用 40 t 龙门吊及专用吊具吊入存梁区内的存梁台埂上存放，并在台埂铺垫不低于 2 cm 的木方防止梁体底部破损，存放支距按施工图规定执行。

存放 PC 轨道梁的存梁区应平整坚实，并有良好的排水系统；存梁的顺序应依据铺架计划制定；在存放过程中梁体的预埋金属件外露表面均应涂油防锈。轨道梁现场存放见图 18-16。

图 18-16 轨道梁现场存放

r. 轨道梁检测、试验方法

ⓐ梁体外观检测

PC 轨道梁的精度要求高，每一榀梁都应进行检测，在梁体的检测中应仔细测量，检测采用统一的专用工具，并进行定期校正。

PC 轨道梁的梁长、跨度、梁体端面倾斜度及工作面线形分脱模后，28 d 和出厂前三个阶段进行检验。技术标准见表 18-8。

表 18-8 PC 轨道梁检测技术标准

序号	检验项目	精度要求	检验数量	检测工具
1	梁长(弦长)	±10 mm	全部检查	钢卷尺、拉力器
2	跨度	±10 mm	全部检查	钢卷尺、拉力器
3	端面倾斜度	±5/1 000 rad (±7 mm)	全部检查	钢卷尺、铅锤
4	工作面线形	≤L/2 000 mm (L 为梁长)	全部检查	顶面用水准仪、钢直尺 侧面用经纬仪、钢直尺
5	梁宽	端部±2 mm 中部±4 mm 腰部－4 mm	全部检查，每榀梁检查每个加力器断面处	大量程游标卡尺(或 U 形尺、钢直尺)
6	走行面垂直度	±5/1 000 rad (±7 mm)	全部检查，每榀梁检查每个加力器断面处	直角定规或 U 形尺、钢直尺
7	梁体高度	±10 mm		大量程游标卡尺(或钢卷尺)
8	局部不平度	±2 mm 实测值减去水平尺长度范围内的设计线形矢高	每个加力器断面处	水平尺、塞规
9	两端面中心线的夹角	≤5/1 000 rad		直角尺、钢直尺、线锤

续上表

序号	检验项目	精度要求	检验数量	检测工具
10	指形板与梁表面高差	±2 mm	全部检查	直尺定规、塞尺或钢直尺
11	梁端距支座中心线距离	−3～0 mm	全部检查	钢直尺

ⓑ试验检测

ⅰ. 施工过程中混凝土常规检验

PC 轨道梁的混凝土检验每一榀梁都应进行，在灌注时，混凝土运输到灌注窑时应进行坍落度试验，同时应做试件已备施工过程控制及产品质量控制。试验项目：坍落度、强度、弹性模量。

ⅱ. 静载试验

范围：分批次按不同跨度类型随机抽检

数量：每 60 榀检查 1 榀

当本次抽检中有不合格品时，应加倍抽检，若仍有不合格品时，本批次梁应按试验要求逐个项目全部检查。现场检查见图 18-17 和图 18-18。

图 18-17　静载试验 1

图 18-18　静载试验 2

ⅲ. CT 试验

范围:随机抽检

数量:CT 试验按规定要求抽检 5%

梁体 CT 试验应满足跨中及两端支座断面无直径大于 30 mm 的空洞。现场见图 18-19。

图 18-19　梁体 CT 试验

2. 轨道梁架设及线调

(1)轨道梁架设

①概述

跨座式单轨交通的架设一般需采用架桥机、大吨位汽车吊、龙门架、汽车吊配合人工移梁等不同方式架设,对于复杂的地形还可采用特制的架桥机和运梁车的方式。

以重庆某条线为例,工程轨道设计结构有 PC 轨道梁、RC 轨道梁、大跨倒 T 梁、钢轨梁和道岔五种形式。其中 RC 轨道梁、大跨倒 T 梁现浇,不用架线;PC 轨道梁、钢轨道梁、道岔梁,需要架设(安装)和调整。其中 PC 轨道梁架设数目最大,在总长度中正线、出段线、入段线、试车线中占 98%,是架设和线调的重点。

其中架桥机架设方式采用 YL60 型运梁车和 JQ60 型架桥机,它们是根据重庆城市轨道交通跨座式 PC 轨道梁架设施工需要而研究设计的专用运架设备,为国际首创。此套运架设备采用跨座式走行、尾部喂梁、拖拉取梁、简支架梁、空中横移梁片就位的作业模式,适应重庆城市轨道交通单轨线路大坡道、小半径曲线、大横坡、长运距、高架段、地处闹市区交通要道等诸多不利因素条件下的施工作业,可在极其复杂的自然环境下完成 PC 轨道梁的架设。

②运梁车作业工艺流程

a. 运梁车组装调试

运梁车在每次换线或掉头组装前都要检查各连接处有无变形，所有零部件有无脱落、丢失、损坏，是否已在需要处加足润滑油脂等，然后进行组装，顺序为：转向架、车体、电气系统及液压系统。

b. 取梁

取梁是将梁片吊放到运梁车上并固定的过程。

c. 运梁

运梁是运梁车将梁片从架梁基地运送到架桥机尾部的过程。

d. 对接

对接是将运梁车前端与架桥机尾部连接的过程。

e. 拖梁、喂梁

拖梁、喂梁是将梁片从运梁车上拖拉到架桥机上的过程。

f. 返回

当架桥机吊梁小车将梁片吊起后，把两台拖梁小车拖回到运梁车上，并将两台拖梁小车连接，运梁车返回。

③架桥机的架梁工艺流程

a. 架桥机的组装

架桥机在每次换线、调头组装前检查各连接处有无变形，所有零部件有无脱落、丢失、损坏，是否已在需要处加足润滑油脂等，然后进行组装。组装顺序为：转向架，车体，1 号和 2 号柱油缸、机臂、电气系统及液压系统，0 号柱。

b. 架桥机调试

架桥机组装完毕后必须进行调试。

c. 运行

运行是将架桥机走行到架梁位置的过程。

d. 定位

定位是将架桥机准确停止到架梁位置并固定的过程。

e. 机臂前伸

机臂前伸是将机臂向前拖行，使 0 号柱支撑到前方墩台相应位置的过程。

f. 喂梁

喂梁是将运梁车上的梁片拖拉到架桥机上，并用吊梁小车吊起梁片的过程。架桥机定位后，可进行喂梁作业。

g. 出梁

出梁是吊梁小车前行到达架设位置的过程。

落梁是吊梁小车将梁片下落到盖梁垫石上的过程。

h. 微调对位

微调对位是将梁片上的支座准确落在支承垫石上并紧固的过程。

i. 指形板安装

梁片安装调整对位后，成对进行指形板的安装。当两块指形板契合好后对螺栓紧固。

j. 回位

回位是指清理墩台上的辅助工具、设施，并将机臂、吊梁小车回位，达到运行状态的过程。

④PC 轨道梁安装工艺

a. 锚固螺栓的螺纹丝紧密螺纹，必须保证清洁，涂抹二硫化钼润滑油脂后再安装六角球面螺母，六角球面螺母安装时只能用手拧动到位，用手不能拧动时应立即停止安装，查明原因，采取可靠措施后再进行安装。锚固螺栓应安装垂直，紧固螺母的预紧力矩每根应均匀，不得小于 800 N·m，锚固螺母预紧后应划线标记，以备检查。安装防松螺母以后，锚杆螺纹高出部分不应少于 3 丝扣，高出部分螺纹要用润滑油脂涂抹防护。

b. PC 轨道梁支座抗剪榫处的楔紧块应安装整齐，紧固可靠，较薄的楔紧块应安装在较厚的楔紧块中间，应尽可能安装较厚的楔紧块，紧贴抗剪榫安装的楔紧块是全楔形楔紧块，全楔紧块应高于抗剪榫 5～30 mm。

c. PC 轨道梁铸钢支座活动端孔与轴的间隙，在自然气温为 20℃时，应保证辊轴与孔的前后间隙一致；实际安装时应随着气温的高低变化调整齿形定位板的垂直度，保证辊轴与孔的前后活动空间间隙差异符合热胀冷缩的要求。

d. PC 轨道梁两端的指形板安装，要求先清洁指形板及预埋板座表面。安装侧面指形板时，应在预埋板座的上部位螺孔先安装一个长约 100 mm 的螺杆，作为安装指形板的工装，指形板安装时先穿挂在螺杆上，再依次穿上 6 个螺钉，螺钉上必须要有弹簧垫圈。再用快速扳手对角预紧 6 个螺钉，螺钉顶面要低于指形板表面 1 mm 以上。紧固螺栓的预紧力矩不得小于 150 N·m，也不得大于 160 N·m。

(2)轨道梁线调

以重庆某条线为例 PC 轨道梁的线形调整共分为 3 个阶段：第一个阶段为

线形初调,是在架梁过程中进行,其目的是保证运架设备安全顺利地通过。第二次线形调整是在架梁完成后进行,严格按照"跨座式 PC 轨道梁质量检验评定标准"执行,其目的是保证运营的安全性和乘客乘坐的舒适性。第三次为线形精调,是在车辆试运营 3 个月后进行的调整。

①PC 轨道梁的线形初调

a. PC 轨道梁的运输及落梁

PC 轨道梁的运输及落梁采用专门为重庆轻轨架梁设计制造的 YL60 型运梁车和 JQ60 型架桥机。运梁车及架桥机都在已架设好的梁片上行走,运梁车来回运输梁片,架桥机每架好一片梁即前进至下一片梁待架位置,落梁至墩柱盖梁的基座板上。

b. 梁片初调

梁片的初调利用架桥机来实现,梁片第一次落到基座板上后,测定梁片的安装数据,即指形板错台、梁端伸缩缝、抗剪榫处间隙、垂直度。根据测定出的数据,分析需增减调整垫片的情况。然后吊起梁片,首先进行横纵向移动,再根据分析情况,增减调整垫片。梁片再次落到基座板上,再次测定安装数据。直至确定安装数据满足架运设备通过要求,即可紧固螺栓,安装指形板,安装楔形块。

梁片初调的目的只是满足运梁设备能够安全顺利地通过,其调整精度要求可以适当放低,但一定要安装紧固,其紧固螺栓预紧力矩要达到设计要求 800～820 N·m。

②第二次线形调整

第二次线形调整是整个线形调整中最重要的一环,第二次线形调整的好坏,将直接影响轻轨车辆的运营安全和乘客乘坐车辆的安全性和舒适性。

第二次线形调整要分区间进行,必须要梁片架设到一定数量或架设完一个区间后进行。第二次线形调整是一个整体性的调整,要使线路整体达到圆顺平滑,安装牢固,消除局部错台。

a. 调整前数据分析

由于第二次线形调整是一个整体性的调整,就必须在调整前对整个线路情况进行充分的了解。调整前需测量的数据主要有:梁片指形板间的错台、侧面垂直度、梁端间伸缩缝、线间距、高程等。数据测定完成后对其进行综合分析如下。

ⓐ首先考虑梁端间伸缩缝,设计要求为(30±10)mm。根据测定出的伸缩

缝数值,找出不满足要求的,利用附近的伸缩缝数值进行平差,要考虑既能少移动梁片,又能使所有的伸缩缝满足要求。

ⓑ指形板间错台和侧面垂直度是相互联系、相互制约的,错台的精度要求为±2 mm,侧面垂直度的精度要求为7%,由于梁片在生产制造过程中或多或少存在误差,为使线路的平直圆顺调整到最佳状况,必须充分考虑指形板间错台和侧面垂直度之间的相互关系,合理分配其误差。

ⓒ根据调整前测定出的这些数值,确定出线调的具体施工步骤和每一榻梁的调整顺序和调整尺寸,一定要做到调整前心中有数,有的放矢。

b. 梁片的调整

ⓐ调整前的准备工作:对每一片梁进行调整前,首先要拆卸指形板,取出楔形块,拧松锚固螺栓上的螺母,以防止在顶升移动梁片时指形板碰撞梁片,擦伤梁体。

ⓑ梁缝的调整:梁缝的调整也就是梁片纵向的调整,将专门制作的移梁楔块安放于需移动方向的抗剪榫与下摆之间,再将千斤顶安放于移梁楔块上。通过顶升千斤顶,利用移梁楔块挤压梁片下摆完成梁片的纵向移动。每次顶升可使梁片移动1~5 mm,若一次移动不到位,可反复顶升移动,直至达到要求。梁片的纵向调整,只能在梁片的固定支座端操作。

ⓒ高程的调整:高程的调整是通过增减调整垫片来实现的。在抗剪榫上安放专门制作的顶梁方墩(高为20 mm),再将千斤顶置于钢方墩,顶升千斤顶。每次顶升,均以梁片刚刚离开凸轮板,能取出或增加调整片为宜。调整片的规格选用0.5、1、1.5、2和5级别厚度。顶升梁片前,注意锚固螺栓不要松得太多,以刚刚能顶升梁片为宜。

ⓓ错台、垂直度和线间距的调整:错台和垂直度两者是相互联系、相互制约的,在调整前一定要综合考虑两者之间的关系。错台和垂直度的调整是通过左右侧增减调整片和横向移动来实现的,需增减调整片时方法同高程的调整,通过千斤顶顶起梁片后来增减调整垫片。需横向移动时,方法同梁缝的调整,通过移梁楔块来挤压梁片下摆,使梁片侧向移动,达到横向移动的目的。在调整错台和垂直度的同时,要兼顾线间距满足规范要求。

ⓔ数据测量:数据测量贯穿整个线形调整过程,边调整边测量,直至每一项都满足规范要求,对不满足要求的,则要反复进行调整。为满足在梁片上行走安全和安放测量仪器,根据梁片的截面尺寸自行设计了一种可以在梁片上推着行走的跨座式手推车。

ⓕ梁片紧固：梁片是通过锚固螺栓来固定在墩台盖梁上的，对锚固螺栓的方向和预紧力要求一定要高。为保证锚固螺栓的方向准确，特根据螺栓方头制作了卡具，在紧固螺母时用卡具卡住螺栓的方头，保证方向偏差控制在±2 mm以内。螺母的紧固要全部用力矩扳手，保证每个螺母的预紧力矩为800～820 N·m。

ⓖ楔紧块紧固及指形板安装：楔紧块安放紧固的目的是使梁片支座下摆与基座板上的抗剪榫密贴，运营车辆行驶过程中使梁片上产生的剪切力可通过楔紧块直接传递给抗剪榫。楔形块的安放是根据支座下摆与抗剪榫的间隙，选择合适的平垫板和1组楔形块，按照安放顺序进行放置，然后用铁锤敲击楔形块使之紧固。注意选择的平垫板和1组楔形块在紧固后，楔形块与抗剪榫高差要满足5～30 mm的规范要求。

安装指形板要清理干净指形板座，保证指形板与板座间的密贴，指形板全部用力矩扳手紧固，预紧力矩为150～160 N·m。

c. 第三次线形精调

第三次线形精调是在试运营3个月后进行的，主要是通过试运营一段时间后对其线路线形情况进行一次全面的检查测量并记录数据，然后对不满足规范要求的部分路段进行精调，达到规范要求后再对楔形块进行焊接。

ⓐ数据测量检查及调整

首先对线路的数据进行全面测量，对于满足规范要求的梁片，要检查梁片指形板螺栓，紧固螺栓及楔形有无松动，若松动则按要求紧固到位。对于不满足规范要求的路段梁片，则按照第二次线形调整的方法和步骤，重新进行调整。

ⓑ楔形块焊接

焊接前首先检查楔形块是否紧固，楔形块与抗剪榫高差是否满足5～30 mm的要求。楔形块的焊接是使楔形块与抗剪榫、楔形块与楔形块之间焊接在一起，防止运营车辆在行驶过程中造成楔形块的松动脱落。

焊接采用手工电弧焊接，共有4个方向，每一方向2道焊缝，焊缝高度要求为6 mm，焊接完成后要清理焊渣，检查焊缝质量，防止漏焊、气孔、裂纹等缺陷。

3. 道岔安装

跨座式单轨交通道岔设备是跨座式单轨交通系统的关键性技术装备之一。跨座式单轨道岔作为跨座式单轨制式独有的设备，其安装、调试需要严格控制。以重庆跨座式单轨可挠单开道岔为例，道岔的安装工艺流程及主要安装原则如下。

(1)道岔安装工艺流程(图 18-20)

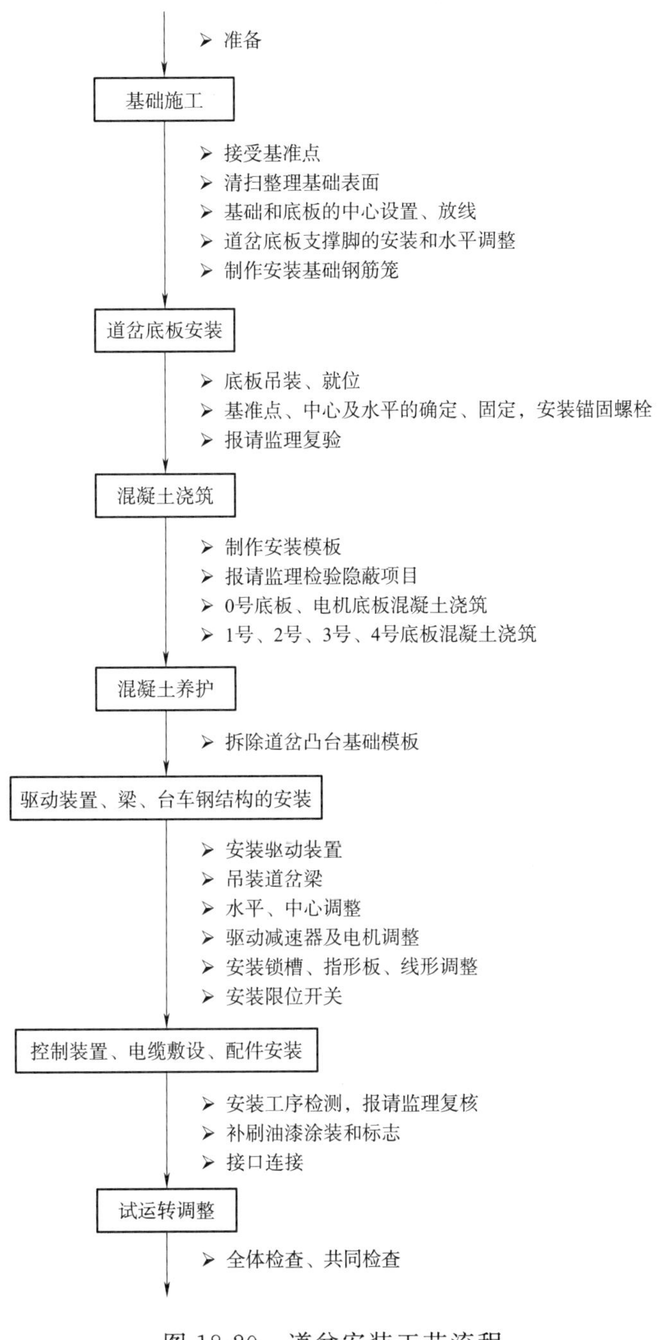

图 18-20 道岔安装工艺流程

①基础施工

接受勘测院给的高程控制点和 GPS 控制点。根据所给的高程控制点和 GPS 控制点,测量人员利用水准仪和全站仪在道岔平台上布置二级高程控制点及二级 GPS 控制点。在控制点布置完后记录数据，上报测量监理复测，经测量监理复测合格后方可使用。

利用道岔平台上布置的控制点，进行底板中心线设置及支撑脚位置的确定。参照施工图，在相应位置安装支撑脚，调整支撑脚螺栓顶面高度。

道岔基坑凿毛，清除道岔平台施工时留下的混凝土浮渣。在凿毛完成后进行基础凸台钢筋绑扎，所有钢筋严格按图纸的形状尺寸进行制作。

②道岔底板安装

底板吊装就位，安装道岔底板上的附设锚固螺栓金属构件。检测相邻道岔底板上的走行轨面安装的水平高差，误差≤2 mm。检测道岔底板安装的中心误差，达到符合规范要求。

记录底板调整数据，上报测量监理复测，在复测合格后将底板和支撑脚焊接固定。

③混凝土浇筑

混凝土浇筑按照立模→隐蔽工程检查→在检查合格后进行混凝土浇筑。

采用 C30 商品混凝土浇筑，混凝土基础凸台分两次进行浇筑，第一次进行驱动装置底板、0 号底板浇筑，第二次进行 1 号、2 号、3 号、4 号底板浇筑。每次浇筑时一次性浇筑完毕，浇筑间歇不得大于 3 h。浇筑顺序为沿基础凸台长边方向从一端向另一端推进。

振捣采用插入式振捣器。振捣器与模板的距离不应大于其作用半径的 0.5 倍，并应避免碰撞钢筋、模板、预埋件和排水管。

在混凝土浇筑时，每副道岔制作 3 组 150 mm×150 mm×150 mm 试压块，试压块制作时需振捣密实，表面光滑。

④混凝土养护

混凝土的养护采用表面覆盖，浇水养护的方法。养护在浇筑完毕后 6～12 h 开始，每天浇水 2～4 次，保证混凝土处于湿润状态，防止出现裂缝。人工养护 7 d 以后拆模，拆模后对混凝土表面进行抹光。

模板拆除后，对底板位置、钢轨高度进行复测调整。记录数据上报测量监理复测。

⑤机械设备部分的安装

a. 安装驱动装置和传动装置

根据施工图，预先在底板上划出安装位置线。使用专门编制长度的钢丝绳配合手拉葫芦调整水平，吊装就位驱动装置减速机和传动装置，经初步调整合格，然后再同道岔梁配合进行精确调整。

b. 吊装、组装道岔梁

每组道岔梁的吊装顺序见图 18-21:第 2 梁→第 1 梁→第 4 梁→第 3 梁。第 1、2、4 梁和台车组装成一体,第 3 梁上无台车。

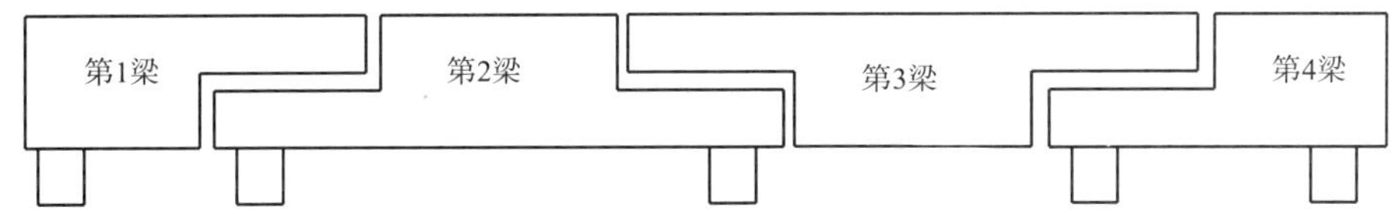

图 18-21 道岔梁的吊装顺序

c. 电机安装及调整。利用磁力百分表进行测量,调整电机底座垫片厚度,使电机运转时的偏转误差在 0.3 mm 以内。

d. 安装指形板,进行线性调整

主梁安装完毕后,再安装道岔梁的指形板等配件,然后进行道岔梁的线型精确调整。道岔梁线型精确调整合格后,安装定位锁定槽,锁定槽进行点焊定位,然后利用道岔手动转辙装置摇动道岔转辙,调整 2.4 m 转辙距离的误差值在 2 mm 以内,要反复进行调整确认,至达到最佳状态。

e. 导向槽间隙调整。保证导向轮和导向槽两侧的间距均小于 3 mm。

f. 道岔梁精调完成后,根据道岔梁运转位置固定限位开关。

g. 道岔梁调整后严格检测安装精度,记录数据上报监理复核。监理复核合格后焊接所有锁紧槽。

⑥控制装置、电缆敷设、配件安装

工艺流程:控制柜基础施工→安装控制柜→电缆槽安装→电缆长度检查→切割电缆→电缆放线→理线→接线→接线检查→防护罩安装→通电调试

(2)道岔的主要安装原则

①道岔安装在坚实稳定的基础上,道岔区有良好的排水设施,道岔平台上不可有积水、堆积物及影响道岔运行的设施。

②道岔区有足够的检修空间、通道和安装附属设施的条件及安全隔离设施,道岔区有照明设施。

③道岔桥上的电力电缆、供电电缆、通信及信号电缆、道岔控制电缆等按电压等级分别布置在道岔桥的两侧。

④道岔的台车走行基础和驱动装置安装基础宜采用二次浇筑钢筋混凝土结构。道岔桥或道岔专用平台在土建施工时凸台位置预留连接钢筋,凸台钢筋与预留钢筋采用焊接连接。

⑤道岔区设置电视监控设施，便于调度人员了解道岔运行工况。

4. 供电线路安装

(1)汇流排

跨座式单轨接触网受流模式不同于传统轮轨交通所采用的第三轨或架空接触网模式，是一种全新的城市轨道交通接触网受流模式。T 形汇流排用于跨座式单轨接触网系统，是该系统主要载流元件。除正极受流接触网外，设置专门的负极回流接触网(回流轨)。正负极接触网结构相同。接触网位于轨道梁侧面中部并被车体完全包络，平行轨道梁中心线方向呈“之”字形布置，接触受流面相对轨道梁侧面向外，受电弓相对轨道梁侧面向内与接触网接触线摩擦受流，电压等级为直流 1 500 V。

目前跨座式单轨汇流排有两种样式，即 T 形汇流排和整体夹持 T 形汇流排，分别见图 18-22 和图 18-23。

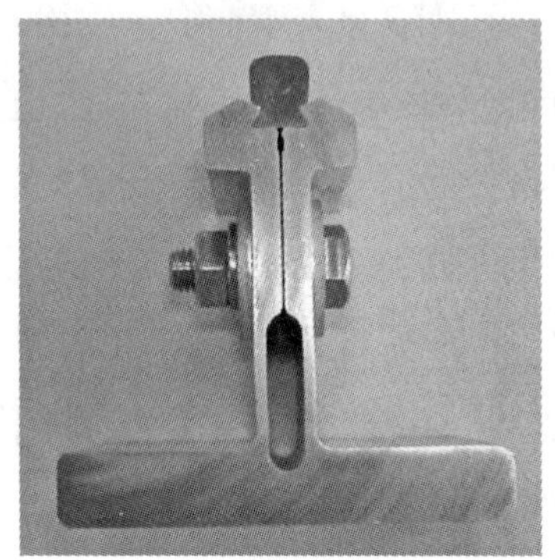

图 18-22　T 形汇流排和整体夹持 T 形汇流排

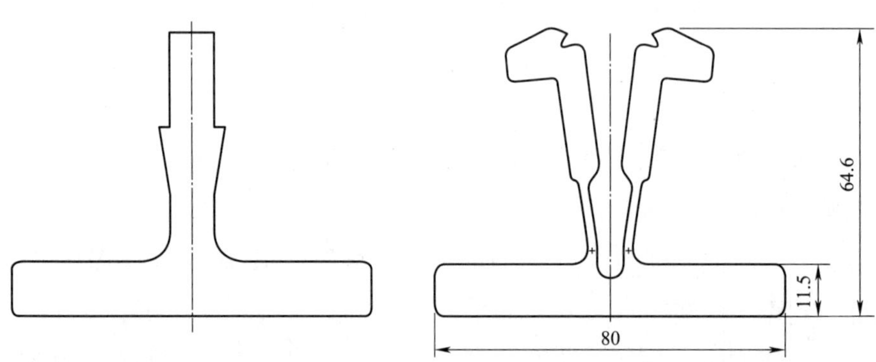

图 18-23　T 形汇流排截面图和整体夹持 T 形汇流排截面图(单位:cm)

T 形汇流排主要用于重庆轨道交通 2 号线一期和重庆轨道交通 3 号线一期工程，T 形汇流排采用与之分离的夹板与接触线固定，主要含汇流排安装、汇流排焊接、夹板安装等工序。

整体夹持T形汇流排主要用于重庆轨道交通2号线延伸段、重庆轨道交通3号线2期、3号线延伸段等工程，整体夹持T形汇流排直接与接触线固定，主要含汇流排安装、汇流排连接等工序。安装铆接现场见图18-24。

图18-24 T形汇流排接头处焊接和整体夹持T形汇流排接头处铆接

(2)接地漏电保护装置(64D设备)与轨电位设备

常规轮轨车辆将钢轨作为负极进行导通，在轨道与大地之间还设置轨电位限制装置(图18-25)进行监测，当钢轨电位限制装置检测到钢轨与保护地之间的电压差大于相应设置动作电压时，接触器在经过一段可调整的延时后合闸，将钢轨与大地进行有效短接，以便于确保人员安全。

跨座式单轨为橡胶走行轨，在轨道梁一侧专门设置了负极汇流排进行导通，在负极汇流排与大地之间设置了小电阻的漏电保护装置(64D装置，见图18-26)，将DC 1 500 V系统的负极通过该电阻接地，并采用电压继电器检测负极对地电流在接地电阻上的压降。当DC 1 500 V系统发生正极对地短路或绝缘降低的故障时，继电器动作，实现对直流设备的保护。

图18-25 轨电位限制装置

图18-26 64D装置

第十九章　运营管理及维护保养

19.1　运 营 管 理

1. 跨座式单轨交通运营组织

跨座式单轨交通运营管理是一个系统工程，它必须遵守轨道交通的客观定律，在运输组织上，实行集中调度、统一指挥、按图行车；在功能上，实现车辆、乘务、机电、通号、供电、工建等部门紧密配合，确保桥隧、线路、供电、车辆段、通号、机电各系统设备状态良好，运行正常；在行车安全控制方面，主要依靠合理的行车组织和可靠的设备运行来保证行车间隔和正确的行车路径。在运营组织上，跨座式单轨交通具有以下特点。

(1)相对于其他公共交通而言是安全、快速、舒适、污染少、运量较大的交通系统。

(2)采用双线运行，即上下行分线运行的方式。

(3)全日客流分布在时间上有较为明显的高峰和低谷之分。

(4)列车运行间隔时间短，发车密度高。

(5)设备维护保养需在运营时间外进行。

(6)运行集中，牵涉部门比较多。

(7)设置有检修通道供日常检修及应急逃生。

(8)供电系统采用独立回流轨，避免杂散电流。

(9)车辆走形采用胶轮，噪声小。

2. 跨座式单轨列车运行调度工作

跨座式单轨交通系统是一个复杂的、技术紧密的城市公共交通系统，具有各项作业环节紧密联系，各部门、各工种协同工作的特点，为了对运输生产活动进行集中领导、统一指挥和实行有效监控，跨座式单轨交通系统必须设立行车组织的指挥中心。列车运行调度工作由调度控制中心实施。控制中心负责线路列车、电力、环控及客运等相关系统的运行调度和突发事件处理。控制中心下设行车调度、电力调度、环控调度和客运调度。

(1)行车调度

行车调度室列车的运行者、领导者和指挥者。所有与列车运行有关的人员都必须服从行车指挥、执行行调命令，如果行车设备在运营时间内发生故障，由行车调度员指挥电力、环控调度以配合行车调整及处置。

（2）电力调度

电力调度负责对变电所、接触网设备的运行状态进行实时监控和数据采集工作。例如，完成监控范围内的断路器、电动隔离开关的控制操作和完成对有关信息的采集、处理、记录及报表统计等。电力调度通过实时监控供电设备的运行，掌握和处理供电设备的各种故障，确保实现对系统安全、可靠地供电。

（3）环控调度

环控调度负责监控全线各站典型区域的温度、湿度、二氧化碳浓度等环境参数，并对各区间的危险水位实施监控，及时发出报警信号；监控全线各车站的通风、空调和给排水设备，以及屏蔽门、自动电扶梯的运行，并根据具体情况下制定的环控要求，向车站下达调整区间隧道通风设备的运行模式的调度命令。

（4）客运调度

客运调度负责监控全线各站客流状况，根据行车调度的列车调整指令，向有关车站下达客流组织指令。例如，当行车调度下达列车越战指令时，客运调度就要通知相关车站进行车站广播，以免乘客误乘。尤其是在发生非正常运营状况时，客运调度必须配合行车调度的调整计划，拟定相关的信息告知用语，通知相关车站，通过车站广播、车站乘客信息屏的发布、临时公告等方式，告知乘客，以实现对车站客流的有序组织，保证对行车命令中需要的乘客配合的部分能有效得到执行。

3. 跨座式单轨交通行车组织工作

（1）车站的行车组织工作

车站按照是否具有站控功能分为集中站和非集中站。集中站也称联锁集中站，它是指具有“站控”功能的车站。集中站车站值班员根据调度命令，可监控集中站管辖线路上的列车运行、办理电话闭塞行车以及执行扣车、实施催发车等列车运行调整措施。集中站通常为设有道岔的车站。反之，非集中站是指不具备车站控制功能的车站，通常没有设置道岔。

车站行车组织是指在调度控制中心统一指挥下，合理运用车站的各项技术设备，完成车站行车控制、施工管理等一系列作业的总称。

（2）车辆段行车组织工作

车辆段的作业由运转值班员总体负责，包括车辆运用作业及为完成车辆调移而进行的调车作业。运转值班员是行车组织的领导者,信号值班员负责列车进路和调车进路的办理。

车辆段内部调车作业由电气集中联锁设备保障其进路安排,由车辆基地信号室指挥调车作业。司机操控列车完成调车作业。行车组织工作由出库作业、入库作业、整备作业及调车作业组成。

(3)乘务管理

跨座式单轨交通乘务员一般是指电力列车驾驶员。电力列车驾驶员的主要工作是电力列车的驾驶及应急故障处理。电力列车驾驶员是行车组织的关键工种之一。列车运行时,列车驾驶员承担着保证列车运行安全和乘客人身安全的重要责任。所以,列车驾驶员必须掌握规范作业标准。

①乘务组织

在乘务管理方面,合理选择乘务方式、优化配备驾驶员,对提高乘务管理和企业经济效益具有显著意义。跨座式单轨交通的乘务方式分为轮乘值和包乘制两种。驾驶员配备数量与列车上值乘驾驶员数、折返站替换休息驾驶员总数、轮班循环天数及驾驶员备用系数有关。

②驾驶员作业

驾驶员在行车时,必须确认各类行车信号,严格按照信号指示驾驶列车;同时必须坐姿正确,目视正前方,遇到危及行车安全的状况时应及时采取有效应对措施,尽量避免人员及财产损失。

4. 跨座式单轨交通客运组织工作

(1)客运组织工作

客运公司客运组织的工作内容:①完成客流调查、预测等基础资料的准备工作;②完成年度客运计划;③审定、修改客运组织有关规章制度;④制定车票印制计划;⑤制定列车开行计划,审批加开列车计划。

站段客运组织的工作内容:①贯彻执行有关规章、命令、指示;②编制和下达、执行季度计划和月计划;③制定车站客运管理办法并执行;④组织协调各车站完成客运计划;⑤实施客流调查工作、车站检售票工作、卫生与服务工作。

(2)票务管理工作

跨座式单轨交通运营的主要收入是票务收入,所以需要搞好票务管理工作包括制定票价、确定票制以及票务管理。票价制定由运营成本、轨道交通及其他交通方式的票价水平、城市经济发展水平与市民生活水平、政策等因素决定。

票制有单一票价制、计程票价制、区段票价制和区域票价制。常见的车票种类有单程票、储值票、纪念票及员工票。检售票方式分为人工检售票和自动检售票。

19.2　维护保养

1. 基本要求

(1)维护及保养必须贯彻"质量为本、安全第一"的方针,坚持"预防为主、养修并重"的原则,维护及保养符合相应的安全技术规范,使整个系统处于正常的运行状态,保证列车的运行安全。

(2)运营单位建立健全安全管理、质量控制、维护及保养管理、应急预案、物资管理等规章制度。

(3)运营单位配置具有相应岗位资格的安全、生产、技术、管理等工作人员,并健全岗位职责、保证定员合理、责任落实。

(4)作业过程中使用的精密工机具、仪器仪表及安全防护用品具有检验合格证且在有效期内。

(5)运营单位根据各系统的技术要求及具体情况,合理制定维护周期、维护内容及维护标准,做到安全可靠、节能环保、技术先进、经济合理。

(6)作业前做好安全准备及防护措施,作业过程中采取必要措施减少对城市交通及居民生活的干扰,作业结束后应工完场清保持清洁卫生。

(7)采用的原材料、设备等主要外购件,满足设计、使用、环保、消防等要求。

(8)作业时控制作业范围,严禁侵限。

(9)维护及保养时做好记录并建立专项档案。

2. 技术要求

运营单位在确保各系统正常运转及质量控制的基础上,制定相应的维护保养制度,并结合各系统的特点制定维护保养的技术要求。跨座式单轨由众多系统构成,其关键系统是轨道梁桥、道岔及接触网。

(1)轨道梁桥

轨道梁桥的检查包括日常巡检、定期检查、专项检查、变形监测及安全监测。

①轨道梁维护保养

轨道梁有混凝土轨道梁和钢轨道梁两种形式,具体维护保养内容如下。

a. 混凝土轨道梁

混凝土轨道梁维护保养内容及周期：梁体裂纹（定期检查，每年检查1次）、梁体破损（日常巡检，每季度检查1次）、梁体微晃动（定期检查，每年检查1次）、伸缩缝（专项检查，对不合格处立即进行整改）、铸钢拉力支座（定期检查和变形监测，每年检查1次）、支座锚箱（定期检查，每季度检查1次）。

b. 钢轨道梁

钢轨道梁维护保养项目：钢箱梁、特殊钢梁支座、支座锚箱及防腐涂装。

ⓐ钢箱梁维护保养内容：外部涂装、焊缝及螺栓等。检查周期：每季度检查1次。

ⓑ特殊钢梁支座维护保养内容：支座抗剪螺栓、齿轮、条螺栓，钢梁连接螺栓、直埋锚杆螺栓、楔紧块及支座底板等。检查周期：每年检查1次。

ⓒ支座锚箱维护保养内容：排水与锈蚀。检查周期：每季度检查1次。

ⓓ防腐涂装维护保养内容：防腐涂层与排水。检查周期：每年检查1次。

②轨道梁连接装置维护保养

轨道梁连接装置主要分为两大类，轨道缝伸缩量较小的采取指形板、板座形式进行设计；轨道缝伸缩量较大，如过江大桥为钢结构的则采用大位移伸缩装置进行设计。具体型号见表19-1和表19-2。

表19-1　指形板与板座型号

指形板型号	板座型号	接缝位置	缝宽(mm)
ZXB1	BZ1	PC轨道梁接PC轨道梁	30
ZXB2	BZ2	PC轨道梁接轨道梁桥端部PC轨道梁	60
ZXB3	BZ3	PC轨道梁接轨道梁桥端部PC轨道梁	90
ZXB4	BZ4	PC轨道梁接钢轨道梁	65
ZXB5	BZ5	PC轨道梁接道岔固定端	30
ZXB6	BZ6	PC轨道梁接道岔活动端	160

表19-2　大位移伸缩装置型号与位移量

伸缩装置型号	最大位移量(mm)	备注
GDF240	200	
GDF360	300	
GDF480	400	
GDF600	600	

a. 指形板维护保养内容及周期。

指形板维护保养内容：连接螺栓、弹簧垫圈、相邻两榀轨道梁指形板错台、指形板板面与板座高差及指形板防腐涂装。检查周期：每季度检查1次。

b. 大位移伸缩装置维护保养内容及周期。

大位移伸缩装置维护保养内容：外部螺栓、减噪板、中梁组受力螺栓、柔性支撑、法兰盘连接螺栓及焊缝等。检查周期：每年检查1次。

③轨道梁下部结构维护保养内容及周期。

轨道梁下部结构是将上部荷载传递至基础的重要承重结构，其使用状态直接影响列车安全运营。

墩柱的病害检查主要采用步行的方式对墩柱的倾斜、开裂、裂纹、破损、露筋等病害进行检查。墩柱附近明显的地表沉降、开裂，应查明地表沉降开裂原因，如发现是墩柱附近有施工单位对地表开挖，应立即制止其施工，并通知相关职能部门介入。

对盖梁裂纹、破损、露筋做好相应测量和记录。对渗水问题进行详细检查，检查渗水面积及深度、是否影响盖梁结构。如检查中发现渗水现象严重，应通知相关权威检测部门对其详细检测，根据检测结果进行相应处理。检查周期：每年检查1次。

2. 道岔

跨座式单轨交通线路中使用的一种特殊轨道转辙设备。主要包括：控制装置、机械装置和驱动装置。它是单轨轨道结构的一部分，采用电力等动力驱动，转辙时道岔梁整体移动，使道岔梁的两端与线路轨道梁或道岔梁衔接形成岔道，转换列车行驶路线。

为防止道岔设备性能劣化或降低道岔设备故障，需按规定技术要求有计划地开展技术管理措施。

(1)道岔的修程

道岔的修程分为计划修(半月检、月检、四月检、年检和大修)，状态修和专项修。

各级计划修的主要内容如下。

半月检：半月检应对道岔外观、运转功能进行检查，对部分电气数据进行测量。

月检：月检应对道岔外观、运转功能进行检查，对机械和电气部件进行检测，并对部分润滑系统进行加油保养。

四月检：四月检应对道岔整体状态和功能进行检查，对机械和电气部件进行检测，对重要部位进行紧固、清洁，并对全部润滑系统进行加油保养。

年检：年检应对道岔性能进行全面检查、检测、调试和试验，恢复道岔综合性能。

大修：大修宜间隔 6 年或道岔转辙 80 万次～100 万次时实施(以先到者为准)。大修可对道岔部件进行更新改造或升级，对更换后的部件进行分解、清洁、检查、探伤和整修，并对道岔性能进行全面检测、调试和试验，以达到道岔原设计要求。

道岔系统的机械装置(梁体、台车、尾轴、T 形轴、固定接缝板、活动接缝板)、驱动装置(涡轮减速机、主减速机、联轴器、传动轴、转臂、安全离合器、转辙电机、轨道)、锁定装置(电动推杆、锁定电机、锁定轮)、可挠装置(凸轮结构、电动推杆、助推型装置、可挠电机)、控制装置(控制柜、接触器、安全继电器、断路器、热继电器、电缆)、位置检测装置(撞块、行程开关)、辅助装置(底板、凸台)的常规的检查与维护保养每年进行一次，可视实际情况加密检查，进行半月检、月检或四月检。经维护保养后的道岔必须运转正常，确保道岔设备的安全性、稳定性和可靠性。

(2)道岔大修

大修宜间隔 6 年或道岔转辙 80 万次～100 万次时实施(以先到者为准)。大修可对道岔部件(机械装置、驱动装置、锁定装置、可挠装置、控制装置、位置检测装置等)进行更新改造或升级，对更换后的部件进行分解、清洁、检查、探伤和整修，并对道岔性能进行全面检测、调试和试验，以达到道岔原设计要求。

3. 接触网

跨座式单轨接触网即安装在跨座式单轨轨道梁侧面，由正极接触网和负极接触网组成，主要包括汇流排、接触线、支撑绝缘子、分段绝缘器、隔离开关、电缆分支箱及避雷器装置等设备。

接触网维护保养的内容应包括巡视、检测、计划修、大修，维护保养工作应根据维护保养周期以及设备的实际技术状态有计划地进行。

(1)巡视

巡视检查包括步行巡视、添乘巡视及工作车巡视。

①步行巡视：有无侵入限界、妨碍列车运行的障碍物；汇流排、接触线、车体接地板、保护板、电连接护罩有无明显变形，支撑绝缘子有无破损、断裂，零部件有无烧损、脱落等。巡视周期为每月 1 次。

②添乘巡视：有无侵入限界、妨碍列车运行的障碍物；汇流排、车体接地板有无明显变形；列车监控显示屏上牵引电压波动是否正常等。巡视周期为每周2次。

③工作车巡视：有无侵入限界、妨碍列车运行的障碍物；支撑绝缘子有无破损、断裂、位移；上网电缆有无脱落，伸缩是否正常；分段绝缘器是否平滑过渡，对分段绝缘器磨耗进行测量等。巡视周期为每季度1次。

(2)检测

检测分为静态检测和动态检测。

①静态检测：道岔接触网检测（正线每月检测1次，车辆段每季度检测1次）、锚段关节检测（每年检测1次）、接触线磨耗检测（每年检测1次，局部磨耗异常点趋于恶化时应适当增加检测次数）等。

②动态检测：导高、拉出值、磨耗、接触网温度、接触网异常状态报警等。动态检测项目每月检测1次。

(3)计划修

计划修项目包括：轨道梁接触网、道岔接触网、隔离开关、电缆分支箱和避雷器及箱体。

①轨道梁接触网计划修：连接螺栓、支撑绝缘子、锚段关节、分段绝缘器、上网电缆及中心锚结等。计划修周期：正线每年1次，车辆段每两年1次。

②道岔接触网计划修：连接螺栓、支撑绝缘子、分段绝缘器、道岔电连接、绝缘距离等。计划修周期：正线每月1次，车辆段每季度1次。

③隔离开关计划修：刀闸、母排及连接电缆、操作机构、传动机构、二次电气元件及连接线缆及柜体等。计划修周期：每半年1次。

④电缆分支箱计划修：母排及连接电缆、柜体。计划修周期：每年1次。

⑤避雷器及箱体计划修：母排及连接电缆、脱离器、柜体。计划修周期：每年1次。

(4)大修

大修设备包括：接触线、汇流排、支撑绝缘子、锚段关节及隔离开关（柜）。当各项设备达到“大修条件”中任一条件时，可计划进行大修。

①接触线大修范围：整锚段更换。大修条件：a. 任意点接触线工作面与汇流排平齐；b. 接触线工作面与汇流排的高度差小于1.7 mm的长度累计值超过该锚段总长度的5%。

②汇流排大修范围：整锚段更换。大修条件：a. 单位直流电阻超过原汇流

排直流电阻的 1.5 倍；b. 磨损面积大于原截面积的 15%；c. 使用年限达到 20 年。

③支撑绝缘子大修范围：整区间更换。大修条件：a. 当某一区间支撑绝缘子发生闪络事故后，按该区间 1%的数量抽样检查，支撑绝缘子电气性能不满足 GB 50614 规定时；b. 使用年限达到 25 年。

④锚段关节大修范围：整线路更换。大修条件：a. 锚段关节零部件及本体存在电气烧损；b. 锚段关节直流电阻值大于初始值 2 倍以上；c. 使用年限达到 10 年。

⑤隔离开关（柜）大修范围：整线路更换。大修条件：a. 分合次数达到 10 000次；b. 使用年限达到 30 年。